W0094198

Tashkent

DJAGHATAI

Peking

Herat

Indus

Delhi

Ganges

DELHI-SULTANAT-BENGALEN

Huang He

CHINA

GUJARAT

BAHMANIDEN

PEGU

Chang Jiang

Mekong

AN-NAM

LAO

Pazifischer
Ozean

VIJAYA-
NAGAR

Pegu

Calicut

SIAM

KHMER

Colombo

MELAKA

Melaka

Indischer
Ozean

Baikalsee

Ob

Jenissei

alsee

N

W   O

S

0   1000   2000 km

Kartenlegende:

Die Ausbreitung des Islam um 1500

GUJARAT   Reichs- oder Dynastiename

Reichsgrenze

Malindi   Bedeutende Stadt

Folker Reichert (Hg.)
Ludovico de Varthema

FREMDE KULTUREN IN ALTEN BERICHTEN

Herausgegeben von
Jürgen Osterhammel und Folker Reichert

Band 2

Ludovico de Varthema

REISEN IM ORIENT

Eingeleitet, übersetzt und erläutert
von

FOLKER REICHERT

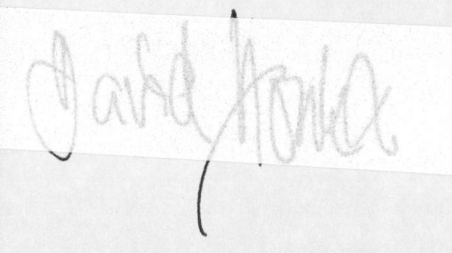

Jan Thorbecke Verlag Sigmaringen
1996

Die Deutsche Bibliothek – CIP-Einheitsaufnahme

Varthema, Ludovico de:
Reisen im Orient/Ludovico de Varthema.
Eingeleitet, übers. und erl. von Folker Reichert.
– Sigmaringen: Thorbecke, 1996
  (Fremde Kulturen in alten Berichten; Bd. 2)
  ISBN 3-7995-0601-2
NE: Reichert, Folker [Hrsg.]: GT

© 1996 by Jan Thorbecke Verlag GmbH & Co., Sigmaringen

Alle Rechte vorbehalten. Ohne schriftliche Genehmigung des Verlages ist es nicht gestattet, das Werk unter Verwendung mechanischer, elektronischer und anderer Systeme in irgendeiner Weise zu verarbeiten und zu verbreiten. Insbesondere vorbehalten sind die Rechte der Vervielfältigung – auch von Teilen des Werkes – auf photomechanischem oder ähnlichem Wege, der tontechnischen Wiedergabe, des Vortrags, der Funk- und Fernsehsendung, der Speicherung in Datenverarbeitungsanlagen, der Übersetzung und der literarischen oder anderweitigen Bearbeitung.

Dieses Buch ist aus säurefreiem Papier hergestellt und entspricht den Frankfurter Forderungen zur Verwendung alterungsbeständiger Papiere für die Buchherstellung.

Buchgestaltung: Norbert Brey, Sigmaringen
Schutzumschlaggestaltung und Reihen-Signet: Neuffer-Design, Freiburg i. Br.
Vorsatzkarte: Kartographie, Eppelheim

Gesamtherstellung:
M. Liehners Hofbuchdruckerei GmbH & Co. Verlagsanstalt, Sigmaringen
Printed in Germany · ISBN 3-7995-0601-2

Inhalt

Ludovico de Varthema und sein Itinerar

Mekka, Aden und die Malabarküste

Von der Person und dem Leben Ludovico de Varthemas ist nur wenig bekannt, und das meiste, was wir wissen oder wenigstens vermuten können, steht in seinem Buch geschrieben. Sicher scheint nur die Herkunft des Autors: Einen Bologneser nennen ihn die frühen Ausgaben[1], und auch die wenigen Zeugnisse, die nicht von ihm selbst stammen, bezeichnen Bologna als Varthemas Heimat[2]. Sein Vater sei Arzt gewesen, und der Sohn habe aus der väterlichen Praxis gelernt, heißt es an einer Stelle des Reisebuches (S. 245). Aber die Auskunft sollte einen muslimischen Kaufmann in Calicut von Varthemas Fähigkeiten überzeugen, ihm ein Klistier zu verabreichen. Wie er sich dabei anstellte, läßt nicht darauf schließen, daß sie irgendwie zutraf.

Ein andermal, in Mekka, nannte er sich einen erfahrenen Geschützbauer (S. 80), und gegenüber dem Sultan von Aden behauptete er, keine Familie zu besitzen, weder Eltern noch Geschwister noch Ehefrau oder Kinder (S. 98). Doch in beiden Fällen handelte es sich um Ausflüchte in bedrängter Lage, und von einer schönen Perserin, die er unterwegs geehelicht haben will, erfahren wir – mit Ausnahme dreier flüchtiger Bemerkungen (S. 226, 239, 247) – überhaupt nichts mehr. Glaubwürdig erscheint am Ende nur, was Varthema von seinen Erfahrungen in Kriegen und Schlachten erzählt (S. 263).

---

1 CORDIER, S. 390 ff.; Ausgabe GIUDICI 1928, S. 66 ff.; zur Biographie vgl. ebd. S.18 ff.; AMAT DI SAN FILIPPO, S. 11 ff.; Ausgabe TEMPLE 1928, S. XVII f.
2 Sanuto, S. 662; Ausgabe GIUDICI 1928, S. 31 ff.

Nicht selten gilt sein besonderes Augenmerk der Ausrüstung, den militärischen Fertigkeiten und den Kriegstechniken bei den von ihm besuchten Völkern, und die Schlacht bei Cannanore, an der Varthema persönlich beteiligt war, ist ausführlich und auch mit Sachverstand beschrieben (S. 257 ff.). Außerdem hätte er sich kaum jahrelang als Mamluk ausgeben können, wenn ihm nicht eine gewisse Kenntnis des Krieges und des Waffenhandwerks zu Gebote gestanden hätte. Es hat den Anschein, als habe sich Varthema schon in Italien als Söldner verdingt. Da er dies weder in zu hohem noch in zu geringem Alter getan haben kann, dürfte er zur Zeit seiner Ausreise um das Jahr 1501 ungefähr dreißig Jahre alt gewesen sein[3].

Nach Mekka und Medina als Mamluk zu reisen, empfahl sich. Bis auf den heutigen Tag ist der Zugang zu den heiligen Stätten des Islams für Nichtmuslime verboten. Sich über das Verbot hinwegzusetzen, war im 16. Jahrhundert ein lebensgefährliches Unterfangen und geschah immer in Verkleidung. Sich als Mamluk auszugeben, bot besonderen Schutz vor Entdeckung. Denn die Mamluken gingen in aller Regel aus der Militärsklaverei hervor, stammten *per definitionem* aus nichtmuslimischen Ländern (vor allem aus Südrußland, vom Balkan und Kaukasus) und unterschieden sich daher sprachlich, im Aussehen und vielleicht auch, was die Kenntnis der Glaubensvorschriften angeht, mehr oder weniger deutlich von den anderen Muslimen, zumal auf der Arabischen Halbinsel[4]. Mamluken auf Reisen wurden als Fremde angesehen und dennoch wie alle anderen Muslime behandelt. Wegen ihrer beherrschenden Stellung in Ägypten, Syrien und im Hidjāz wurde ihnen zudem sowohl Respekt als auch Distanz geschuldet. Entsprechend verkleidet und mit hinreichenden Sprachkenntnissen ausgestattet, konnte daher auch ein europäischer Christ damit rechnen, unauffällig zu bleiben, und hatte gute Aussichten, nicht erkannt zu werden. Noch Johann Ludwig

---

3 So schon AMAT DI SAN FILIPPO , S. 11.
4 EI² 6, S. 314 ff.; HAARMANN, S. 216 ff.

Burckhardt, der in den Jahren 1814/15 Mekka und Medina besuchte, machte sich den Vorteil zunutze[5].

Varthema war keineswegs der erste Christ und Europäer, der nach Mekka oder Medina gelangte. Der portugiesische Spion Pero de Covilhã war vor ihm dort (nach 1486), und Giovanni Caboto (John Cabot) will sogar mehrmals die heilige Stadt besucht und die Gewürzhändler nach der Herkunft ihrer Waren befragt haben (vor 1490)[6]. Aber zweifellos hat Varthema als erster Europäer ausführlich und detailliert von den heiligen Stätten der Muslime berichtet (S. 58 ff.). Er tat dies nicht unsachlich, wurde nur selten ausfällig und zeigte sich fast immer gut informiert. Was er von der Lage und Topographie beider Städte, ihrer Versorgung mit Trinkwasser und Lebensmitteln, von den örtlichen Führern und den Ritualen des Hadjdj zu erzählen wußte, hat Hand und Fuß und spricht für das persönliche Erleben des Autors. Kleine Versehen (wie die Verwechslung des Imams mit dem Kadi oder die falsche Lokalisierung von 'Alīs Grabmal) erscheinen verzeihlich. Andere abendländische Autoren haben noch bis weit ins 16. Jahrhundert behauptet, Mohammeds Leichnam liege in Mekka, und manche glaubten zu wissen, er werde dort durch Magneten schwebend in der Luft gehalten[7]. Ludovico de Varthema konnte sich persönlich davon überzeugen, daß dies keineswegs zutraf (S. 59 ff.).

Glaubwürdig wirkt auch der Bericht von der Weiterfahrt über Djudda, das Rote Meer und Bāb al-Mandāb nach Aden. Erst dort stellen sich ernsthafte Zweifel an der Wahrheit des Erzählten ein. Weniger die chronologischen Unstimmigkeiten noch – gemessen an den Geschehnissen – die Kürze des Aufenthalts oder die wirre Folge der angeblich besuchten Orte geben zu denken, sondern vor allem die komödiantischen Szenen um Ludovicos Gefangenschaft und seine schließliche Befreiung dank der Vorliebe der Sultanin für weiße Haut

---

5 Burckhardt, S. 51.
6 BECKINGHAM, S. 155 ff.
7 Ebd., S. 158.

9

(S. 92 ff.) lassen den starken Verdacht aufkommen, daß gerade die persönlichsten Teile gut, aber dreist erfunden sind[8].

Auch das darauffolgende »Buch von Persien« enthält nicht nur gravierende geographische Irrtümer, sondern auch eine Begebenheit, die den Gang der Erzählung befördert, aber nicht wörtlich verstanden werden muß: In Shīrāz will Ludovico einem persischen Kaufmann namens Cozazionor begegnet sein, der ihn schon von Mekka her kannte, und beide hätten sie nur ein Verlangen besessen: in die Welt zu ziehen und fremde Länder zu erforschen (S. 121 f.). Gemeinsam seien sie ihrem Herzenswunsch gefolgt und an der indischen Westküste entlang nach Süden vorgedrungen, um schließlich das Kap Komorin an der Südspitze zu umrunden und mit Hilfe günstiger Winde auch in den hinterindischen Raum vorzudringen. Auf der Halbinsel Tenasserim (im heutigen Burma/Myanmar) hätten sie bei der Defloration einer jungen Ehefrau ausgeholfen (S. 201 ff.) und in Pegu einer Witwenverbrennung beigewohnt (S. 215 f.). In Bengalen seien ihnen (nestorianische) Christen aus Siam begegnet, die ihnen ihre Begleitung angeboten und den Weg zu den Gewürzen gewiesen hätten (S. 209 f.). Das aufstrebende Melaka (Malakka) an der Südwestküste der Malaiischen Halbinsel, Drehscheibe des Handels zwischen Indischem Ozean und Chinesischem Meer, hatte vieles zu bieten (S. 216 ff.), und nicht weniger beeindruckten die Zustände auf Java, Sumatra, Borneo sowie – als Höhepunkt und Ziel der »Reise« – die Muskatwälder und Nelkenbäume auf den Banda-Inseln und Molukken (S. 226 ff.).

Was den Text mit zunehmender Ferne seines Gegenstandes so schwierig macht, sind die zahlreichen Irrtümer, Mißverständnisse und groben Unrichtigkeiten, die er enthält. Die Bevölkerung in Pegu und Tenasserim bekannte sich auch zu Beginn des 16. Jahrhunderts fast ausschließlich zum Buddhismus des sogenannten Kleinen Fahrzeugs; Witwenverbrennungen kamen nicht vor. Daß die Häuser auf Sumatra mit

---

8 Aubin, Deux Chrétiens, S. 34 ff.

den Panzern von Meeresschildkröten gedeckt seien (S. 224), könnte auf Plinius (Naturgeschichte IX 10, 35) zurückgehen, und auch die Erzählung von Anthropophagie und Altentötung auf Java (S. 236 f.) hat eher literarischen Charakter, zumal wenn man bedenkt, daß dergleichen immer wieder, von allen möglichen Schauplätzen und nur selten mit Grund, berichtet wurde[9]. Die Beschreibung der Banda-Inseln (S. 226 ff.) schließlich weicht nicht nur in ihren geographischen, ethnographischen und historischen Bestandteilen von der Wirklichkeit auffällig ab, sondern enthält auch eine Schilderung des Muskatbaumes, die von einer völligen Unkenntnis der örtlichen Gegebenheiten zeugt: Die Muskatblüte (*Macis*) stellt nämlich nicht, wie Varthema schreibt, eine Blüte dar, die die Nuß »wie eine offene Rose« umgibt; vielmehr handelt es sich dabei um den getrockneten Samenmantel, der von den Europäern aus der Entfernung und ohne eigene Erfahrung als Blütenstand gedeutet wurde. Varthema gibt das Mißverständnis bedenkenlos wieder und hatte offenbar keine Gelegenheit, seine Kenntnisse nach dem Augenschein vor Ort zu korrigieren.

Diese und noch andere Fehler und Verzeichnungen sind seit langem bekannt, und die Zweifel an der Verläßlichkeit des Buches, der Seriosität des Autors und der Authentizität seiner Erfahrungen reichen weit zurück[10]. Bedenken, ob er jemals weiter als bis Calicut oder Cochin vorgedrungen sei, wurden schon in der zweiten Hälfte des 16. Jahrhunderts laut und seither immer wieder bekräftigt[11]. Auch die neueste Forschung geht davon aus, daß Varthema – schon aus Zeitgründen – weder Persien noch die südostasiatische Inselwelt bereist haben kann. Auch Melaka, Burma, Bengalen und Ceylon dürften ihm persönlich unbekannt geblieben sein. Sogar ein Aufenthalt in Cambay, Goa und anderen westindischen Küsten-

---

9 SCHURHAMMER 2, 1, S. 730.
10 WARBURG, S. 111 ff.
11 Ebd., S. 110 Anm. 2; AUBIN, Deux Chrétiens, S. 35

städten erscheint zweifelhaft[12]. Wann genau Ludovico de Varthema, von Arabien kommend, in Indien eintraf, bleibt unklar; aber es spricht vieles dafür, daß er sich im Herbst des Jahres 1505 in Calicut aufhielt, den darauffolgenden Winter in Cannanore, Frühling und Sommer 1506 in Cochin verbrachte, dann nach Cannanore zurückkehrte und von dort gegen das Jahresende 1507 auf einem portugiesischen Schiff die Rückreise nach Lissabon antrat[13]. Trifft dies zu, dann hat Varthema weder die Länder Hinterindiens betreten noch die südostasiatische Inselwelt kennengelernt, sondern die ganze Zeit seines indischen Aufenthaltes an der Malabarküste verbracht. Ob er dort wirklich »nackt nach der Sitte des Landes« einherging (S. 241), muß ebenso offenbleiben wie sein Anteil an den Geschäften des Vizekönigs Francisco de Almeida, der ihn zu seinem Faktor berufen haben soll (S. 264). Aber da er neben dem Arabischen auch Malayalam, das an der Malabarküste gesprochene Idiom, verstand, hatte er genügend Gelegenheit, sich nicht nur in die örtlichen Verhältnisse einzudenken, sondern auch Erkundigungen über die nicht von ihm persönlich besuchten Landschaften und Inseln einzuholen[14]. Als Zeitzeuge aber nahm er an den epochalen Geschehnissen teil, die um die Wende vom 15. zum 16. Jahrhundert die indisch-arabische Welt erschütterten und die Bedingungen des Handels zwischen Asien und Europa nachhaltig verändern sollten.

Portugal in Indien

Am 20. Mai 1498 ging ein kleines portugiesisches Geschwader, bestehend aus drei Schiffen und etwa 150 Mann Besatzung unter dem Kommando des Hof- und Edelmannes Vasco da

---

12 Ebd., S. 37 f.
13 Ebd., S. 39.
14 Ebd., S. 40.

12

Gama, an der indischen Malabarküste nahe Calicut vor Anker. Die Fahrt entlang der afrikanischen Ostküste war nicht ohne Feindseligkeiten geblieben, doch ein arabischer Lotse aus Malindi hatte den Portugiesen den Weg über den Indik gewiesen. In Calicut erklärten sie ihren muslimischen Konkurrenten auf der Straße, daß die Suche nach »Christen und Gewürzen« sie nach Indien geführt habe. Doch die »Kirchen« entpuppten sich als die Tempel der »Götzendiener«, und den Raja von Calicut, den »Samorin«, verstimmte die Kargheit der Geschenke. Offenbar hatte man afrikanische Verhältnisse vor Augen, als sie zusammengestellt und eingepackt wurden. Intrigen von seiten der arabischen Kaufleute taten ein übriges, um Vasco da Gama den Verzicht auf größere Geschäfte nahezulegen und ihn zur Rückreise nach Lissabon zu nötigen. Zum Austausch offener Feindseligkeiten kam es nur in begrenztem Umfang, mehr davon hätten sich die Portugiesen auch kaum leisten können. Außer ein paar Wappensteinen (*padrões*), die hier und da aufgestellt wurden, hinterließ die erste europäische Indienflotte keinen bleibenden Eindruck auf dem Subkontinent. Was sie mit nach Hause nahm, waren eine kleine Ladung Gewürze, genauere Kenntnisse der Anfahrtswege, zumal der Passage über den Indischen Ozean, sowie die Vermutung, daß dauerhaftere Erfolge mit Waffengewalt zu erzielen seien[15].

Als zwei Jahre später ein größeres Geschwader (dreizehn Schiffe mit 1200 bis 1500 Mann Besatzung) unter Pedro Álvares Cabral vor Calicut aufkreuzte, sah es zunächst so aus, als würde Portugal auf friedlichem Wege einen Anteil am Indienhandel sicherstellen. Die Geschenke stellten dieses Mal den Samorin zufrieden, und im Gegenzug konnte in Calicut eine portugiesische Handelsstation, die erste in Indien, entstehen. Doch in einer Instruktion seines Königs war Cabral aufgetragen worden, die nach Mekka segelnden Schiffe zu kapern, die

---

15 Hierzu ausführlich HÜMMERICH, S. 39 ff.; HART, S. 252 ff.; DIFFIE/ WINIUS, S. 175 ff.; REINHARD, S. 50 ff.; Dokumente 2, S. 127 ff.; SUBRAHMANYAM, The Portuguese Empire, S. 56 ff.

Konkurrenz gewaltsam auszuschalten und die Warenströme über den Indischen Ozean auf die von Portugal kontrollierte Route umzuleiten. In Calicut kam es zu Auseinandersetzungen mit den muslimischen Kaufleuten, die mit der Erstürmung der Faktorei, der Versenkung mehrerer arabischer Schiffe und der Beschießung der Stadt endeten. Cabrals Flotte zog sich südlich nach Cochin zurück, dessen Raja die Gelegenheit dazu benützte, die ihm lästige Vorherrschaft Calicuts abzuschütteln. Der Herrscher von Cannanore sollte wenig später diesem Beispiel folgen und ebenfalls mit Portugal ein Bündnis eingehen. Zwar wurde Vasco da Gama, der ein zweites Mal nach Indien gekommen war (1502), ein Angebot zur Versöhnung mit dem Samorin unterbreitet, doch die Verhandlungen scheiterten an der portugiesischen Forderung, sämtliche muslimischen Kaufleute aus Calicut zu vertreiben. Indem er auf der Herfahrt ein Mekkapilgerschiff mit Mann und Maus verbrennen und vor Calicut einige hundert malabarische Fischer und Seeleute aufknüpfen und dann verstümmeln ließ, machte im übrigen auch Vasco da Gama deutlich, mit wieviel Rücksichtslosigkeit die neue Macht im Indischen Ozean auf die südasiatischen Märkte drängte[16].

Nachdem mehrere Flottenverbände glücklich und halbwegs erfolgreich heimgekehrt waren und die arabischen Kaufleute Calicut fluchtartig verlassen hatten (1504), entschloß sich die Krone in Lissabon, die Stellung Portugals in Indien dauerhaft zu machen. An die Spitze des noch zu errichtenden »Estado da Índia« wurde ein Vizekönig gestellt, dessen Amtszeit auf drei Jahre beschränkt bleiben sollte. Erster Amtsträger wurde Francisco de Almeida, Kriegsheld in früheren Heidenkriegen und zum Zeitpunkt seiner Berufung bereits über fünfzig Jahre alt. Als er mit einer stattlichen Flotte von 22 Schiffen von Lissabon losfuhr (1505), führte er Anweisungen im Gepäck, feste Stützpunkte an der afrikanischen Ostküste (Sofala, Kilwa) und in Indien (Anjidiva) zu errichten und die Zufahrt zum Roten

---

16 DIFFIE/WINIUS, S. 187 ff.; REINHARD, S. 53 f.; Dokumente 2, S. 132 f.

Meer zu blockieren. Ein Jahr später wurde ihm außerdem aufgetragen, Ceylon und Melaka, die Drehscheibe im Handel zwischen Süd-, Südost- und Ostasien, einzunehmen und zu befestigen. Die Kontrolle der Handelswege und das Monopol im Gewürzhandel waren ersichtlich die Ziele der portugiesischen Politik in Indien und auf dem Ozean[17].

Daß Almeida seinen Verpflichtungen nur teilweise nachkam, lag an den Entwicklungen an der Malabarküste, die ihn fürs erste in die Defensive drängten. Der Samorin hatte nachgerüstet, sich in den Besitz von Artillerie gebracht und eine Kriegsflotte von mehreren hundert Kampfbooten zusammengezogen. Als sie auslief, traf sie bei Cannanore auf ein portugiesisches Geschwader, das dem Sohn des Vizekönigs, Lourenço de Almeida, unterstand, und mußte eine empfindliche Niederlage hinnehmen (16./17. März 1506). Das Blatt wendete sich jedoch, als eine Flotte des Sultans in Kairo zur Unterstützung der Muslime und des Samorin sowie zur Sicherung der Handelswege durch das Rote Meer in Indien eintraf und den Portugiesen im Golf von Cambay eine Niederlage beibrachte; Lourenço de Almeida fand dabei den Tod (März 1508). Erst in der großen Seeschlacht bei Diu (3. Februar 1509) gewann Portugal endgültig die Oberhand über die vereinigten Streitkräfte von Ägypten, Gujarat und Calicut. Francisco de Almeida verließ daraufhin den indischen Kriegsschauplatz und wurde auf der Heimreise beim Kap der Guten Hoffnung von Hottentotten umgebracht (1510)[18]. Aber sein Nachfolger, Afonso de Albuquerque, setzte das Werk fort und verwirklichte, was Almeida von der Krone aufgetragen worden war; er gilt als der eigentliche Begründer des portugiesischen Kolonialreichs. Die Handelswege über den Indischen Ozean wurden durch Eroberungen in Goa (1510) und Hurmuz (1515) gesichert, und sogar in Calicut konnte schließlich ein Fort errichtet werden (1513). In Colombo auf Ceylon entstand 1518 eine Faktorei, und mit der

---

17 DIFFIE/WINIUS, S. 227 ff.; REINHARD, S. 57.
18 DIFFIE/WINIUS, S. 230 ff.; REINHARD, S. 57 f.

15

Eroberung Melakas 1511 stand auch der Weg zu den Gewürzinseln offen, die wenig später und dann regelmäßig von portugiesischen Schiffen aufgesucht wurden[19].

Ludovico de Varthema war an den skizzierten Geschehnis-
sen zum Teil persönlich beteiligt und berichtet anschaulicher
als die portugiesischen Chronisten von Schlachtenlärm und
Kriegsgetümmel, von der Stimmung in den Lagern und vom
Schicksal zweier christlicher Überläufer, die für den Samorin
Geschütze gebaut hatten, dann aber neuerlich die Seiten
wechseln wollten und so zwischen die Fronten gerieten
(S. 241 ff., 255 ff.)[20]. Er beobachtete die Rüstungen in Calicut
und nahm an der Schlacht um Cannanore, später auch an den
Kämpfen bei derselben Stadt sowie um Ponnani teil (S. 250,
257 ff., 264 ff., 268 ff.). Für seine Verdienste um die Sache Portugals wurde er schließlich vom Vizekönig persönlich zum Ritter geschlagen. Die Urkunde, die er erhielt (4. Dezember
1507), wurde auf Bitten des Heimkehrers von König Manuel I.
erneuert und registriert (29. Juli 1508). Der Registereintrag ist
mit dem Archiv der Krone erhalten geblieben (Abb. 1)[21].

Vom Bericht zum Buch

Manuel war auch der erste, dem Ludovico de Varthema ausführlich und zusammenhängend von seinem abenteuerlichen
Leben im Orient erzählte. Tagelang habe ihn der König bei
sich behalten, um von Indien zu hören, schreibt der Autor im

---

19 BOXER, S. 46 ff.; DIFFIE/WINIUS, S. 248 ff.; REINHARD, S. 58 f., 69 ff.;
Dokumente 2, S. 230 ff.; DUNN, S. 1 ff.
20 Zu den Hintergründen und Zusammenhängen vgl. CIPOLLA, S. 112 ff.;
PARKER, S. 158; QAISAR, S. 47; LIMA CRUZ, S. 260; SUBRAHMANYAM, The
Kagemusha Effect, S. 103.
21 Italienische Übersetzung in der von P. GIUDICI 1928 besorgten Ausgabe, S. 32 f.

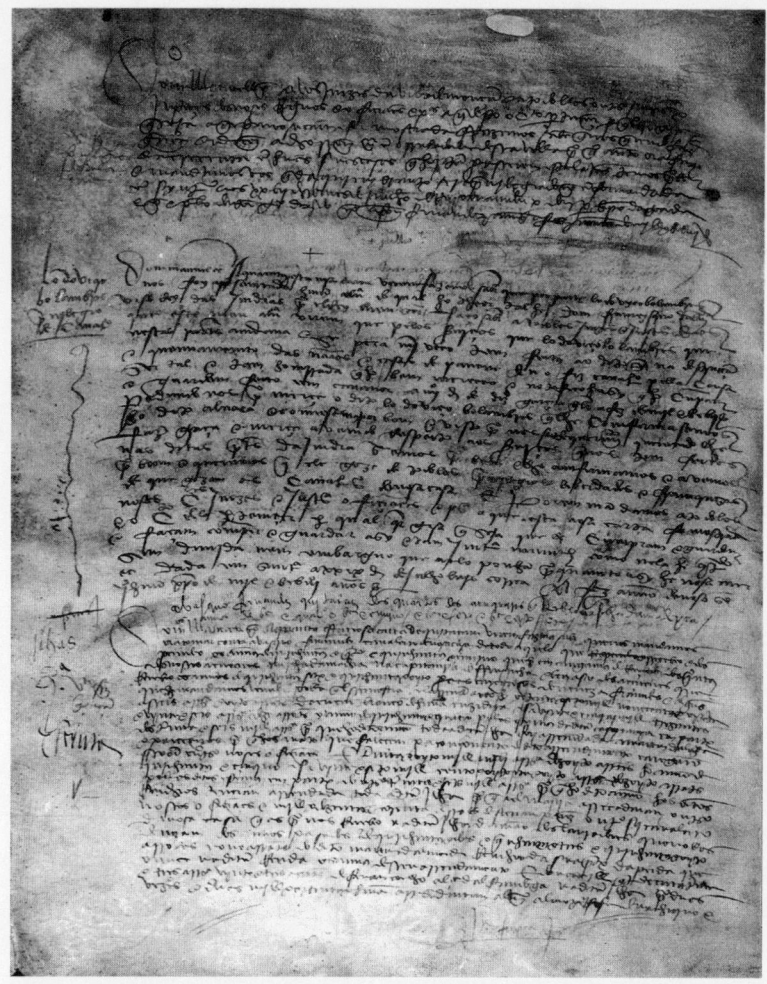

Abbildung 1: König Manuels Bestätigung der Ritterwürde für Ludovico de Varthema (29. Juli 1508; Lissabon, Arquivos Nacionais da Torre do Tombo. Chancellaria de Dom Manuel V, fol. 15v)

Rückblick (S. 278), und in der Tat enthält auch die schriftliche Fassung seines Berichts noch zahlreiche Nachrichten, die den Herrscher eines entstehenden Kolonialreiches interessieren mußten: Angaben zu Preisen, Märkten und Handelsgütern, Hinweise auf Land- und Seeverbindungen, politische, militärische und nautische Informationen von großer Detailtreue

17

und nicht geringem Nutzen. Von der Welt jenseits des indischen Subkontinents scheint man in Portugal auch zuvor etwas gewußt zu haben[22], aber nicht lange, bevor Varthema in Lissabon eintraf, wurde Diogo Lopes de Sequeira mit einigen Schiffen ausgesandt, das Handelszentrum Melaka ausfindig zu machen und Erkundigungen über die dort verkehrenden chinesischen Kaufleute einzuholen[23]. Die Kenntnisse der Portugiesen von Hinterindien waren noch vage, und auch wenn Varthema die Malaiische Halbinsel nicht persönlich kennengelernt haben sollte, so ging doch sein Wissen von Melaka, Java, Sumatra und den anderen südostasiatischen Inseln über das seiner ersten Zuhörer deutlich hinaus: Das Gespräch des Königs mit seinem zeitweiligen Untertanen muß ergiebig gewesen sein.

Sobald das Publikum wechselte, konnten andere Gesichtspunkte in den Vordergrund treten: Der Venezianer Politiker und Tagebuchschreiber Marino Sanudo (1466-1535) berichtet in seinen Aufzeichnungen von einem Auftritt Ludovicos vor der Versammlung der Ratsherren und Minister seiner Stadt. Der Heimkehrer erzählte von den Bräuchen und Sitten in Indien, und alle Anwesenden zeigten sich aufs höchste verwundert. Mit 25 Dukaten wurde der Vortragende fürstlich entlohnt[24]. Es hat nicht den Anschein, als hätten die Herren in erster Linie das venezianische Interesse an der Levante und dem Orienthandel im Auge behalten; Sanudos Zeugnis spricht vielmehr dafür, daß Ludovico es verstanden hat, sein Publikum durch die Erzählungen von fremden Völkern und Gewohnheiten, von mächtigen Reichen und überfließenden Märkten aufzuregen und in seinen Bann zu ziehen.

---

22 Schon Vasco da Gamas Mannschaft hatte von der Bedeutung Melakas im Gewürzhandel gehört (REINHARD, S. 52).

23 Dokumente 2, S. 232 f.

24 Sanuto, S. 662: *In questo zorno fu in colegio, da poi disnar, uno bolognese, venuto di Coloqut. Referì molte cosse di quelle parte; adeo tutti rimaseno stupidi di li ritti e costumi de India. Et per colegio li fo donato ducati 25 per il suo referir.*

Den Damen des Hauses Colonna scheint es ähnlich ergangen zu sein. Zumindest glaubte Varthema, als er in Marino am Hof Agnesinas, der Herzogin von Tagliacozzo, vortragen durfte, bei ihrer Tochter Vittoria, der späteren Dichterin, besonderes Interesse für seine Geschichten von fernen Weltgegenden und den Bräuchen der Völker erkennen zu können[25]. Der Herzogin widmete er sein Buch (S. 36); der Tochter aber ließ er eine kalligraphische Ausführung, geschrieben von dem römischen Notar und Schreibkünstler Ludovico degli Arrighi, zukommen[26]. In einem Begleitschreiben verlieh er der Hoffnung Ausdruck, die junge Gräfin werde wie damals beim Zuhören so auch jetzt bei der Lektüre Vergnügen und Zerstreuung finden[27]. Es kann sogar sein, daß ein Lehrer Vittorias, ein gewisser Fonteius, einige Verse beisteuerte, die die Erlebnisse Varthemas über die des Odysseus stellen und die Fabeln Homers als leeres Gerede bezeichnen. Denn jener habe nur einen Polyphem bezwungen, dieser aber unzählige; jener habe nur eine Circe verschmäht, dieser aber tausend[28].

---

25 Ausgabe GIUDICI 1928, S. 35: ... *narrando succintamente ad sua S. le remote parti et gente meridionale et orientale, riti et costumi loro, da me per septe continui anni con fatiga grandissima et inauditi travagli praticati, me parve vedere la tua Ex.tia con avidità considerevole ascoltare le mie parole.*

26 CASAMASSIMA, S. 124 ff.; zu Ludovico (degli) Arrighi detto il Vicentino vgl. Dizionario biografico degli Italiani 4 (1962), S. 310 ff.

27 Ausgabe GIUDICI 1928, S. 36: ... *se udendo me altre volte prese piacere, possa ancor legendo alcuna fiata delecto avere insemi ... con lo Ex.mo Sig. Marchese de Pescara, ... tuo dulcissimo consorte, quando dalle ardue cure et occupazioni de nostri populi et subditi ozio averete* (Ende 1509).

28 Ebd., S. 36 f. Anm. 1; CASAMASSIMA, S. 124 Anm. 3:
Taccia chi dà la palm'al grec'Olisse
Fra quei ch'án visto stran costum' et gente,
Vento da Ludovico qui presente
Et Homer et le fabul che lui scrisse.

Quel vense un Poliphem', quest'infiniti
Pel Carpatyo, per l'Indo et l'Eritreo,
Quel delus'una, questo mille Circe.

Auch hierin, in der zeitgemäßen Lobrede auf den modernen Reisenden, der sogar die antiken Vorbilder übertroffen habe, ist etwas von den Eindrücken zu spüren, die die Erzählungen Varthemas schon bei ihren ersten Zuhörern hinterließen. Zweierlei mag sie erstaunt und unterhalten haben. Zum einen wissen wir durch eine Reihe von Zeugnissen aus dem späten Mittelalter, wieviel Kurzweil es bereitete, von fernen Ländern und fremden Völkern zu hören. So wie die Geschichtsschreibung galt auch die Geographie mitsamt ihren ethnographischen Ingredienzien als ein Genre nicht nur der sachlichen Unterrichtung, sondern auch der gehobenen Unterhaltung, und ein Heimkehrer aus Indien oder der Tatarei fand immer eine interessierte Zuhörerschaft, die ihn ausforschte und sich an der Vielfalt des Menschengeschlechts und seiner Sitten erfreute[29]. Zum andern verbarg sich selbst in den nüchternen Partien eines Itinerars immer auch sehr viel persönliches Erleben, und erst recht wenn der Reisende etwas von seinen subjektiven Empfindungen, von Mühsal und Amouren, preisgab, durfte er mit Aufmerksamkeit rechnen. Nimmt man das Schreiben an Vittoria Colonna wörtlich[30], dann hat auch Varthema seinen Zuhörern die orientalischen Verhältnisse im Spiegel der eigenen Erfahrungen und entlang der Wechselfälle eines abenteuerlichen Lebens näherzubringen versucht.

Wenig später, im November 1510, erschien bei den römischen Druckern Stephano Guillireti und Hercule de' Nani in italienischer Sprache die erste gedruckte Ausgabe des Buches. Ludovico degli Arrighi, der Kardinal Raffaele Sansoni Riario und andere kuriale Würdenträger hatten den Autor ermuntert und sich für die Drucklegung eingesetzt[31]. Das apostolische Druckprivileg, das der ersten Ausgabe beigegeben ist, hebt zwar die Verdienste Varthemas um die geographische Wissen-

---

29 Vgl. REICHERT, S. 151, 178, 189 ff., 197 ff., 267.
30 Siehe oben S. 20 Anm. 25.
31 Ausgabe GIUDICI 1928, S. 33 f.; CASAMASSIMA, S. 149.

schaft hervor und würdigt die zahlreichen, auf Augenzeugenschaft beruhenden Korrekturen an den Kenntnissen der antiken Kosmographie, an den Kenntnissen eines Strabo, Ptolemaeus oder Plinius[32]. Der gedruckte Text selbst läßt jedoch erkennen, daß der Autor keineswegs nur die wissenschaftlichen Interessen seiner Leser im Auge behielt. Geschichten wie eben jene von der Befreiung Ludovicos aus dem Gefängnis bei Aden (S. 92 ff.) oder vom Zusammentreffen mit seinem persischen Reise- und angeblich auch Gesinnungsgenossen Cozazionor (S. 121) besaßen keinerlei sachlichen Wert und erschlossen dem Leser nichts von den Bräuchen und Normen in der islamischen Welt, sondern wurden offenkundig erdichtet, um die Kenntnisse und Erfahrungen des Reisenden biographisch einleuchtend miteinander zu verknüpfen und in eine ebenso sinnvolle wie unterhaltsame Folge zu bringen. Auch jenseits des eigentlichen Indien, wo sich Varthema allem Anschein nach nur noch vom Hörensagen auskannte, wechseln nüchtern beschreibende Kapitel mit solchen Partien, die angeblich auf persönlichem Erleben beruhen und den Gang der Handlung beschleunigen: Die Bekanntschaft mit nestorianischen Christen aus Siam habe geholfen, den Weg zu den Gewürzinseln zu finden (S. 227 ff.), und Erfahrungen mit javanischen Menschenfressern sollen den Anlaß zur Rückkehr an die Malabarküste gegeben haben (S. 236 f.). Anschaulich vorgetragene, aber erfundene Anekdoten wie etwa die Erzählungen von einer Entjungferung in Tenasserim (S. 201 ff.) oder von der Freigebigkeit des Königs von Pegu (S. 213 ff.) trugen sichtlich dazu bei, die Beschreibung der Inseln und Länder mit Leben zu erfüllen, den Leser mit viel persönlicher Erfahrung zu beeindrucken und ihn wohl auch bei Laune zu halten.

Wie so viele andere Reisebeschreibungen basierte auch Varthemas Itinerar in nicht geringem Maße auf eigener

---

32 Ausgabe GIUDICI 1928, S. 33 f. Anm. 2.

Anschauung und persönlicher Erfahrung, und der Verfasser hätte auch dann noch seinen Hörern und Lesern eine ganze Menge zu sagen gehabt, wenn er sich damit begnügt hätte, nur davon zu berichten. Aber auch andere Reisende haben sich dazu verleiten lassen, um der Vollständigkeit willen auch jene Gegenden zu behandeln, die sie nicht selbst besucht hatten, von denen sie aber meinten, durch glaubwürdige Gewährsleute hinreichend informiert worden zu sein[33]. Daß sie darüber hinaus auch ihre eigene Person ins Spiel brachten und gerne die Erfahrungen anderer als die eigenen ausgaben, hat vielleicht mit den Erwartungen des Publikums, vielleicht auch nur mit der Neigung vieler Reisender zu Übertreibung und unwahrer oder halbwahrer Rede zu tun[34]. Zu unterscheiden, was Niccolò de' Conti selbst erlebt hat und was er von anderen erfuhr, fällt nach wie vor schwer; Arnold von Harff erfand zu seiner Wallfahrt nach Jerusalem und auf den Sinai noch eine Reise nach Indien, Arabien und zu den Quellen des Nils hinzu, und auch Hans Schiltberger hat nicht alles gesehen, wovon er erzählt. Selbst Marco Polos erfahrungssatte Beschreibung Asiens erscheint nicht in allen Teilen über jeden Zweifel erhaben[35]. Sie alle bemühten sich nämlich um eine umfassende, zuweilen sogar enzyklopädische Erfassung der Ferne und überschritten bisweilen die Grenze zur schönen Literatur, wo es ihnen darum ging, geographische und ethnographische Sachverhalte in möglichst anschaulicher und eindringlicher Form dem Leser ans Herz zu legen.

Wenn Varthema in eine romanhafte Form kleidete, was er selbst erlebt hatte und was ihm von anderen an der Malabarküste zugetragen worden war, befand er sich somit keineswegs in schlechter Gesellschaft. Dabei stand auch ihm vor Augen, daß den Erzählungen von Reisenden seit jeher Miß-

---

33 Vgl. HARBSMEIER, S. 15 ff.
34 Vgl. ADAMS, S. 1 ff.
35 Vgl. SCHMIDT; HIESTAND, S. 96; SCHIEWER; HAEGER.

trauen entgegengebracht wurde, und er schützte sich und sein Buch mit den herkömmlichen Mitteln: mit originalsprachigen Zitaten, die den Eindruck von Authentizität und Kennerschaft erzeugen sollten; mit Beteuerungen, nur die Wahrheit zu berichten (S. 37, 221); mit der geradezu »leitmotivisch« wiederholten und immer aufs neue variierten Behauptung, aus Wissensdurst und Neugier die Reise in den Orient angetreten und fortgeführt zu haben[36]. Ob aber die Mischung aus umfassender sachlicher Information, abenteuerlichem Lebensbericht und einigen unverbindlichen Erklärungen tatsächlich ein glaubhaftes Ganzes ergab, mußten die Leser entscheiden.

Wirkung und Erfolg des Buches

Varthemas Werk wurde ein bemerkenswerter Erfolg auf dem Buchmarkt und in der Wissenschaft zuteil. Auf die italienische Erstausgabe von 1510 folgten bald eine lateinische (Mailand 1511) sowie eine (von Michael Herr erarbeitete) deutsche Übersetzung (Augsburg 1515), die von Jörg Breu dem Älteren mit einem Zyklus von 46 Holzschnitten versehen wurde[37]. Nach dem erbenlosen Tod des Autors (1517) wurde das Buch ins Spanische (1520), Flämische (1544), Französische (1556) und Englische (1576) übersetzt, erlebte bis zur Mitte des 17. Jahrhunderts insgesamt 31 Auflagen und war in den Lagerbeständen der Buchhändler gut vertreten[38]. Außerdem fand der

---

36 Vgl. AUBIN, Deux Chrétiens, S. 45 sowie – zu den »Strategien der Beglaubigung« – NEUBER, S. 43 ff.
37 GEISBERG, H. 5 Nr. 431 ff.
38 CORDIER, S. 390 ff.; Ausgabe GIUDICI 1928, S. 66 ff.; KIRCHHOFF, S. 216, 260; LACH I 1, S. 165 f.; II 2, S. 62, 77 (unbeachtet blieb die Frankfurter Ausgabe von 1556).

Text des Werkes Eingang in die großen Reisesammlungen, die Johann Huttich (Novus orbis regionum ac insularum veteribus incognitarum, Basel 1532 u.ö.), Giovanni Battista Ramusio (Navigationi et viaggi, Venedig 1550 ff.), Jean Temporal (Description de l'Afrique, Lyon 1556), Richard Willes (History of Travayle in the West and East Indies, London 1577) und Samuel Purchas (Hakluytus Posthumus or Purchas his Pilgrimes, London 1625) zusammentrugen[39].

Den Erfolg des Buches dürften sowohl sein Inhalt als auch die Gestalt des Textes begründet haben: Kein Zeitgenosse hat so ausführlich von Mekka und Medina berichtet und so detailliert die Völker, so genau die Pflanzen Indiens beschrieben. Auch was nach und nach von den portugiesischen Seefahrern über Indien, Hinterindien und die südostasiatische Inselwelt in Erfahrung gebracht wurde, gelangte oft gerade nicht an die Öffentlichkeit, sondern verschwand in den Archiven der Krone in Lissabon, die ihr Wissensmonopol sorgsam vor der Konkurrenz auf den Gewürzmärkten hütete. Die in vielem ausführlicheren Beschreibungen, die Tomé Pires (1512-1515) und Duarte Barbosa (1517/18) hinterließen, gelangten erst mit Ramusios »Navigationi et viaggi« (1550) und auch dann nur unvollständig einem breiteren Publikum zur Kenntnis. Doch auch wenn ihnen eine größere Publizität zuteil geworden wäre, hätten sie Varthemas Buch nicht so leicht vom Markt verdrängen können. Was dieses vor den meisten seiner Nachfolger voraushatte, war nämlich nicht so sehr die Fülle des Stoffes oder die Genauigkeit der Beobachtung, sondern die Lebendigkeit der Darstellung, die dem Benutzer das Verständnis auch der schwierigen Sachverhalte erleichterte. Daß dazu auch einige erfundene, aber eben sehr persönlich gehaltene Anekdoten beitrugen, hat fürs erste niemanden gestört.

---

39 BÖHME, S. 50, 75, 94, 150.

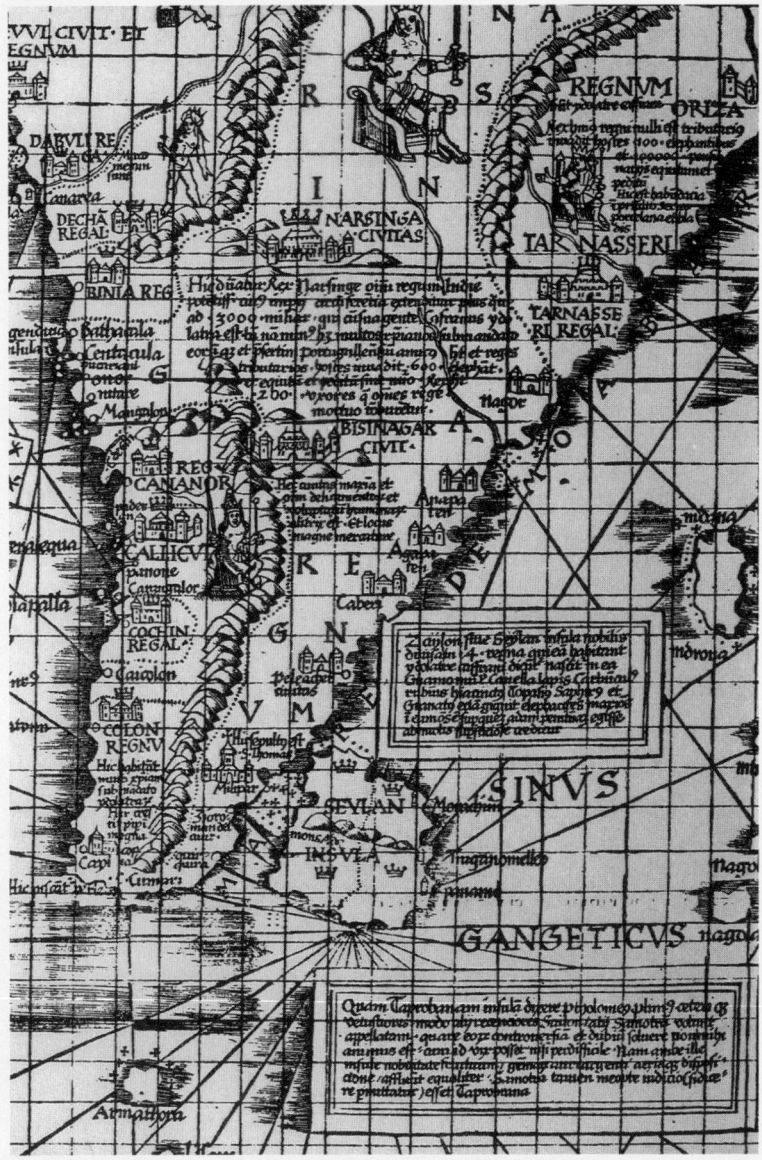

Abbildung 2: Martin Waldseemüller, Carta marina navigatoria 1516: Indien und Ceylon nach Ludovico de Varthema

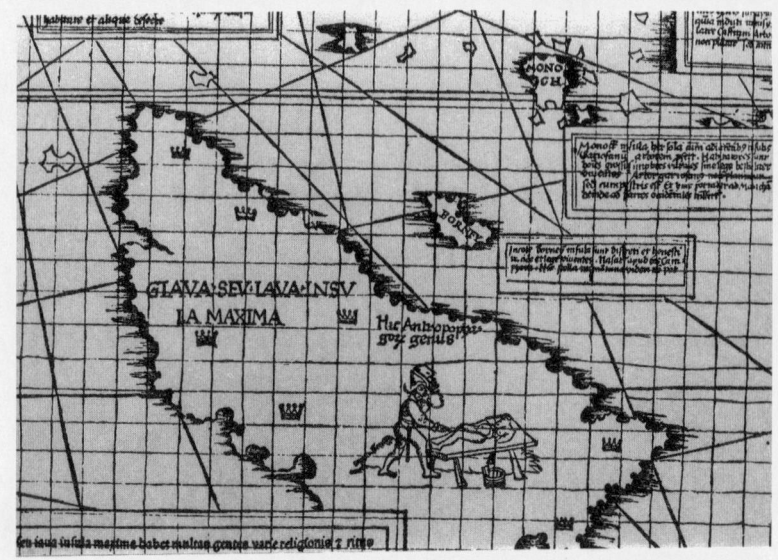

Abbildung 3: Martin Waldseemüller, Carta marina navigatoria 1516:
Java, Borneo und die Molukken

Varthemas Reisebuch kam somit ganz unterschiedlichen
Leserinteressen entgegen und hatte vielen etwas zu bieten[40].
Die portugiesischen Geschichtsschreiber profitierten von den
Schlachtenbeschreibungen, Martin Waldseemüllers »Carta
marina« von 1516 machte sich die Vielfalt des Textes zunutze
(Abb. 2, 3), und Kosmographen wie Sebastian Franck (Welt-
buch 1533), Sebastian Münster (Cosmographia 1544 u.ö.) und
Livio Sanuto (Geografia 1588) übernahmen ganze Passagen,
um die Verhältnisse in Afrika oder Indien zu kennzeichnen.
Die Weltkarte zu Johann Huttichs »Novus orbis regionum«
(1532) zeigt am unteren Bildrand das Konterfei des rastlosen
Wanderers, dessen Unternehmungslust und Wißbegierde,
aber auch Abenteuern der Kartograph ebenso wie der
Betrachter der Karte ein Gutteil ihrer Kenntnisse verdankten

---

40 Zum Folgenden vgl. die Ausgabe GIUDICI 1928, S. 62 ff.; LUZIO, S. 511
ff.; LACH II 1, S. 87, 168 Anm. 254; II 2, S. 198 Anm. 8, S. 211, 230, 235,
307, 332, 337, 346; II 3, S. 437, 466, 485.

(Abb. 4). Varthema erscheint hier als Symbol und Beispiel für den Nutzen des Reisens, und auch die Welt- und Regionalkarten eines Lorenz Fries (1531, 1535; Abb. 5), Gerhard Mercator (1569), Abraham Ortelius (1570), Jacobo Gastaldi (1576) und Jodocus Hondius (1608) bezeugen die dauernde Wertschätzung, die sein Werk während des ganzen 16. Jahrhunderts und noch darüber hinaus genoß.

Auch sonst wurde es mehrfach empfohlen und etwa von jenen Naturwissenschaftlern herangezogen, denen die Beschreibung auch der tropischen Arten ein Anliegen war (Andrea Cesalpino, De plantis 1583; Giulio Cesare Scaligero, De historia plantarum 1644; Girolamo Cardano, De subtilitate 1554; Andrea Bacci, L'alicorno 1573). Vor allem die von Varthema in Mekka beobachteten »Einhörner« hatten es den Gelehrten angetan. So glaubwürdig schienen die Erlebnisse des Indienfahrers, daß auch die Autoren anderer Reiseerzählungen auf jene zurückgriffen, um ihren eigenen Erzeugnissen den schönen Schein der Authentizität zu verleihen. Der

Abbildung 4: Anonymus/Sebastian Münster/Hans Holbein d. J., Weltkarte 1532 (Ausschnitt): Ludovico de Varthema als rastloser Wanderer und bei der Königin von Aden

Abbildung 5: Lorenz Fries, Tabula moderna Indiae 1535: Witwenverbrennung in Indien (vgl. Abb. 45)

Franzose Vincent Leblanc schmückte seinen eigenen – fingierten – Erfahrungsbericht (1570) mit Varthemas Mekkaerlebnis[41], und auch Hans Stadens amerikanisches Abenteuer wurde wenigstens stellenweise unter dem Einfluß des Orientreisenden formuliert (1557)[42].

Erst recht die Literaten machten sich die Stärken des Buches zunutze. Denn nicht nur glaubwürdige, sondern auch schöne Geschichten waren in ihm zu finden. Hans Sachs besaß nachweislich ein Exemplar zur Lektüre, und Matteo Bandello (Novelle 1554) erzählte die Geschichte vom Sklaven Mahometh, der den Tod des Sultans von Hurmuz rächte (S. 115 ff.), aufs neue[43]. Jene andere Anekdote vom Sultan Machamut (Mahmud I.) von Gujarat und Cambay, der sich

---

41 LEVI DELLA VIDA, S. 285; vgl. auch Ausgabe GIUDICI 1928, S. 62 über Jean Thenauds Bericht von einer Reise nach Ägypten 1523.
42 MENNINGER, S. 79.
43 GENÉE, S. 466; GRIFFITH, S. 55, 84 f.

langsam selbst vergiftet und mit seinem Atem die Feinde wie
die Frauen getötet haben soll (S. 125 ff.), fand schon Georg
Rollenhagen gelungen (Tobias 1576), und Samuel Butler faßte
ein ganzes Jahrhundert später ihren Sinn in die galligen
Verse:

> The Prince of Cambay's daily food
> Is asp, and basilisk, and toad;
> Which makes him have so strong a breath,
> Each night he stinks a queen to death[44].

Auch dieses Zeugnis kann den tiefen Eindruck belegen, den
Varthemas Reiseerzählung seit ihrem ersten Erscheinen bei
Lesern und Benutzern hinterließ. Es stammt aber aus einer
Zeit, da die letzte Ausgabe (Utrecht 1655) schon zwei Jahr-
zehnte zurücklag und das Buch allmählich vom Markt verschwand. Auch in den vielbändigen Reisesammlungen des 18.
Jahrhunderts, in Thomas Astleys »New General Collection of
Voyages and Travels« (1745-1747), in der »Histoire générale
des voyages« des Abbé Prévost (1746-1791) und in der »Allgemeinen Historie der Reisen zu Wasser und zu Lande«, die
Abraham Gotthelf Kästner herausbrachte (1747-1774), fand
das Werk keine Berücksichtigung mehr. Offenbar galt sein
sachlicher Gehalt angesichts der allgemeinen Zunahme des
geographischen Wissens im 16., 17. und 18. Jahrhundert für
überholt, und der literarische Reiz des Buches scheint nur
wenig länger vorgehalten zu haben. Erst die kommentierten
Ausgaben, die seit der Mitte des 19. Jahrhunderts zu verschiedenen Anlässen in England, Frankreich und natürlich Italien,
der Heimat des Autors, publiziert wurden, haben einen viel
gelesenen Reiseschriftsteller des 16. Jahrhunderts, seine
Erfahrungen und Erlebnisse zwischen Alexandria und Cali-

---

44 Hudibras II 1, V. 753-756 (1663/78); vgl. PENZER, S. 32; LACH II 2,
S. 346; DHARAMPAL-FRICK, S. 250 Anm. 25.

cut, einer breiteren Öffentlichkeit wieder zugänglich gemacht. In Deutschland, wo die letzte Übersetzung (durch Hieronymus Megiser) im Jahre 1608 erschien (neu aufgelegt 1610 und 1615), steht dies noch aus.

Zur Ausgabe

Die vorliegende Übersetzung folgt dem Text, den Giovanni Battista Ramusio für seine Sammlung der wichtigsten Reise- und Entdeckungsberichte einrichtete (Bd. 1, Venedig 1550). Gegenüber der Erstausgabe von 1510 hat Ramusio zahlreiche Korrekturen und Eingriffe in den Text vorgenommen: Durch Umstellungen wurde hier und da der Zusammenhang deutlicher; Zusätze sollten die schwierigen Stellen erläutern, Wiederholungen oder originalsprachige Teile, die den Lesefluß hemmten, konnten wegfallen. Sachliche Fehler wurden richtiggestellt, Schlachten realistischer beschrieben, Zahlenangaben öfters nach unten korrigiert. Das Ergebnis war ein Text, der in vielem stimmiger wirkt, flüssiger formuliert ist und gegenüber der Erstausgabe den Vorzug der besseren Lesbarkeit besitzt. Wo Ramusio seiner Vorlage etwas hinzufügte, ist dies durch eckige Klammern [ ] gekennzeichnet; wo er etwas wegließ, weist der Kommentar darauf hin. Für die Illustrationen wurden bevorzugt solche Bildzeugnisse und Karten ausgewählt, die den Wissensstand und die Weltsicht des 16. Jahrhunderts zum Ausdruck bringen. Dazu gehören auch die Holzschnitte der ersten deutschen Übersetzung von 1515. Sie sind nicht nur von kunstgeschichtlichem Interesse; indem sie die Verhältnisse in den asiatischen Ländern mit dem vertrauten Repertoire abendländischer Bildformeln beschreiben[45], lassen sie auch die Schwierigkeiten der Leser erahnen, einen

---

45 Vgl. MITTER, S. 16 ff.

Text voller unerhörter und fremdartiger Sachverhalte zu verstehen und das, was er erzählte, in seiner Eigenart zu begreifen.

Bei der Umschrift der arabischen Namen und Begriffe bin ich dem Beispiel der Encyclopaedia of Islam (EI, EI^2) gefolgt.

Alle anderen Sachbezeichnungen, Orts- und Personennamen sind möglichst in der am Ort gültigen Form wiedergegeben.

Ludovico de Varthema

REISEN IM ORIENT

Die Ritterlich vñ lobꝛvir

dig rayß des geſtrengen vñ über all ander weyt erfarnen ritters
vnd Lantfarers herꜩen Ludowico vartomans võ Bolonia
Sagent võ den landen/ Ægypto/ Syria võ bayden Arabia
Perſia Jndia Vñ Æthiopia võ den geſkaltē/ ſytē vñ dero
menſchen leben vnd gelauben/ Auch von manigerlay
thyeren vöglen vnd vil andern in den ſelben landen
ſeltzamen wūderparlichen ſachen/ Das alles er
ſelbs erfaren vñ in aygner perſon geſehen hat.

Abbildung 6: Widmung des Buchs an die Herzogin von Urbino

Widmungsvorrede

An die erlauchte und erhabene Dame, die Gräfin von Albi und Herzogin von Tagliacozzo, Madama Agnesina Feltria Colonna[1], *von Ludovico de Varthema aus Bologna*

Schon viele Männer hat es gegeben, die sich der Erforschung der Erde verschrieben und sich alle Mühe gaben, durch diverse Studien, Hilfsmittel und auch getreue Berichte an ihr Ziel zu gelangen. Andere von noch durchdringenderem Verstand haben dann – nicht zufrieden mit der Erde – begonnen, mit eifriger Beobachtung und in nächtlichen Wachen (wie etwa die Chaldäer und die Phönizier) die höchsten Regionen des Himmels zu durchstreifen, so daß ein jeder von ihnen, wie ich weiß, ganz zu Recht von seinen Mitmenschen höchstes Lob und an sich selbst die tiefste Befriedigung erfahren hat. Da ich den innigsten Wunsch hegte, Ähnliches zu erreichen, ließ ich die Himmel auf den Schultern eines Atlas und eines Herkules lasten und nahm mir vor, ein Stück unseres irdischen Globus zu erforschen; da ich – wohl wissend um meine allzu geringen geistigen Fähigkeiten – nicht den Mut besaß, durch Studium oder Mutmaßungen an das ersehnte Ziel zu gelangen, beschloß ich, den Versuch zu unternehmen, in eigener Person und mit den eigenen Augen die Lage der Orte und die Eigenschaften der Menschen zu erfahren, die Verschiedenartigkeit der Tiere und die Vielfalt der fruchttragenden wie der dufterzeugenden Bäume in Ägypten und Syrien, in Wüsten und im Glücklichen Arabien, in Persien, Indien und Äthiopien; und ganz besonders rief ich mir dabei in Erinnerung, daß ein

---

1 Agnese di Montefeltro, verheiratet mit Fabrizio Colonna.

Zeugnis nach dem Augenschein höher zu schätzen ist als zehn vom Hörensagen. Hatte ich so mit Gottes Hilfe meinen Herzenswunsch zu einem Teil befriedigen können und verschiedenartige Länder und fremde Völker erforscht, so wäre mir dies doch vergeblich erschienen, wenn ich das von mir Gesehene und Erfahrene in mir verborgen gehalten und nicht andere wißbegierige Leute daran hätte teilhaben lassen. Ich habe mich daher mit meinen geringen Kräften bemüht, diese meine Reise so sorgfältig wie möglich aufzuzeichnen, wobei ich meinte, es werde den Lesern angenehm sein, daß sie dort, wo ich mich unter größten Gefahren und unerträglichen Mühen am Anblick unbekannter Sitten und Gebräuche erfreute, denselben Nutzen und dasselbe Vergnügen ohne jede Unannehmlichkeit und Gefahr allein durch die Lektüre erlangen können.

Als ich sodann überlegte, wem ich am besten das Ergebnis meiner Mühen widmen solle, kam mir Eure Durchlaucht in den Sinn, die gleichsam einzigartige Beobachterin bemerkenswerter Dinge und Liebhaberin jedweder Tugend. In Anbetracht des Wissens, das ihr durch Namen und Weisheit des erlauchten und erhabenen Herrn Herzogs von Urbino, ihres Vaters[2], mitgegeben wurde, der uns gleichsam eine Sonne der Kriegskunst wie der Wissenschaft ist, schien mir diese Entscheidung ebenfalls nicht töricht zu sein; ganz zu schweigen von dem ehrenwerten Herrn, ihrem Bruder[3], der, obwohl noch in jungen Jahren, sich in den griechischen und lateinischen Studien so viele Kenntnisse erwirbt, daß er gleichsam täglich ein Demosthenes oder Cicero genannt werden kann. Wenn daher in Eurer Durchlaucht alle Tugend aus so breiten und klaren Quellbächen gespeist wird, ist es gar nicht anders möglich, als sich an den bedeutenden und wundersamen Werken zu ergötzen und Verlangen nach ihnen zu empfinden. Wer immer sich damit auskennt, würde dort,

---

2 Federico di Montefeltro (1422-1482), 1444 Graf, 1447 Herzog von Urbino und gefragter Condottiere.
3 Guidobaldo di Montefeltro (1472-1508), Herzog von Urbino.

wohin er auf den Schwingen des Geistes fliegt, lieber auf eigenen Füßen wandeln und sich dabei vor Augen halten, daß es zu den Verdiensten des kundigen und redegewandten Ulysses[4] gehörte, die Bräuche vieler Menschen und Länder kennengelernt zu haben. Aber da Eure Durchlaucht nicht nur an den Pflichten ihres Herrn und Gemahls[5] Anteil nimmt, den sie liebt und respektiert wie eine neue Artemisia[6] und dem sie auch zwei artige Sprößlinge[7] großzieht, die Apollo und Diana gleichen, sondern auch mit den Angelegenheiten einer vortrefflichen Familie beschäftigt ist, die sie in bewundernswerter Weise mit ihren feinen Sitten ziert, würde ich meinen, daß es genüge, wenn ihr Gemüt sich neben den anderen wertvollen Werken an der vorliegenden, zwar ungeschliffenen, aber vielleicht fruchtbaren Lektüre weide. Sie wird es nicht halten wie viele andere, die auf törichte Liedchen und leere Worte hören und auf die Stunden nicht achten, ganz anders als der engelgleiche Sinn Eurer Durchlaucht, die keine Minute nutzlos verstreichen läßt. Ihre Güte wird leicht ergänzen können, wo es der regellose Fortgang der Erzählung an etwas fehlen läßt, indem sie nur die Wahrhaftigkeit des Berichteten herausgreift. Wenn ihr diese meine Mühen willkommen sein sollten und sie sie gutheißen würde, schiene mir dies nicht nur ein großes Lob zu sein, sondern auch Rechtfertigung meiner langen Wanderschaft oder besser: eines grauenvollen Exils, in dem ich unzählige Male Hunger und Durst, Kälte und Hitze, Krieg, Gefangenschaft und zahllose andere gefahrvolle Unannehmlichkeiten ertragen habe; noch nachdrücklicher aber würde es mich zu der anderen Reise ermutigen, die ich in Kürze zu unternehmen hoffe: Nachdem ich nämlich Teile der Länder und Inseln im Osten, Süden und Westen durchstreift

---

4 Odysseus, in Mittelalter und Renaissance als Prototyp des zwar unfreiwillig, aber auch neugierig Reisenden betrachtet.

5 Fabrizio Colonna (1450/60-1520), 1495 Herzog von Tagliacozzo.

6 Gemahlin des Maussollos von Halikarnassos († 353 v. Chr.), dessen Mausoleum sie erbauen ließ; sie galt daher als Muster der Gattentreue.

7 Ascanio und Vittoria Colonna (1490-1547, bedeutende Dichterin).

habe, trage ich mich mit der Absicht, sofern es Gott gefällt, auch den Norden zu erforschen. Und da ich mich für eine andere Tätigkeit nicht geeignet sehe, werde ich mit dem übrigen Teil dieses löblichen Unternehmens den Rest meiner verfliegenden Tage verbringen.

Buch von Ägypten und Syrien

Abbildung 7: Überfahrt nach Alexandria

Alexandria

Dasselbe Verlangen, das viele andere angespornt hat, die Vielfalt der Reiche auf dieser Erde zu sehen, hat auch mich zu einer solchen Unternehmung gereizt. Und weil all die anderen Länder von unseren Vorfahren schon zur Genüge behandelt wurden, habe ich mir in den Kopf gesetzt, solche Gegenden zu besuchen, die von meinen Landsleuten weniger häufig bereist wurden. Mit Gottes Hilfe brach ich daher von Venedig auf und fuhr übers Meer, bis ich nach Alexandria kam, einer Stadt in Ägypten, deren Vorzüge ich übergehe, sind sie doch bestens bekannt; begierig vielmehr nach Neuigkeiten, begab ich mich nilaufwärts nach Kairo.

In Kairo angelangt, war ich zunächst einmal beeindruckt vom
Ruhm seiner Größe; aber ich kam zu dem Schluß, daß es doch
nicht so groß war, wie man erzählt; vielmehr entspricht sein
Umfang ungefähr dem der Stadt Rom; richtig ist, daß die Stadt
dichter als Rom besiedelt ist und viel mehr Menschen dort
wohnen. Der Fehler, den viele begehen, besteht darin, daß es
außerhalb Kairos ein paar Dörfer gibt, und einige Leute glauben dann, daß sie zum Weichbild der Stadt dazugehören. Dies
kann aber nicht angehen, da sie zwei oder drei Meilen entfernt liegen und eigenständige Siedlungen darstellen. Im übrigen werde ich mich nicht über den Glauben und die Bräuche
der Stadt verbreiten; denn jedermann weiß, daß sie von Mauren und Mamluken bewohnt wird[1]. Ihr Herr ist der Große Sul-

---

1 Ludovico de Varthema versteht unter »Mauren« (*mori*) Araber oder die
Muslime im allgemeinen. Ursprünglich bezog sich der Begriff nur auf
Muslime in Spanien und Nordafrika (EI² 7, S. 235 f.).- Mamluken (arab.
mamlūk »zu eigen«, »in Besitz genommen«) waren Militärsklaven meist
türkischer, aber auch tscherkessischer, russischer und anderer Herkunft, die nach einer mehrjährigen militärischen Ausbildung und religiösen Unterweisungen in die Freiheit entlassen wurden. Danach
gehörten sie einer Militäraristokratie mit weitreichenden Privilegien,
ausgeprägtem Korpsgeist und strengem Ehren- und Verhaltenskodex
(Treue, Disziplin, Grausamkeit und Leidensfähigkeit) an. Da Unfreiheit
als die unabdingbare Voraussetzung ihres sozialen Ranges angesehen
wurde, durften die Söhne nicht in die Stellung der Väter einrücken. Es
handelte sich um eine »one generation nobility« (D. AYALON). Seit 1260
besetzten die ägyptischen Mamluken das Sultanat in Kairo aus ihren
Reihen. Zu ihrem Herrschaftsbereich gehörten im 15. Jahrhundert
Ägypten, Syrien, Nubien und der Ḥidjāz (Hedschas), damit auch die Aufsicht über die heiligen Stätten in Mekka und Medina und die Wallfahrt
zu ihnen. Die Große Pest von 1347 und deren wirtschaftliche Folgen,
Timurs Feldzüge und der militärische Konservatismus der Mamluken
waren für den langsamen Niedergang des Sultanates im 15. Jahrhundert verantwortlich. 1517 wurde das Reich von den osmanischen Türken unter Selim I. erobert. Da sich unter den Mamluken auch christliche Renegaten fanden, blieb der Begriff in den europäischen Sprachen
negativ besetzt (zum Beispiel dt. »Mamluck«: »abtrünnig«, »heimtük-
kisch«) (HAARMANN, S. 216 ff.; EI² 6, S. 314 ff.; LexMA 6, Sp. 181 ff.).

tan[2]; ihm dienen die Mamluken, und diese sind die Herren der Mauren.

Beirut, Tripolis und Aleppo

Ich sage auch nichts von den Reichtümern und der Schönheit Kairos sowie vom Stolz der Mamluken, denn davon ist uns allen bekannt; vielmehr machte ich mich auf den Weg und kehrte auf dem Nil nach Alexandria zurück, von wo ich mit einem Segelschiff übers Meer nach Beirut gelangte, eine Hafenstadt in Syrien; die Entfernung kann ungefähr 500 Meilen betragen. Dort in Beirut verbrachte ich viele Tage, und es ist eine Gegend, dicht bewohnt von Mauren, und an allem gibt es großen Überfluß. Das Meer schlägt gegen die Mauern; aber die Stadt ist nicht auf allen Seiten von Mauern umgeben, sondern nur nach einer Seite, nach Westen, und zum Meere hin. Dort sah ich nichts, was der Erinnerung wert wäre, mit Ausnahme eines alten Gemäuers, wohin die Tochter des Königs gebracht worden sein soll, als der Drache sie verschlingen wollte, und wo der heilige Georg, nachdem er den Drachen erschlagen hatte, sie dem Vater zurückgab; das Gebäude liegt jetzt völlig in Trümmern[3].

---

2 Kānṣawh al-Ghawrī, der letzte bedeutende Mamlukensultan (1501-1516), verlor am 24. August 1516 in der Ebene von Mardj Dābiḳ (nördlich von Aleppo) gegen die Osmanen Schlacht und Leben.
3 In der ›Legenda aurea‹ des Jacobus de Voragine (1263/73) spielt die Legende von Georg, der Königstochter und dem Drachen bei der Stadt Silena in Lybia (Lykien? Lybien?). Nach byzantinischen Quellen war eine Stadt namens Lasia in Georgien (?) oder Palästina Schauplatz der Handlung. Seit der Kreuzfahrerzeit wurde sie auch mit Beirut in Verbindung gebracht. Pilgern wie Lionardo di Niccolò Frescobaldi (1385) oder Anselm Adorno (1470) wurde an der Stelle, wo der Drache gehaust haben soll, eine Kirche in der Nähe der Ruinen des königlichen Palastes gezeigt.

Von dort reiste ich nach Tripolis[4] in Syrien, das sind zwei Tagereisen nach Osten. Dieses Tripolis untersteht dem Sultan von Ägypten, und alle Einwohner sind Mohammedaner[5], und die Stadt hat Überfluß an allem. Danach kam ich nach Aleppo, das acht Tagereisen landeinwärts liegt; es ist eine prächtige Stadt, dem Großsultan in Kairo untertan und der Stapelplatz für die Türkei und Syrien[6], die Bewohner sind alle Mohammedaner. Es ist ein Ort mit riesigem Warenverkehr, ganz besonders von seiten der Perser und Azamini, die bis dahin kommen. Von dort nimmt man den Weg, um in die Türkei und nach Syrien zu gehen; das gilt für diejenigen, die aus Azamia kommen[7].

Aman und Menin

Von dort machte ich mich auf den Weg nach Damaskus; das sind zehn kurze Tagereisen. Auf der Hälfte des Weges liegt eine Stadt namens Aman[8], in der größte Mengen von Baumwolle und sehr gute Früchte wachsen. Und sechzehn Meilen von Damaskus fand ich einen anderen Ort, genannt Menin[9], der auf dem Gipfel eines Berges liegt und von griechischen

---

4 Tripoli(s) (Tarabulus) im Libanon, 90 km nordöstlich von Beirut.
5 Das lateinische Mittelalter unterstellte den Muslimen Götzendienst, Vielgötterei und die göttliche Verehrung Mohammeds. Die bis heute gebräuchliche, aber unangebrachte Bezeichnung »Mohammedaner« (*maomettani*) ergab sich daraus.
6 Aleppo (Ḥalab) in Syrien.- Leider gibt sich Varthema nicht viel gesprächiger als andere Reisende, die die wirtschaftliche Bedeutung Aleppos beschrieben. Arnold von Harff (1496) nennt es *gar die schone groisse kouffstat*, Joos van Ghistele aus Gent (1481) spricht von Seide, Spezereien und Edelsteinen auf den Basaren, und der Venezianer Giosafat Barbaro (1478) verzichtet auf eine Beschreibung, da die Stadt ja allen bekannt sei (HEYD 2, S. 458 f.).
7 Von arab. al-Adjam: »Persien«.
8 Hamāt, 135 km südlich von Aleppo.
9 Manin bei Ḥalbūn nördlich von Damaskus.

Christen bewohnt ist; sie unterstehen dem Herrn von Damaskus. An diesem Ort gibt es zwei schön gebaute Kirchen, die, so sagt man, von der heiligen Helena, Konstantins Mutter, errichtet wurden. Dort gedeihen sehr gute Früchte und vor allem gute [lange] Trauben [ohne Kern]; außerdem findet man dort herrliche Gärten und Springbrunnen.

Damaskus

Die Schönheit und die Vorzüge dieser so vornehmen Stadt, in der ich mich einige Monate aufhielt, um die Sprache der Mauren zu erlernen, kann man eigentlich nicht beschreiben. Sie wird zur Gänze von Mauren, Mamluken und auch von vielen griechischen Christen bewohnt. Dabei fällt mir ein, vom Regiment ihres Herrn zu berichten, der dem Großsultan in Kairo untersteht. In selbiger Stadt befindet sich eine herrliche und mächtige Burg, die ein Mamluk aus Florenz auf eigene Kosten errichtet haben soll; denn er war der Herr der Stadt, und bis auf den heutigen Tag findet sich in jedem Winkel der Burg das Florentiner Wappen, in Marmor gehauen. Ringsum führen tiefe Gräben, mit vier starken Türmen, Zugbrücken und guten Geschützen; und ständig sind dort – zusammen mit dem Kastellan – fünfzig Mamluken stationiert, und sie tun Dienst im Auftrag des Großsultans. Jener Florentiner aber war Mamluk des Sultans, und zu seiner Zeit, so erzählt man, wurde der Sultan vergiftet, und als sich keiner fand, der ihn vom Gift befreien konnte, wollte Gott, daß der Florentiner ihm half; daher gab er ihm die Stadt Damaskus, und dieser erbaute die Burg. Später starb er in Damaskus, und von der Bevölkerung wird er mit vielen Lichtern verehrt, wie wenn er ein Heiliger gewesen wäre[10]. Von da an stand die Burg immer dem Sultan

---

10 Die heute verschwundene Zitadelle wurde unter dem Mamlukensultan Baybars (1260-1277) restauriert. Die Erzählung spielt offenbar

zu Diensten, und wenn ein neuer Sultan erhoben wird, sagt einer seiner Herren, die man Emire nennt: »O Herr, ich war lange Zeit dein Sklave; gib mir Damaskus, und ich werde dir 100 000 oder 200 000 Ashrafi[11] dafür geben«. Der Sultan gewährt ihm die Bitte. Man muß aber wissen: Wenn nach Ablauf von zwei Jahren ihm der besagte Herr die genannte Summe nicht ausbezahlt hat, trachtet er danach, ihn töten zu lassen, mit Waffengewalt oder auf andere Weise; wenn er ihm aber dieses Geschenk hat zukommen lassen, kann er in der Herrschaft bleiben.

Dieser Herr hat immer zehn oder zwölf Vornehme und Barone aus der Stadt bei sich, und wenn der Großsultan 200 000 oder 300 000 Ashrafi von ihm oder den Vornehmen und Kaufleuten der Stadt haben möchte (denn ihnen gegenüber wird keine Gerechtigkeit geübt, sondern Raub und Mord, soweit es eben geht; die Mauren sind nämlich den Mamluken ausgeliefert wie das Schaf dem Wolf), dann schickt er zwei Briefe an den Kastellan der Burg, von denen der eine in einfachen Worten den Befehl enthält, er solle in seiner Burg nach seinem Belieben die Vornehmen und Kaufherren versammeln; und wenn sie dann versammelt sind, wird der zweite Brief verlesen, dessen Inhalt sofort ausgeführt wird, im Guten oder im Schlechten; auf diese Weise versucht der Großsultan, sich Geld zu verschaffen. Zuzeiten aber wird der Herr von Damaskus so mächtig, daß der Sultan nicht seine Burg zu betreten wagt, und viele Barone und Kaufleute besteigen, da

---

auf die Ermordung Baybars' an, der – vielleicht versehentlich – mit seinem Lieblingsgetränk Kumis (gegorene Stutenmilch) vergiftet wurde und in Damaskus begraben liegt (THORAU, S. 290 ff.). Es ist nicht auszuschließen, daß sich unter den syrischen Mamluken Florentiner befanden. Auch Anselm Adorno erzählt von einem florentinischen Renegaten, der einen Großteil der Stadtmauer habe errichten lassen (S. 330). Näheres ist aber nicht bezeugt, und die Lilien, wie sie im Florentiner Wappen zu sehen waren, wurden auch von mamlukischen Emiren verwandt.

11 Goldmünzen, bis 1517 im mamlukischen, dann auch im osmanischen Ägypten sowie in Persien und Nordindien geschlagen (auch Sherifi); ihr Wert entsprach ungefähr dem der venezianischen Zechine.

sie Mißgunst, Neid und Begehrlichkeit spüren, ein Pferd und machen sich auf den Weg in die Türkei, um dieser Tyrannei zu entfliehen.

Hierüber wollen wir nichts weiter berichten, nur das eine noch, daß die Burghut so eingerichtet ist, daß die Wächter in jedem der vier Türme die ganze Nacht über nichts ausrufen, sondern jeder besitzt eine Trommel von der Größe eines halben Fasses, und darauf tut er kräftige Schläge mit einem Stab; mit diesen Trommeln antworten sie einander; und wenn einer sich mit der Antwort länger Zeit läßt, als ein Vaterunser dauert, wird er für ein Jahr in den Kerker geworfen.

Abbildung 8: Der Großsultan in Kairo

Weiter von Damaskus

Nachdem wir über die Sitten des Herrn von Damaskus gesprochen haben, kommt mir noch in den Sinn, einiges von der Stadt selbst zu berichten, die sehr dicht bevölkert ist und große Reichtümer besitzt. Ihren Wohlstand und den Adel der Gewerbe, die dort ausgeübt werden, kann man gar nicht richtig schätzen; ihr habt dort enorme Mengen von Getreide und Fleisch, und es ist die Gegend mit dem größten Reichtum an Früchten, die man jemals zu sehen bekommt, besonders an Trauben, die zu jeder Zeit frisch sind. Ich will von den guten Früchten sprechen, die es dort gibt, aber auch von den schlechten: Es gibt schmackhafte Granatäpfel und Quitten, ausgezeichnete Mandeln und dicke Oliven, weiße und rote Rosen, die schönsten, die man jemals sah, Äpfel, Birnen und Pfirsiche hübsch anzusehen, aber erbärmlich im Geschmack; und der Grund für dies alles liegt darin, daß Damaskus großen Überfluß an Wasser hat. Ein Flußlauf[12] zieht sich mitten durch die Stadt, und ein Großteil der Häuser besitzt herrliche Springbrunnen mit Mosaiken; die Wohnungen sind von außen häßlich, aber im Inneren sehr ansehnlich, mit viel Mauerwerk aus Marmor und Porphyr. Außerdem gibt es dort eine große Zahl von Moscheen, darunter eine Hauptmoschee, die so groß ist wie Sankt Peter in Rom; aber in der Mitte liegt sie offen und ist ringsum gedeckt. Man behauptet dort, den Leichnam des heiligen Propheten Zacharias zu besitzen, und erweist ihm höchste Ehren. Diese Moschee hat vier Haupttore aus Metall, und im Inneren gibt es zahlreiche Brunnen. Außerdem sieht man dort ein Kapitel, das einst den Christen gehörte und noch zahlreiche antike Mosaikarbeiten besitzt[13]. Ferner kann man den Ort sehen, wo Christus zu Paulus gesagt haben soll: »Saulus, Saulus, warum verfolgst du mich?«[14] Dieser Ort liegt etwa eine Meile vor einem Tor der Stadt, und dort lassen sich alle Christen begraben, die in Damaskus sterben. In den Mauern der Stadt befindet sich außerdem jenes Fenster, wo (wie man sagt) der heilige Paulus im Gefängnis lag: Die Mauren haben es

---

12 Der Fluß Baradā.

13 Große oder Ummayyadenmoschee, die zwischen 705/708 und 713 nach langen Auseinandersetzungen an der Stelle einer christlichen, Johannes dem Täufer geweihten Kirche errichtet wurde (vgl. HAARMANN, S. 83 f.). Den Leichnam des Zacharias erwähnt auch Anselm Adorno (S. 334), nach arabischen Autoren wurde aber an der beschriebenen Stelle das Haupt des Täufers aufbewahrt.

14 Apg 9,3-4.

mehrmals zugemauert, und am nächsten Morgen fand es sich wieder aufgebrochen und unvermauert, so wie der Engel es gesprengt hatte, als er Paulus aus demselben Fenster zog[15]. Ferner sah ich jenes Haus, wo (so sagt man) Kain seinen Bruder Abel erschlug; es liegt eine Meile außerhalb, auf der anderen Seite der Stadt auf einer Anhöhe über einem Tal[16]. Wenden wir uns nun den Privilegien zu, die die Mamluken in Damaskus genießen.

Die Mamluken in Damaskus und ihre Privilegien

Die Mamluken sind Christen, die ihrem Glauben abgeschworen haben und von dem genannten Herrn käuflich erworben wurden[17]. Sie verschwenden ihre Zeit nicht, sondern üben sich beständig im Führen von Waffen oder im Schreiben von Briefen, bis sie es darin zur Meisterschaft gebracht haben. Und jeder Mamluk, ob groß oder klein, bezieht einen monatlichen Sold von sechs Dukaten und außerdem die Unterhaltskosten für sein Pferd und einen Knappen, und um so mehr erhalten sie, je mehr Kriegserfahrungen sie sammeln. Wenn Mamluken durch die Stadt gehen, werden sie immer von wenigstens zwei oder drei anderen begleitet; denn es gälte als

---

15 Spielt Varthema auf die Flucht des Apostels durch ein Fenster in der Stadtmauer an (2 Kor 11, 33; Apg 9, 25)?

16 Das Feld, auf dem Kain Abel erschlug, wurde an zwei Orten gezeigt: In Hebron (südlich von Jerusalem) knüpft sich die Überlieferung an den *ager Damascenus* und die mit ihm verbundene Adamstradition (Erschaffung des ersten Menschen, Wohnstatt nach der Vertreibung aus dem Paradies); auf Damaskus wurde die Erzählung offenbar wegen der Gleichheit der Namen übertragen. Wenn Varthema den Brudermord bei einem Haus geschehen läßt, bezieht er sich auf Adams und Evas Wohnhaus, das ebenfalls bei Damaskus gezeigt wurde (zum Beispiel dem Schweizer Ulrich Leman 1472).

17 Gemeint ist der Sultan in Kairo. Daß die Mamluken christliche Renegaten seien, wurde von Besuchern aus dem Westen häufig behauptet. In Wirklichkeit stellten »verleugnete« Christen nur eine Minderheit unter den Mamluken dar.

große Schande, wenn einer alleine ginge. Trifft man dabei zufällig auf zwei oder drei Damen, haben sie folgendes Privileg, und wenn sie es nicht haben, dann nehmen sie es sich: Um die Frauen abzupassen, gehen sie an bestimmte Orte, etwa zu den großen Gasthöfen, die man Khane nennt[18], und wenn jene Damen vor dem Tor vorbeigehen, nimmt sich jeder Mamluk die seine an der Hand, zieht sie herein und macht mit ihr, was ihm gefällt. Und wenn die Frau sich weigert, sich zu erkennen zu geben (denn alle tragen das Gesicht bedeckt, damit sie uns und wir nicht sie erkennen können), dann sagt der Mamluk, daß er sie erkennen möchte. Und sie antwortet ihm:»Bruder, genügt es dir nicht, daß du mit mir machst, was du willst, ohne mich erkennen zu wollen?« Dermaßen bittet sie ihn, daß er sie in Frieden lasse. Und manchmal glauben die Mamluken, die Tochter ihres Herrn zu nehmen, und erwischen doch nur die eigene Frau. Dies ist vorgefallen, als ich dort war.

Die Damen dort kommen fein in Seide gekleidet daher, und darüber tragen sie weiße Tücher aus Baumwolle, zart und glänzend wie Seide; alle tragen sie weiße Stiefeletten und rote oder violettrote Schuhe, außerdem reichen Schmuck rings um den Kopf, in den Ohren und an den Händen. Die Frauen dort heiraten nach ihrem Gutdünken, und das bedeutet: wenn sie nicht länger mit ihrem Ehemann zusammenleben wollen, gehen sie zum Kadi[19] ihres Glaubens und lassen sich von ihrem Ehemann scheiden, und dieser nimmt sich eine andere Frau. Und obwohl manche Leute sagen, daß die Mauren fünf oder sechs Ehefrauen besitzen, habe ich doch dergleichen nie gesehen; allenfalls besitzen sie zwei oder höchstens drei.

---

18 Khān: Karawanserei an den Haupthandelsrouten, auch Warenlager und Wirtshaus in den städtischen Zentren.
19 Muslimischer (weltlicher und geistlicher) Richter, der in seinem Gerichtsbezirk mit der Behandlung aller Zivil- und Strafsachen betraut war.

Abbildung 9: Mamluken in Damaskus

Diese Mauren essen meistenteils auf den Straßen, dort also, wo man Waren verkauft, und lassen sich ihr Essen kochen, und sie essen dort viel Fleisch von Pferden, Kamelen und Büffeln, Hammel- und Ziegenfleisch. Außerdem gibt es dort große Mengen von frischem Käse, und wenn ihr frische Milch kaufen wollt, laufen dort jeden Tag vierzig oder fünfzig Ziegen herum, die längere Ohren haben, als eine Hand mißt[20]; ihr Besitzer bringt sie hinauf auf euer Zimmer, auch wenn das Haus drei Stockwerke hätte, und in eurer Gegenwart melkt er sie, soviel ihr wollt, in ein hübsches Zinngefäß, und es gibt dort viele Milchziegen. Außerdem werden große Mengen Trüffeln verkauft; manche Male kommen 25 oder 30 Kamelladungen dorthin, und in drei oder vier Tagen sind sie verkauft; sie kommen aus den Bergen Armeniens und der Türkei. Die Mauren kleiden sich dort in lange und weite Gewänder aus Seide oder Tuch, Hosen aus Baumwolle und weiße Schuhe.

---

20 Hängeohr- oder ägyptische Ziege.

Wenn ein Maure einem Mamluken begegnet, muß er, auch wenn es sich um den bedeutendsten Kaufmann handelt, dem Mamluken Ehre erweisen und ihm Platz machen; wenn er es nicht tut, wird er mit dem Stock verprügelt. Christen besitzen dort zahlreiche Lagerhäuser mit Leinenstoffen, Seide und Atlasseide, mit Samt, Messing und aller Handelsware, deren man bedarf; aber sie werden schlecht behandelt.

Buch vom Wüsten Arabien[1]

Wie man von Damaskus nach Mekka kommt
und von den Bräuchen der Araber,
die auf dem Lande leben

Nachdem ich die Zustände in Damaskus vielleicht weitschweifiger beschrieben habe, als es nötig gewesen wäre, sehe ich mich nun veranlaßt, die Erzählung von meiner Reise wieder aufzunehmen. Im Jahre 1503, am 8. April, sollte eine Karawane nach Mekka abgehen[2]; ich aber, begierig, die Vielfalt der Dinge zu schauen, und unwissend, wie dies geschehen könne, knüpfte eine enge Freundschaft mit dem Anführer der Mamluken in der Karawane, einem abgefallenen Christen, der mich als Mamluken verkleidete, mir ein gutes Pferd verschaffte und mich in die Gesellschaft der anderen Mamluken einführte; dies aber geschah durch die Macht des Geldes und

---

1 Arabien wurde von antiken Geographen in die *Arabia Deserta* im Norden (in etwa das heutige Syrien und der Irak) und die *Arabia Felix* im Süden (die Arabische Halbinsel) geteilt. Klaudios Ptolemaios (2. Jh. n.Chr.) fügte noch die *Arabia Petraea* (Jordanien) hinzu.
2 Der Ḥadjdj, die Wallfahrt im zwölften Mondmonat nach Mekka, gehört zu den »fünf Säulen« des Islam und damit zu den religiösen Grundpflichten der Muslime. Jährlich ging von Damaskus eine von zwei Karawanen aus, die das Mamlukensultanat für die Pilger organisierte und betreute. Andere Karawanenwege führten nach Kairo, dem Irak und dem Jemen nach Mekka, während die Gläubigen aus Indien, Afghanistan und Afrika den Seeweg bis Djudda benutzten. Die Karawane wurde von Amtsträgern, Geistlichen und Soldaten begleitet, folgte einer festen Route entlang den Wasserstellen (über Manān und Madāin Salih) und war 30-40 Tage unterwegs. Die 1900-1908 erbaute Hidjāz-Bahn nimmt einen ähnlichen Verlauf (Faroqhi, S. 49 ff., 239 ff.; Peters, The Hajj, S. 71 ff., 145 ff.).– Das von Varthema angegebene Jahr seiner »Wallfahrt« trifft augenscheinlich nicht zu. Die weiter unten angegebenen Tagesdaten (S.71, 76, mit Anm. 40 und 48) passen besser zu 1504.

anderer Dinge, die ich ihnen gab. Und so machten wir uns auf den Weg und reisten drei Tage lang an einen Ort, der »il Mezeribe« heißt[3]; dort blieben wir drei Tage, damit die Kaufleute sich versorgen und Kamele kaufen konnten und was ihnen sonst noch nötig schien.

In diesem Mezeribe regiert einer, der sich Zambei nennt, und er ist der Herr des Landes und der Araber; dieser Zambei hat drei Brüder und vier Söhne, außerdem 40 000 Pferde und an seinem Hof 10 000 Stuten; dort hält er auch 40 000 Kamele; es dauert zwei Tage, sie zu füttern. Wenn es diesem Zambei in den Sinn kommt, führt er Krieg mit dem Sultan in Kairo und den Herrschern von Damaskus und Jerusalem. Und wenn es Erntezeit ist, glaubt man, er sei hundert Meilen entfernt, aber er trifft in der Frühe bei den Feldern vor der Stadt ein, um sie zu plündern, und findet Korn und Gerste schön in Säcke verpackt und nimmt sie mit sich fort. Manchmal reitet er einen Tag und eine Nacht mit seinen Pferden, die niemals haltmachen, und wenn sie angekommen sind, gibt man ihnen Kamelmilch zu trinken; denn es erfrischt sie sehr. Wahrhaftig scheint mir, daß sie nicht laufen, sondern fliegen wie die Falken; denn ich bin mit ihnen geritten. Auch sollte man wissen, daß sie meistens ohne Sattel reiten und alle im Hemd, mit Ausnahme einiger Anführer; und ihre Bewaffnung besteht aus einer Lanze aus indischem Rohr, zehn oder zwölf Ellen lang, mit etwas Eisen an der Spitze [und einem Wimpel aus Seide]; und wenn sie einen Raubzug unternehmen, reiten sie dicht beieinander wie die Stare. Die Araber sind sehr kleine Leute von dunkelbrauner Farbe, sie haben eine weibliche Stimme und langes, dichtes, schwarzes Haar. Wahrhaftig gibt es so viele von ihnen, daß man ihre Zahl nicht schätzen kann, und sie liegen ständig im Kampf miteinander. Diese hier leben in den Bergen und kommen herunter, wenn es Zeit ist für die Ka-

---

3 al-Mazarib, wo die Pilgerkarawanen einen mehrtägigen Aufenthalt einzulegen hatten, um Nachzügler aufschließen zu lassen, Reisevorräte zu sammeln und die Gebühren (Tribute) für den Durchzug durch die Wüste zu zahlen.

Abbildung 10: Die Pilgerkarawane nach Mekka

rawane nach Mekka, um sie an den Pässen abzuwarten und auszurauben; Frauen und Kinder und ihr ganzes Mobiliar führen sie mit sich, und sogar die Hütten packen sie auf die Kamele; denn diese gleichen dem Zelt eines Soldaten und bestehen aus schwarzer und einfacher Wolle[4].

Am 11. April brach meine Karawane von Mezaribe auf; sie bestand aus 35 000 Kamelen und etwa 40 000 Personen[5], und wir waren sechzig Mamluken, die die Karawane beschützen sollten; ein Drittel davon ritt mit der Fahne voraus, das zweite Drittel in der Mitte und das letzte hinterher. Unseren Weg leg-

4 Obwohl die Beduinen gläubige Muslime waren, kam es häufig zu Übergriffen. Die Mamluken- und Osmanensultane bemühten sich, durch Begleitmannschaften, den Bau von Khanen und die Zahlung von Tributen und Subsidien die Karawanen zu sichern. Im allgemeinen scheint sich die Gefährdung der Pilger in Grenzen gehalten zu haben. Dafür spricht auch die regelmäßige Teilnahme von Kaufleuten, die die Tage nach den Pilgerzeremonien für ihre Geschäfte nutzten (FAROQHI, S.75 ff.; PETERS, The Hajj, S. 157 ff.).

5 Die Zahlen sind keineswegs übertrieben (FAROQHI, S 63 f.).

ten wir auf folgende Weise zurück: [Von Damaskus nach Mekka sind es vierzig Tage und Nächte. Wir verließen Mezaribe am Vormittag und ritten durch bis 22 Uhr. Zu diesem Zeitpunkt werden vom Anführer bestimmte Signale von Gruppe zu Gruppe gegeben, daß alle aus der Reisegesellschaft dort haltmachen, wo sie sich gerade befinden; mit dem Abladen und Essen und dem Füttern der Kamele brauchen sie dann bis 24 Uhr; danach gibt man wiederum Signale, und sofort beladen sie die Kamele. Man muß auch wissen, daß den Kamelen nichts zu essen gegeben wird als fünf grobe Brote aus Gerstenmehl, ein jedes so groß wie ein Granatapfel. Danach besteigen sie die Pferde und reiten die ganze Nacht über und den folgenden Tag bis 22 Uhr, und um 24 Uhr geschieht das gleiche wie zuvor. Alle acht Tage aber findet man Wasser, indem man Erde oder Sand aufwühlt, und außerdem gibt es bestimmte Brunnen und Zisternen. Nach Ablauf von acht Tagen werden ein oder zwei Tage Pause eingelegt [um die Kamele sich ausruhen zu lassen]; denn ein jedes von ihnen trägt das Gewicht von zwei Mauleseln, und den armen Tieren gibt man nicht zu trinken als alle drei Tage einmal.]

Von der Tapferkeit und Stärke der Mamluken

Als wir uns bei der erwähnten Wasserstelle aufhielten, hatten wir ständig mit einer großen Zahl von Arabern zu kämpfen; aber abgesehen von einem Mann und einer Frau, konnten sie keinen einzigen von uns töten; denn sie sind so feigen Sinnes, daß wir sechzig Mamluken Manns genug waren, uns gegen 40 000 oder 50 000 Araber zu verteidigen; unter den Heiden gibt es nämlich niemanden, der mit den Waffen besser umgehen könnte als die Mamluken. Ich kann versichern, daß ich davon auf dieser Reise eindrucksvolle Proben gesehen habe:

Unter anderem beobachtete ich einen Mamluken, der seinen Sklaven nahm, ihm eine Pomeranze aufs Haupt legte und ihn sich in einer Entfernung von zwölf oder fünfzehn Schritt aufstellen ließ; mit dem zweiten Versuch schoß er ihm mit dem Bogen die Pomeranze herunter. Ein andermal sah ich einen Mamluken, der seinen Sattel löste, ihn sich über den Kopf legte und ihn dann wieder an seinem früheren Ort anbrachte, dies alles in vollem Galopp und ohne zu stürzen.

Von der Stadt Sodom und Gomorrha

Zwölf Tagesmärsche weiter fanden wir das Tal von Sodom und Gomorrha, und wahrlich, die Heilige Schrift lügt nicht; denn man kann sehen, wie sie durch ein Wunder des Herrn in Trümmer gelegt wurden. Und ich sage, daß es drei Städte sind, die auf den Gipfeln dreier Berge liegen; im Untergrund scheint es dort immer noch Blut zu geben, das wie rotes Wachs aussieht, vermischt mit Erde, und drei oder vier Ellen in die Tiefe reicht. Ganz gewiß glaube ich, nach dem, was ich gesehen habe, daß dort üble Leute lebten; denn ringsum ist das Land nur Wüste, und der Boden bringt nichts hervor, nicht einmal Wasser; diese Leute lebten von Manna, und da sie diese Wohltat nicht erkannten, wurden sie von Gott bestraft; durch ein Wunder kann man heute noch die Ruinen aller drei Städte [als ein Mahnmal] betrachten[6].

Danach zogen wir durch jenes Tal, das gut und gern zwanzig Meilen mißt; dabei starben uns 33 Leute vor Durst, und viele wurden im Sand bestattet, die noch nicht ganz tot waren; nur das Gesicht ließ man frei. Danach entdeckten wir einen

---

6 Gn 10, 19; 13, 10-13; 19, 1-26.- Die Karawane befindet sich bereits südlich des Toten Meeres, bei dem die biblischen Städte Sodom und Gomorrha gewöhnlich gesucht werden. Die Kommentare verweisen auf den Paß 'Aḳabat as-Shāmī.

Abbildung 11: Überfall auf die Pilgerkarawane

Hügel mit einem Wasserloch dabei, worüber wir sehr glücklich waren. Auf dem Hügel legten wir einen Halt ein; am nächsten Morgen, zu früher Stunde, kamen 24 000 Araber herbei und verlangten, daß wir für ihr Wasser zahlen sollten. Wir erwiderten, daß wir keineswegs zahlen wollten, da uns das Wasser von Gott geschenkt worden sei; darauf begannen sie, sich mit uns zu schlagen, und behaupteten, wir hätten ihnen ihr Wasser weggenommen. Wir verschanzten uns auf dem Hügel und bildeten aus unseren Kamelen eine Mauer[7]; die Kaufleute standen inmitten der Kamele, und wir mußten uns dauernd mit den Angreifern auseinandersetzen, und zwar derart, daß sie uns zwei Tage und Nächte belagerten. Schließlich kam es dahin, daß wir und sie kein Wasser mehr zu trinken hatten. Sie hatten den Hügel ganz umzingelt und erklärten, die Karawane vernichten zu wollen. Da wir den Kampf

---

7 Bei den Beduinen gebräuchliche Verteidigungsstellung, bei der die
  Kamele eng beieinander zum Liegen gebracht wurden.   .

nicht fortsetzen konnten, hielt unser Anführer mit den maurischen Kaufleuten Rat, und wir boten den Arabern 1200 Golddukaten an. Sie nahmen das Geld, sagten dann aber, daß auch mit 10 000 Dukaten das Wasser nicht zu bezahlen sei; daraus schlossen wir, daß sie etwas anderes als Geld begehrten. Unser Anführer, der ein kluger Mann war, ließ daraufhin die Karawane eine Truppe bilden, dergestalt, daß alle Männer, die Waffen führen konnten, nicht auf den Kamelen in der Karawane ritten, sondern ihre Waffen nahmen. Am nächsten Morgen schickten wir die ganze Karawane nach vorne, und wir Mamluken blieben hinten; alles in allem waren wir dreihundert Personen. Und bald fingen wir an zu kämpfen; von den Unseren wurden ein Mann und eine Frau mit dem Bogen erschossen, sonst konnten uns die Araber nichts antun; wir aber töteten 1600 von ihnen. Man muß sich nicht wundern, daß wir so viele erschlugen; denn sie waren alle schlecht ausgerüstet und ritten ohne Sattel, so daß sie Schwierigkeiten hatten, im Galopp zu wenden.

Von einem Berg, der von Juden bewohnt wird, und von der Stadt Medina Thalnabi

Nach acht Tagen erreichten wir ein Gebirge, das einen Umfang von zehn oder zwölf Meilen hat. Dort leben 4000 oder 5000 Juden, die kaum bekleidet sind und nur fünf oder sechs Spannen groß werden; sie haben eine weibliche Stimme, sind eher schwarz als von anderer Farbe und leben ausschließlich von Hammelfleisch[8]. Sie sind beschnitten und bekennen sich

---

8 Nachdem Mohammed zunächst versucht hatte, mit den Juden in Medina politisch und theologisch zu kooperieren, kam es 624/25 zum Bruch und zur Vertreibung der jüdischen Klane. Einer von ihnen zog sich in die Oase Khaybar (167 km nördlich von Medina) zurück und ging ein Bündnis mit den Gegnern des Proheten in Mekka ein. 628 wurden die Oase und die Burg im Gebirge von den Muslimen erobert.

zum Judentum; wenn ihnen ein Maure in die Hände fällt, ziehen sie ihm die Haut bei lebendigem Leib ab. Zu Füßen dieses Berges fanden wir ein Reservoir mit Regenwasser. Damit beluden wir 16 000 Kamele, worüber die Juden ärgerlich wurden; und sie sprangen auf dem Berg herum wie die Rehböcke, aber um nichts auf der Welt wollten sie in die Ebene herabsteigen, da sie mit den Mauren tödlich verfeindet sind. Direkt bei diesem Wasser stehen sechs oder acht Fuß hohe wunderschöne Büsche [mit weißen Dornen], in denen wir zwei Turteltauben fanden; es erschien uns wie ein Wunder, denn wir waren fünfzehn Tage und Nächte gereist, ohne jemals ein Tier oder auch nur einen Vogel gesehen zu haben.

Am folgenden Tag zogen wir weiter, und nach zwei Tagen kamen wir zu einer Stadt namens Medina Thalnabi [das heißt: Stadt des Propheten][9]. Vier Meilen von ihr entfernt stießen wir auf einen Brunnen, bei dem die Karawane für einen Tag haltmachte; bei diesem Brunnen wusch sich ein jeder und legte saubere Kleider an, um die Stadt zu betreten; sie besitzt ungefähr dreihundert Feuerstellen und ringsum Mauern, die aus Erde gemacht sind; die Häuser dahinter bestehen aus Mauern und Steinen. Das Land rings um die Stadt ist einst von Gott verflucht worden, denn es ist unfruchtbar – mit der einzigen Ausnahme, daß es zwei Steinwurf weit vor den Toren der Stadt einen Garten mit vielleicht fünfzig oder sechzig Dattelbäumen gibt; nahe bei diesem Garten verläuft eine Wasserleitung, die [von einem kleinen Berg] ungefähr 24 Fuß nach unten führt;

Die Einwohner wurden zu hohen Abgaben verpflichtet, aber nicht vertrieben (WATT, S. 208 ff.). Noch Carsten Niebuhr ließ sich »von freyen unabhängigen Juden, die so wie die übrigen Araber unter ihren eigenen Schechs stehen«, erzählen (Beschreibung von Arabien, S. 377). Im frühen 19. Jahrhundert war die jüdische Besiedlung verschwunden.–
Spanne (*palmo*): Längenmaß in Italien, Spanien und Portugal (ca. 21-26 cm).

9 Medina, Madīnat an-Nabī – »Stadt des Propheten«, Wohnsitz Mohammeds nach der Flucht aus Mekka (Hidjra 622) und Hauptstadt des islamischen Gemeinwesens unter den Kalifen (bis 664), die zweite heilige Stadt der Muslime. Die Wallfahrt war allerdings nie obligatorisch und konnte zu jeder Zeit stattfinden (EI[2] 5, S. 994 ff.)

mit diesem Wasser versorgt sich die Karawane, wenn sie dort ankommt[10]. An dieser Stelle muß ich jenen widersprechen, die behaupten, Mohammeds Leichnam schwebe in Mekka in der Luft[11]; das ist nicht wahr, sondern ich habe sein Grab in Medina Thalnabi gesehen, wo wir drei Tage verbrachten. Am ersten Tag, an dem wir die Stadt betraten, wollten wir sie uns ganz anschauen; als wir dann in die Moschee eintreten wollten, sagte man uns am Eingang, daß jeder von uns von einem Mauren, ob groß oder klein, begleitet werden müsse, der uns bei der Hand nehme und dorthin führe, wo Mohammed begraben liegt[12].

Von der Moschee,
wo Mohammed und seine Gefährten begraben wurden

Die Moschee [wo Mohammed begraben liegt][13] ist auf folgende Weise gebaut: Sie ist viereckig und mißt hundert Schritt der Länge und achtzig der Breite nach; sie besitzt zwei

---

10 Anders als Mekka liegt Medina in einer fruchtbaren, nach Süden offenen Ebene, in der vor allem Dattelpalmen wachsen. Seit ummayyadischer Zeit wurde die Stadt aus einer etwa fünf Kilometer südwestlich gelegenen Quelle über einen Kanal mit Süßwasser versorgt.

11 Die Fabel, daß Mohammed in Mekka in einem durch Magneten in der Schwebe gehaltenen Sarg bestattet sei, wird zum Beispiel von Niccolò da Poggibonsi (1346) und Lionardo di Niccolò Frescobaldi (1384) kolportiert. → *(wie früher verbreitet)*

12 Mudjāwir: Führer, der die Pilger zu den heiligen Stätten geleitet und sie über ihre rituellen Pflichten belehrt (EI² 7, S. 293 f.).

13 Die »Moschee des Propheten« wurde möglicherweise schon zu Lebzeiten Mohammeds begonnen und im 8. Jahrhundert zweimal erweitert. Nach Brand und Blitzeinschlag mußte sie mehrmals erneuert werden. Ihr heutiges Aussehen erhielt sie mit den Um- und Ausbauten unter König Saud (1953-1964). Sie beherbergt die Gräber des Propheten und der beiden ersten Kalifen. Ob auch Fāṭima hier bestattet wurde, ist umstritten. Das Allerheiligste (*maḳsūra*) befindet sich im

Zugänge [einen an der Vorder-, einen an der Rückseite]; innerhalb eines Umgangs, der drei Seiten abschließt, gibt es ein Schiff, dessen Gewölbe auf vierhundert Säulen aus gebranntem und geweißtem Stein ruht; an ihnen sind ungefähr dreitausend Lampen aufgehängt. Am Eingang der Moschee befindet sich zur einen Seite ein Turm, dessen Grundfläche fünf Schritt im Quadrat mißt, mit einer Kuppel überwölbt und ringsum mit feinem Seidentuch bedeckt ist; [sein Sockel aber besteht aus Metall] und er ist umgeben von einem Gitter aus Bronze, bei dem die Leute stehen, um diesen Turm zu betrachten. [Wenn man die Moschee betritt] findet man zur Linken eine Pforte, die zu dem beschriebenen Turm führt; in einer zweiten kleinen Tür liegen auf der einen Seite etwa zwanzig Bücher und 25 auf der anderen, und alle sind sie kostbar eingebunden; sie stammen von Mohammed und seinen Gefährten und enthalten das Leben Mohammeds und die Lehren seiner Sekte. Jenseits der Tür liegt eine Grabstätte beziehungsweise eine Grube unter der Erdoberfläche, in der Mohammed bestattet wurde; außerdem liegen hier zwei seiner Schwiegersöhne, nämlich Haly[14] und Othman[15]; jener Haly war der Sohn seines Bruders und nahm Fatima[16], Mohammeds Tochter, zur Frau. Daneben liegen zwei seiner Schwiegerväter, Bubeker[17] und

---

östlichen Teil der südlichen Säulenhalle. Die Kuppel geht auf den Mamlukensultan Ḳalāwūn zurück (1279), ein Türgitter aus Messing ließ Ḳā'it Bāy (1468-1496) aufstellen. Das Grabmal selbst (al-hudjra) ist mit grüner Seide umhüllt, die von der Mutter Harun al-Rashīds gestiftet worden sein soll.

14 'Alī ben Abī Ṭālib, Kalif 656-601, Vetter und Schwiegersohn Mohammeds, liegt nicht in Medina, sondern in al-Nadjaf (Irak) begraben.

15 'Uthmān (Osman), Kalif 644-656, verheiratet mit Mohammeds Tochter Ruḳayya.

16 Fāṭima († 633), Tochter Mohammeds und Ehefrau 'Alīs.

17 Abū Bakr, als »Stellvertreter des Gesandten Gottes« der erste Kalif (632-634), Vater 'Ā'ishas, der Lieblingsfrau des Proheten. Daß Abū Bakr sich um die Kardinalswürde bemüht habe, wird sonst nirgends behauptet, erinnert aber an die christliche Legende von Sergius, dem angeblichen Lehrmeister des Propheten. [Mohammed selbst soll – westlichen Polemiken zufolge – das Papsttum angestrebt haben und aus Groll, weil er nicht erwählt wurde, den Islam begründet haben (D'ANCONA, S. 240 ff.; SOUTHERN, S. 52).

Homar[18]; dieser Bubecher war jener, von dem man sich bei uns erzählt, er sei nach Rom gekommen, um Kardinal zu werden [aber es sei ihm nicht gelungen]. Diese vier waren Mohammeds Hauptleute [und ein jeder von ihnen ließ dort Bücher aufstellen mit den Dingen, die er getan, und mit den Lehren und Regeln, die er den Mauren zu befolgen aufgegeben hatte][19]. Und deshalb schlägt sich jenes Gesindel gegenseitig in Stücke, um nämlich der Lehre des einen oder eines anderen zu folgen; und so wissen sie sich keinen Rat, und wegen solcher Häresien bringen sie einander um wie die wilden Tiere; es sind aber allesamt falsche Lehren[20].

Ein Wortwechsel, den der Anführer unserer Karawane
mit dem Geistlichen der Moschee hatte

Um die Lehren Mohammeds kundzutun, befindet sich über dem Turm eine Kuppel, die man oben ringsherum, also von außen besteigen kann. Nun hört, welche Bosheit man der ganzen Karawane antat. Als wir am ersten Abend zu Mohammeds Grabmal kamen, ließ unser Hauptmann den obersten Geistlichen der Moschee rufen und sagte ihm, er solle ihm den Leichnam des Nabi (das bedeutet: des Propheten Mohammed) zeigen; er wolle ihm nämlich 3000 Goldashrafi stiften; er habe weder Vater noch Mutter, weder Brüder noch Schwestern,

---

18 'Umar (Omar) I., der zweite Kalif, Schwiegervater Mohammeds.

19 Prophetenworte (*hadīth*), die von den »Nachfolgern« und den »Nachfolgern der Nachfolger« überliefert wurden. Überprüft und kommentiert, gelten sie nächst dem Koran als eine Grundlage des sunnitischen Islams. Bei den Schiiten finden nur solche *hadīth* Anerkennung, die auf die Verrmittlung 'Alīs und seiner Anhänger zurückgeführt werden können.

20 Varthema spricht vom Konflikt zwischen Sunniten und Schiiten (mit zahlreichen Untergruppierungen), der mit dem Kalifat 'Alīs begann und sich an der Frage entzündete, wer als der rechtmäßige Nachfolger des Propheten zu gelten habe.

weder Frauen noch Söhne, und er sei auch nicht gekommen, um Gewürze und Edelsteine zu kaufen, sondern allein wegen seines Seelenheils und um den Leichnam des Propheten zu sehen. Der Priester aber antwortete ihm voller Wut, Zorn und Hochmut:»Wie können diese deine Augen, die der Welt so viel Schlechtes angetan haben, jenen sehen wollen, durch den Gott den Himmel und die Erde geschaffen hat?« Darauf sagte unser Anführer[21]:»Herr, du sagst die Wahrheit, aber tu mir die Gnade: Laß mich den Leichnam des Propheten sehen, und sobald ich ihn gesehen habe, will ich mir aus Liebe zu ihm die Augen herausreißen.« Darauf der Priester:»O Herr, ich will dir die Wahrheit sagen. Richtig ist, daß unser Prophet hier sterben wollte, um uns ein gutes Beispiel zu geben; er hätte ja ebenso gut in Mekka sterben können, wenn er es gewollt hätte; aber zu unserer Belehrung zog er die Armut vor; und sofort, als er tot war, wurde er von den Engeln in den Himmel getragen, und er sagt, daß er zur Seite Gottes stehe.« Unser Anführer sagte zu ihm:»Und Jesus Christus, Marias Sohn, wo steht er?« Der Priester antwortete:»Zu Mohammeds Füßen«. Darauf unser Anführer:»Genug, genug, mehr will ich nicht wissen.« Danach ging er nach draußen und erklärte uns anderen:»Da schaut, woran ich 3000 Ashrafi verschwenden wollte.«

Am darauffolgenden Abend, ungefähr um 3 Uhr in der Nacht, kamen zehn oder zwölf von den Ältesten der Sekte zur Karawane; denn diese war zwei Steinwurf weit vom Stadttor untergebracht; und sie begannen herumzuschreien, der eine hier, der andere dort:»Gott war, Gott wird sein, und Mohammed, Gottes Bote, wird auferstehen. O Prophet, o Gott, vergib mir«. Als unser Hauptmann und auch wir diesen Lärm hörten, da liefen wir sofort mit Waffen in Händen herbei, da wir glaubten, es seien die Araber, die die Karawane ausrauben wollten.

---

21 Die Erstausgabe von 1510 gibt das folgende Gespräch sowohl in italienischer Übersetzung als auch in arabischer Sprache wieder. Die Transkription folgt den italienischen Aussprachregeln, läßt aber die Arabischkenntnisse des Autors durchscheinen (Kommentar BADGER 1863, S. 29 ff.: Kommentar SCHEFER 1888, S. 35 ff.).

Abbildung 12: Mohammeds Grab in Medina

Als wir zu ihnen sagten: »Was ist los? Wozu das Geschrei?« und fragten, warum sie einen solchen Lärm machten, gerade so, wie es bei uns Christen geschieht, wenn ein Heiliger ein Wunder tut, da erwiderten die Alten: »Seht ihr nicht den Glanz, der vom Grab des Propheten ausgeht?« Unser Anführer sagte: »Ich sehe überhaupt nichts« und fragte all die anderen, ob sie etwas gesehen hätten; die Antwort war nein. Einer der Alten antwortete: »Ihr seid wohl Sklaven, nämlich Mamluken?« Da sagte unser Anführer: »Ja, wir sind Sklaven.« Der Alte erwiderte: »O ihr Herren, ihr könnt diese himmlischen Dinge nicht sehen, und zwar deshalb, weil ihr in unserem Glauben noch nicht sicher seid.«[22] Da meinte der Hauptmann: »O ihr Dummköpfe, ich wollte 3000 Dukaten spenden. Bei Gott, niemals werde ich sie euch geben, ihr Hunde und Söhne von Hunden«.

---

22 Noch Richard F. Burton erzählt von der Vorstellung der Muslime, das Grab Mohammeds sei von einem himmlischen Glanz umgeben, den aber nur wenige Auserwählte wahrnehmen könnten (Bd. 2, S. 30).

Ihr sollt wissen, daß jener Strahlenglanz nichts weiter war als gewisse künstliche Feuerzeichen, die sie hinterlistig auf dem Turmdach entfacht hatten, um uns weiszumachen, daß dies Strahlen seien, die aus Mohammeds Grabmal hervorgingen. Deshalb gab unser Kommandant den Befehl, daß keinesfalls mehr einer von uns die Moschee betrete, und ich versichere euch und erkläre für gewiß, daß es dort keinen Sarg aus Eisen oder Stahl gibt und auch keinen Magneten noch einen Berg näher als vier Meilen.

Wir blieben drei Tage dort, um die Kamele sich ausruhen zu lassen. Die Bevölkerung der Stadt wird mit Lebensmitteln versorgt, die aus Arabia Felix und übers Meer aus Kairo und Äthiopien dorthin kommen; denn von hier zum Roten Meer sind es nur vier Tagereisen.

Der Weg von Medina nach Mekka und das Sandmeer

Der Geschichten und Eitelkeiten Mohammeds überdrüssig, entschlossen wir uns weiterzuziehen, und zusammen mit unserem Führer, der uns den Weg wies mit Kompaß[23] und Karte, so wie es kundige Lotsen in der Seefahrt zu tun pflegen, brachen wir nach Süden auf. Unterwegs fanden wir einen hübschen Brunnen, der eine große Menge Wasser enthielt. Die Mauren sagen, daß der Evangelist Markus durch ein Wunder Gottes den Brunnen schuf, und zwar wegen Wassermangels in diesen Ländern: Bei unserem Abzug lag der Brunnen trocken.

---

23 Der Gebrauch des Kompasses in der Navigation ist in China 1090, in den arabischen Ländern 1243, in Europa 1175/83 erstmals belegt (ital. *bussola* »Büchse«, span. *aguja* »Nadel«). Daß er in Arabien erfunden wurde, kann vermutet, nicht aber bewiesen werden. Möglicherweise sah Varthema aber auch nur die *ķiblanama*, einen Taschenkompaß zur Bestimmung der Gebetsrichtung zur Ka'ba in Mekka (LexMA 5, Sp. 1292 f.; SMITH, S.21 ff.; EI² 5, S. 83).

I. Damaskus

II. Weltkarte des Cantino 1502: Afrika und der Indische Ozean

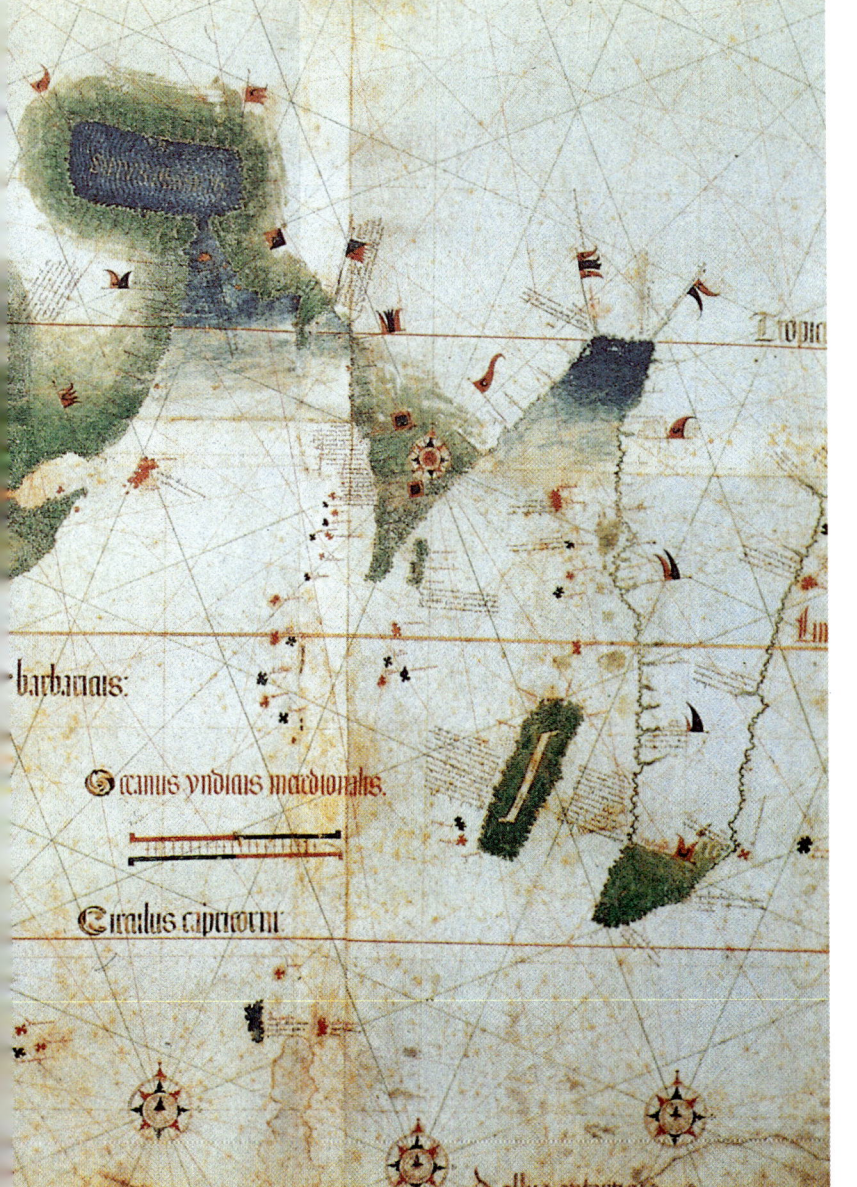

Tropic

Lin

barbaria

Oceanus yndicus meridionalis.

Circulus capricorni

Pollus antarticus.

III. Moschee des Propheten in Medina mit den Gräbern Mohammeds und
der ersten Kalifen Abu Bakr und Umar (links oben; Zeichnung des
19. Jahrhunderts)

Nicht übergehen möchte ich die Begegnung mit dem Sandmeer, das wir verließen, als wir auf den Berg der Juden stießen, und durch das wir fünf Tage und Nächte gezogen waren[24]. Nun hört also, was es damit auf sich hat. Es handelt sich dabei um eine unendlich weite Ebene, voll mit weißem Sand, fein wie Mehl; wenn dort aufgrund unglücklicher Umstände der Wind von Süden bläst und man selbst von Norden kommt, sind alle des Todes; und obwohl wir den Wind im Rücken hatten, sahen wir einander auf zehn Schritte nicht mehr. Die Männer, die auf Kamelen reiten, sind in Holzkisten eingesperrt [und durch schmale Schlitze erhalten sie Luft zum Atmen]; dort schlafen und essen sie auch, und die Führer gehen mit dem Kompaß voraus, wie wenn sie durch stürmische See führen. Viele von uns starben vor Durst, und ein großer Teil ging zugrunde, weil sie, als wir nach Wasser gruben, so viel tranken, daß sie platzten. Hier wird auch Balsam gewonnen[25]. Wenn der Wind von Norden bläst, sammelt sich der Sand auf der einen Seite eines hohen Berges, der einen Ausläufer des Sinai darstellt[26]. Als wir dorthin kamen, fanden wir eine Säule, die mit großer Kunstfertigkeit und von Hand gefertigt worden war; man nennt sie »die Pforte«; links davon auf dem Gipfel des Berges befindet sich eine tiefe Höhle mit einer Tür aus Eisen. Man sagt, daß Mohammed sich hierhin zum Gebet zurückgezogen habe. Bei der Tür hört man ein lautes Geräusch [wie wenn Wasser herunterstürzt][27]. Wir zogen

---

24 Sandwüste nördlich von Khaybar.
25 Hier: Mekka-Balsam aus der Balsamstaude (*Commiphora opobalsamum*), schon in der Antike als Räuchermittel und Grundstoff für Parfum, Salben und Heilmittel, dann auch zur Konservierung von Leichen verwendet.
26 Die Gebirge des Hidjāz können geologisch in der Tat als Fortsetzung des Sinai betrachtet werden.
27 SCHEFER vermutet hier eine Anspielung auf die Schlacht bei Badr am Berg Radwā (624), die Mohammed durch das Gebet und die Hilfe des Erzengels Gabriel zugunsten der Muslime entschieden haben soll. Einem Pilgerführer des 17. Jahrhunderts zufolge soll es in der Umgebung Geräusche gegeben haben, die an den Sieg des Propheten erinnerten (Kommentar SCHEFER1888, S. 40 f.; vgl. Kommentar GIUDICI 1928, S. 107 f.; BUHL, S. 240 ff.; EI² 1, S. 867 f.).

an diesem Gebirge in solcher Besorgnis vorüber, daß wir nicht glaubten, jemals am Ziel ankommen zu können. Nachdem wir von dem oben erwähnten Wasserloch aufgebrochen waren, ritten wir zehn Tage lang, und zweimal stritten wir mit 50 000 Arabern, bis wir endlich in Mekka anlangten. Dort tobte ein gewaltiger Bruderkrieg; denn es sind vier Herren, die [beständig] um die Herrschaft in Mekka streiten[28].

Die Stadt Mekka
und warum die Mauren dorthin reisen

Wir wollen nun von der berühmten Stadt Mekka[29] sprechen, was es mit ihr auf sich hat, wie es dort aussieht und wer sie beherrscht. Die Stadt selbst ist sehr schön anzusehen und auch dicht bevölkert: Es gibt dort 6000 Herdstellen; die Häuser sind so fest gebaut wie die unseren; es gibt dort sogar einige, die 3000 oder 4000 Dukaten wert sind; die Stadt selbst ist nicht von Mauern umgeben. Eine Viertelmeile vor der Stadt stießen wir auf einen Bergzug, in den von Menschenhand eine Straße eingeschnitten ist, die bis zum Abstieg in die Ebene reicht. Die Mauern der Stadt aber sind die Berge, die sie

---

28 In Mekka regierten die Nachkommen des Kalifen ʿAlī, die sich seit 960 Sharifen (»edel«, »erhaben«, »dem Haus des Propheten zugehörig«) nannten. Nominell unterstanden sie dem Kalifen in Bagdad, seit 1427 dem Sultan in Kairo, agierten aber weitgehend selbständig. Nach dem Tode Muḥammads ben Barakāt (1497) konnte sich Barakāt II. (1497-1525) mit Hilfe des Sultans in Kairo in langjährigen Nachfolgekämpfen gegen seine Brüder durchsetzen (1500-1503; vgl. PETERS, Mecca, S. 200 ff.).

29 Mit dem heiligen Bezirk um die Kaʿba der religiöse Mittelpunkt der islamischen Welt und alljährlich Ziel des Hadjdj: in vorislamischer Zeit, aber auch unter den Mamlukensultanen zugleich ein bedeutender Handelsplatz, der von der Rolle Djuddas im Indienhandel profitierte (EI² 6, S. 144 ff.; MORTEL, S. 15 ff.; PETERS, Mecca).

Abbildung 13: Ankunft in Mekka

rings von allen Seiten umgeben und nur vier Zugänge offen-
lassen. Herrscher über die Stadt ist ein Sultan, einer jener vier
Brüder; er stammt aus dem Hause Mohammeds und untersteht dem Großsultan in Kairo, und seine drei Brüder streiten
ständig mit ihm.

Am 18. Mai ritten wir in Mekka ein; wir kamen von Norden
her und stiegen dann in die Ebene hinab. An der Südseite liegen zwei Berge, die einander geradezu berühren; dort befindet sich der Durchgang, um auf direktem Wege zum Hafen
von Mekka zu gelangen; auf der anderen Seite, wo sich die
Sonne erhebt, befindet sich eine weitere Öffnung in den Bergen, nämlich in der Form eines Tales, durch das man zu
jenem Berg gelangt, wo den beiden Patriarchen Abraham und
Isaak Opfer bereitet werden[30]. Dieser Berg liegt von der Stadt
etwa acht bis zehn Meilen entfernt und ist zwei oder drei
Steinwurf hoch; es handelt sich dabei um einen Felsen, nicht

---

30 Zum Berg 'Arafāt siehe unten S. 74 f.

aus Marmor, sondern von anderer Farbe; auf dem Gipfel steht eine Moschee in der hier üblichen Art; sie hat drei Eingänge. Am Fuß dieses Berges liegen zwei sehr schöne Wasserbecken, von denen das eine für die Karawane von Kairo, das andere für die aus Damaskus bestimmt ist; ihr Wasser speist sich teils aus Regenfällen, teils kommt es von weither.

Wenden wir uns nun der Stadt selbst zu; zur rechten Zeit werden wir noch etwas zu den Opfern sagen, die am Fuß des beschriebenen Berges dargebracht werden. Als wir die Stadt betraten, trafen wir auf die Karawane aus Kairo, die acht Tage vor uns eingetroffen war; denn sie waren nicht auf demselben Weg gereist, den wir genommen hatten; und in dieser Karawane befanden sich 64 000 Kamele und hundert Mamluken[31]. Das allererste, was ihr von dieser Stadt wissen sollt, ist jenes, daß ein jeder sagt, sie sei von Gott verflucht worden; [denn] das Land dort bringt weder Kräuter noch Bäume noch Früchte oder sonst etwas hervor, und die Bewohner leiden großen Mangel an Wasser, so daß, wenn einer sich nach seinem Wunsch satt trinken wollte, ihm Wasser im Wert von vier Quattrini am Tag nicht ausreichen würden[32]. Ich will euch sagen, wovon sie leben: Ein großer Teil ihres Lebensunterhalts kommt von Kairo, über das Rote Meer also, und dort liegt ein Hafen namens Ziden, der von der Stadt vierzig Meilen entfernt ist[33]; außerdem kommt eine sehr große Menge an Lebensmitteln aus Arabia Felix[34], und ebenfalls ein großer

---

31 Die Karawane aus Kairo war etwa 35 Tage unterwegs und brachte Pilger aus Ägypten, dem Sudan und dem übrigen Nordafrika über Sinai, ʿAḳaba und an der Ostküste des Roten Meeres entlang nach Mekka.

32 Mekka liegt in einem trockenen und steinigen Tal und wurde über eine Leitung vom Berg ʿArafāt mit Trinkwasser versorgt. Die herbeigeführte Menge reichte aber zumal zur Zeit der Pilgerfahrt nicht aus, den Bedarf zu befriedigen.- Quattrino: Silbermünze, die vom 14. bis 16. Jahrhundert im Kirchenstaat und in anderen italienischen Staaten ausgegeben wurde.

33 Zu Djudda siehe unten S. 81 Anm. 57.

34 Zur *Arabia Felix*, dem »Glücklichen Arabien« der antiken Autoren siehe oben S. 51 Anm. 1.

Anteil aus Äthiopien. Wir sahen hier eine Unzahl von Pilgern, von denen etliche aus Äthiopien kamen, andere aus Groß- und Klein-Indien[35], wiederum andere aus Persien und Syrien; wahrhaftig sah ich in den zwanzig Tagen, die ich blieb, so viele Leute auf einem Fleck wie sonst nirgends. Von ihnen war ein Teil gekommen, um Handel zu treiben, ein Teil, um Ablaß zu erlangen und ein Gelübde zu erfüllen. Ihr werdet gleich hören, was sie zu diesem Zwecke tun.

Von den Waren, die nach Mekka gebracht werden

Zunächst wollen wir von den Waren sprechen, die von den verschiedensten Gegenden stammen: Von Groß-Indien [das diesseits und jenseits des Flusses Ganges liegt] kommen Edelsteine, Perlen und alle Arten von Gewürzen; von Klein-Indien, aus einer Stadt namens Banghalla[36], kommt eine große Menge an Baumwoll- und Seidenstoffen; auch von Äthiopien gelangen einige Arten von Gewürzen nach Mekka. Daher kommt es, daß in dieser Stadt ein reger Handel mit Kaufmannsware getrieben wird, mit Edelsteinen, mit jedwedem Gewürz in beträchtlichem Umfang, mit Baumwolle in großer Menge, mit Seide und Duftstoffen im Überfluß.

---

35 Das Mittelalter hatte einen sehr weiten Begriff von Indien und war auf eine bestimmte Terminologie nicht festgelegt. Unter *India maior* verstand man die Gebiete zwischen Indus und Ganges, unter *India minor* alles Land zwischen Persien und Indus. Ramusios nachfolgender Zusatz ruft die ptolemäische Namengebung (*India extra/intra Gangem*) in Erinnerung.

36 Banghalla ist wohl Bengalen, hier irrtümlich als Stadt aufgefaßt.

Vom Ablaß, der in Mekka gegeben wird

Kommen wir nun zum Ablaß, der von den Pilgern erworben wird. Inmitten der Stadt steht ein prächtiger Tempel, vergleichbar dem Colosseum in Rom, nicht aus ähnlich großen Quadern, sondern aus Backsteinen gebaut; wie jenes ist er rund und besitzt rundherum neunzig oder hundert Eingänge; außerdem ist er mit einer Kuppel überdacht[37]. An den Eingängen des Tempels geht man auf allen Seiten zehn oder zwölf Stufen aus Marmor hinab, und vor wie hinter dem Eingang stehen Leute, die Edelsteine verkaufen, sonst aber gar nichts; wenn man die Stufen hinuntergestiegen ist, sieht man, daß der Tempel völlig überdacht ist und alle Mauern mit Gold gedeckt sind. Und unter den Gewölben halten sich 4000 oder 5000 Personen auf, teils Männer, teils Frauen, die alle möglichen Duftstoffe verkaufen; zum größten Teil handelt es sich dabei um verschiedene Sorten von Pulver, mit denen man den menschlichen Körper konservieren kann [wenn man ihn bestattet]; denn hierher kommt man von allen Ländern der Heiden. Tatsächlich kann man den schweren Duft nicht beschreiben, den man in jenem Tempel riecht; er wirkt wie ein Gewürzladen voll mit Moschus, Benzoë[38] und anderen süßen Gerüchen.

Am 23. Mai begann ich mit den Bußübungen im Tempel, und das geschieht auf folgende Weise: Im Zentrum des Gotteshauses befindet sich eine ungedeckte Stelle, in deren Mitte ein

---

37 Die Große Moschee (Masdjid al-Ḥarām) in Mekka, die eher ein Viereck mit abgerundeten Ecken darstellt und durch neunzehn Tore betreten werden kann. Eine Kuppel schmückt nur den Brunnen Zamzam.

38 Moschus: Sekret des zentral- und ostasiatischen Moschushirschs, das sich während der Brunft in einem Beutel in der Nabelgegend bildet. Moschus wurde im Mittelalter zu medizinischen Zwecken (bei Erschöpfung, Atembeschwerden, Verdauungsstörungen und ähnlichem), aber auch als Duftstoff und Aphrodisiacum verwendet.- Benzoëharz: Baumharz aus Sumatra und Siam, das als Räuchermittel und für die Herstellung von Duftstoffen genutzt werden konnte.

Turm steht, der nach allen Richtungen fünf oder sechs Schritte mißt[39]; in einer Höhe von vier Ellen ist ein Seidentuch rund um den Turm gespannt; außerdem gibt es eine mannshohe Pforte, ganz aus Silber, durch die man den Turm betritt. Hinter der Pforte stehen zu jeder Seite einige Gefäße, die voll mit Balsam sein sollen, die aber nur am Pfingsttag öffentlich gezeigt werden; die Einheimischen sagen, daß dieser Balsam zum Schatz des Sultans von Mekka gehöre. An allen vier Seiten des Turms sind runde eiserne Gitter [mit sehr kleinen Öffnungen] angebracht [um so das Licht nach innen dringen zu lassen]. Am 23. Mai[40], vor Tagesanbruch, beginnt alles Volk damit, den Turm siebenmal zu umkreisen und ihn dabei immer wieder zu berühren und jede Ecke zu küssen[41]. Ungefähr zehn oder zwölf Schritte von diesem Turm entfernt steht ein anderer; er sieht aus wie bei uns eine Kapelle und hat drei oder vier Tore. Inmitten dieses Turms befindet sich ein prächtiges Waserbecken; es ist siebzig Ellen tief und enthält brackiges Was-

---

39 Die Ka'ba galt schon in vorislamischer Zeit als Heiligtum und war Ziel einer heidnischen Wallfahrt, ihre Verehrung wurde von Mohammed in die islamischen Riten übernommen und umgedeutet. Den Polytheisten wurde 631 der Besuch verwehrt, seitdem ist die Ka'ba ein rein islamisches Heiligtum. Sie stellt ein würfelförmiges Gebäude aus Vulkangestein dar und liegt in der Mitte der Großen Moschee in Mekka. Im Inneren ist sie leer. Der schwarze Stein, ein seit Jahrhunderten zerbrochener und in eine Silberfassung versenkter Meteorit, steckt in der äußeren östlichen Ecke etwa eineinhalb Meter über dem Boden und steht im Mittelpunkt der Verehrung. Das Gebäude ist mit einer Brokatdecke von ursprünglich wechselnder, jetzt schwarzer Farbe (*kiswa*) umhüllt, in die das Glaubensbekenntnis eingewoben ist. Hinzu kommt ein goldbesticktes Band mit Versen aus dem Koran (EI[2] 4, S. 317 ff.; vgl. NASR-E-KHOSROU, S. 130 ff.).

40 In der Ausgabe von 1510 der 24. Mai.- Im Jahre 1503 fiel die Wallfahrt in den Juni, 1504 in den späten Mai (AUBIN, Deux Chrétiens, S. 35 f.).

41 Nach dem Anlegen weißer, schmuckloser Kleidung (*ihram*) ist es die erste Pilgerpflicht, die Ka'ba siebenmal gegen den Uhrzeigersinn zu umschreiten (*tawaf*) und dabei den Schwarzen Stein mit der rechten Hand oder den Lippen zu berühren. Die ersten drei Umkreisungen werden im Laufschritt, die restlichen vier gehend ausgeführt. Dabei

Abbildung 14: Die Große Moschee mit der Ka'ba in Mekka

ser[42]. Daneben stehen sechs oder acht Männer, um Wasser für die Leute zu schöpfen; wenn sie siebenmal den ersten Turm umwandelt haben, kommen sie zu diesem Wasserbecken, set-

werden Gebete, fromme Sprüche und Segenswünsche für den Propheten rezitiert. Auch die Südecke der Ka'ba soll berührt werden, und an ihrer nordöstlichen Wand kann ein besonderer Segen empfangen werden (WATT/WELCH, S. 337 ff.; DENFFER, S. 17 ff.; NASR-E-KHOSROU, S. 124 ff.).

42 Nach dem Umschreiten der Ka'ba begeben sich die Pilger zu dem Brunnen Zamzam, wo Hagar, die verstoßene Ehefrau Abrahams,

Abbildung 15: Der Brunnen Zamzam

zen sich mit dem Rücken gegen seine Einfassung und sprechen dabei folgende Worte: »Dies alles geschehe zu Ehren
Gottes, und Gott, der barmherzig ist, vergebe mir meine Sünden«. Wenn dies ausgeführt ist, schütten diejenigen, die das
Wasser heraufholen, auf jeden einzelnen drei Eimer mit Wasser, und alle werden von Kopf bis Fuß gebadet, auch wenn sie

ihren Durst löschte. Die schlechte Qualität des Wassers wird auch
von Johann Ludwig Burckhardt (1814) beklagt (S. 58). Es ist zum
Trinken bestimmt, wird Pilgern aber auch eimerweise über den Kopf
gegossen (ebd., S. 95 ff.).- Varthema erwähnt nicht das siebenmalige
Hin- und Herlaufen zwischen den Hügeln Ṣafā und Marwa (sa'y), das
an die verzweifelte Wassersuche Hagars für sich und ihren Sohn
Ismael erinnert (DENFFER, S. 23 ff.). Mit der »Laufzeremonie« ist die
»kleine« oder »Besuchswallfahrt« ('umra), die zu jeder Jahreszeit
stattfinden kann, beendet. Der eigentliche Ḥadjdj schließt sich an (EI
4, S. 1101 ff.; EI² 3, S. 31 ff.)

in Seide gekleidet sind. Diese [Toren] aber glauben, [sie könnten auf solche Weise rein und sauber bleiben und] mit dem Bad blieben alle ihre Sünden in dem Wasserbecken zurück. Man sagt, daß der erste Turm, der siebenmal umschritten wird, die erste Behausung sei, die Abraham errichtet habe[43], und so gebadet, begeben sie sich geschlossen zu dem schon erwähnten Berg, um dort zwei Tage und eine Nacht zu verbringen[44]. Wenn sie aber alle zu Füßen des Berges eingetroffen sind, bringen sie dort das folgende Opfer.

Wie man in Mekka ein Opfer bringt

Weil die Erzählungen von neuen und unbekannten Dingen jeden hochherzig denkenden Menschen zu erfreuen und ihn zu großen Taten anzuspornen pflegen, will ich, um jene zufriedenzustellen, die so fühlen, in aller Kürze von den Bräuchen berichten, die man bei jenen Opfern beachtet[45]. Dies geht folgendermaßen vor sich: Jeder Mann und jede Frau

---

43 In der islamischen Tradition wird der Bau der Ka'ba Abraham und Ismael zugeschrieben.

44 Höhepunkt des Ḥadjdj, der »großen Wallfahrt«, ist die Zeremonie in der Ebene beim Berg 'Arafāt (dem »Gnadenberg«) 25 km südöstlich von Mekka. Hier soll Mohammed seine letzte Predigt gehalten haben. Die Pilger gedenken des Ereignisses in der »Verweilzeremonie«, die bis Sonnenuntergang dauert (DENFFER, S. 27 f.).

45 Der »Tag des Schlachtens«, an dem Schafe, Ziegen oder auch Kamele geschlachtèt und das Fleisch zum Teil von den Pilgern verzehrt, zum Teil an Arme gegeben wird, findet erst gegen Ende des Ḥadjdj in dem Orte Minā (8 km vor Mekka) statt. Varthema bringt hier den Ablauf der Wallfahrt durcheinander. Auch werden die Opfertiere nicht mit dem Gesicht nach Osten, sondern gegen die Ka'ba, nach Nordwesten also, geschlachtet (WATT/WELCH, S. 338 f.).

schlachtet mindestens zwei oder drei, dieser auch vier und
jener sechs Hammel, so daß ich glaube, am ersten Tag wurden
30 000 Hammel geschlachtet, indem man ihnen den Hals in
Richtung des Sonnenaufgangs aufschlitzte. Und jeder gab
davon aus Ehrfurcht vor Gott etwas an die Armen; es gab dort
nämlich 30 000 oder 40 000 Arme, die eine Grube aushoben,
dorthinein Kamelmist warfen, damit ein kleines Feuer ent-
fachten und darauf etwas von dem Fleisch brieten, um es dann
zu verspeisen. In der Tat glaube ich, daß eine solch große Zahl
von armen Leuten eher aus Hunger dorthin kam, als um die
Vergebung ihrer Sünden zu erlangen. Und daß dies die Wahrheit ist, geht aus Folgendem hervor: Wir hatten eine große
Menge von Melonen aus Arabien, und wir aßen sie bis auf die
Schalen, die wir [wie es üblich ist] vor unser Zelt warfen; die
armen Leute aber standen zu vierzig oder fünfzig vor dem Zelt
und balgten sich miteinander, um die Schalen vom Boden auf-
zulesen, obgleich sie voller Sand waren. Dadurch hatten wir
den Eindruck, daß sie eher zum Essen gekommen waren, als
um sich von ihren Sünden zu reinigen.

Am zweiten Tag bestieg ein Kadi[46] ihres Glaubens (das ist
so etwas wie bei uns ein Prediger) den Gipfel des besagten
Berges und hielt eine Predigt vor allem Volk; sie dauerte ungefähr eine Stunde. Und die Quintessenz seiner Rede war die,
daß er alle Leute aufforderte, [unter Tränen] ihre Sünden zu
beklagen [und mit Schlägen an die Brust Buße zu tun]. Und mit
lauter Stimme rief er:»O Abraham, der du gesegnet und
geliebt bist von Gott«; danach rief er:»O Isaak, der du auser-
wählt bist von Gott, Freund Gottes, bitte für das Volk Nabis«[47].
Und so konnte man heftiges Wehklagen hören. Als er mit seiner Predigt geendet hatte, traf die Nachricht ein, daß die Araber kämen, so daß alle Leute von den Karawanen ganz außer
sich nach Mekka liefen; denn nahebei, in einer Entfernung

---

46 Richtig wäre: Imam.
47 al-Nabī »der Prophet«.

von sechs Meilen, waren schon mehr als 20 000 Araber versammelt, die die Karawanen ausrauben wollten[48]. Wir kamen wohlbehalten in Mekka an. Aber als wir die Hälfte des Weges zurückgelegt hatten, also zwischen Mekka und dem Berg, wo man das Opfer bereitet, stießen wir auf eine Mauer beziehungsweise eine kleine, alte Wand, vier Ellen hoch, zu deren Füßen eine riesige Menge von kleinen Steinen lag; diese aber werden von allem Volk dahingeworfen, und zwar zu einem bestimmten Zweck, wie ihr gleich hören werdet.

Man erzählt sich, daß Abraham, als ihm der Herr auftrug, seinen Sohn zu opfern, ihm vorausging und sagte, er solle den Befehlen Gottes gehorchen und ihm folgen. Und der Sohn antwortete: »Gerne will ich tun, was der Herr befohlen hat.« Und als der junge Isaak[49] zu dem Mäuerchen kam, soll ihm der Teufel in Gestalt eines seiner Freunde erschienen sein und ihm gesagt haben: »Wohin gehst du, mein Freund Isaak?« Und dieser antwortete: »Ich gehe zu meinem Vater, der mich an einem bestimmten Ort erwartet«. Der Teufel aber sagte ihm: »Geh nicht dorthin, mein Sohn, denn dein Vater will dich Gott opfern und dir das Leben nehmen.« Aber Isaak erwiderte darauf: »Laß ihn gewähren; wenn es der Wille Gottes ist, soll es geschehen.« Daraufhin verschwand der Teufel, und ein paar Schritte weiter erschien er ihm in der Gestalt eines anderen lieben Freundes und sagte ihm dieselben Worte. Man erzählt sich, Isaak habe ihm nun voller Zorn geantwortet: »Laß es ihn tun«[50], einen Stein genommen und ihn dem Teufel ins Gesicht geschleudert. Und so kommt es, daß, wenn die Leute zu die-

---

48 Varthema spricht hier von einem drohenden Angriff der Beduinen, wie dies für den 23. Mai 1504 tatsächlich belegt ist (AUBIN, Deux Chrétiens, S. 36). Aber auch sonst geschieht der Aufbruch vom Berg 'Arafāt in hastiger Eile. Ursprung und Bedeutung dieser zeremoniellen »Flucht« (ifāḍa) sind noch nicht geklärt.
49 Nach der arabischen Überlieferung sollte nicht Isaak, sondern Ismael geopfert werden.
50 Von Ramusio als Redundanz ausgelassen.

sem Ort kommen, ein jeder einen Stein gegen die Mauer wirft, und erst danach geht man weiter zur Stadt[51].

In den Straßen dieser Stadt fanden wir 15 000 oder 20 000 Tauben; von ihnen heißt es, sie seien von der Art jener Taube, die in der Gestalt des Heiligen Geistes zu Mohammed redete. Diese Tauben fliegen überall herum, wie es ihnen beliebt, sogar in den Geschäften, wo man Weizen, Hirse, Reis und andere Feldfrüchte verkauft, und den Besitzern ist es nicht erlaubt, sie zu töten oder auch nur zu fangen; und wenn jemand welche von den Tauben erschlüge, würde man fürchten, daß das Land zugrunde geht; und ihr müßt wissen, daß sie große Unkosten inmitten des Tempels verursachen[52].

Von den Einhörnern, jenen seltenen Tieren,
die sich beim Tempel in Mekka befinden

Auf der anderen Seite des beschriebenen Tempels liegt ein ummauerter Hof, in dem wir zwei [lebende] Einhörner sahen; und sie werden als eine wundersame Sache vorgeführt, da sie

---

51 Auf dem Weg vom 'Arafāt nach Mekka sammeln die Pilger bei dem Dorf Muzdalifa kleine Steine. Insgesamt 70 (oder auch nur 49) werfen sie an vier aufeinander folgenden Tagen gegen drei gemauerte Pfeiler bei dem Dorf Minā. Diese bezeichnen den Teufel, der Abraham, Hagar und Ismael begleitete und vom Opfer abbringen wollte. Die Steinigung des Teufels bringt Feindseligkeit dem Bösen gegenüber zum Ausdruck (EI² 2, S. 438; WATT/WELCH, S. 338: DENFFER, S. 29 ff.).

52 Auch J. L. Burckhardt schreibt von den vielen Tauben in Mekka und berichtet von steinernen Bassins, die regelmäßig mit Wasser für die Tauben gefüllt wurden, sowie von Futter, das an die Pilger verkauft und von diesen den Vögeln vorgestreut wurde (S. 104 f.). Dies wird damit begründet, daß eine Taube vor jener Höhle am Berge Thaur ein Nest gebaut habe, in der sich Mohammed und seine Gefährten auf der Flucht aus Mekka verborgen hielten. Die Verfolger hätten daraufhin die Höhle nicht betreten. Varthemas Erklärung ist abwegig.

Abbildung 16: Einhörner in Mekka

ja in der Tat etwas darstellen, worüber man staunen muß. Sie
sind folgendermaßen gestaltet: Das größere von beiden sieht
aus wie ein Fohlen von dreißig Monaten und trägt ein ungefähr drei Ellen langes Horn auf der Stirn; das andere war kleiner, wie es bei einem einjährigen Fohlen der Fall wäre, und
besitzt ein Horn von etwa vier Spannen Länge. Die Farbe dieses Tiers ist die eines dunkel gescheckten Pferdes, und es hat
einen Kopf wie ein Hirsch; der Hals ist nicht sehr lang und
zeigt einige kurze Haare, die auf einer Seite herabhängen; die
Beine sind zart und lang wie bei einem Reh, und sein Fuß ist
vorne etwas gespalten; der Huf sieht aus wie bei einer Ziege,
und an der Rückseite der Beine hat es eine Menge Haare, so
viele, daß dieses Tier sehr wild scheint. [Aber seine Wildheit
liegt unter einer gewissen Sanftmut verborgen, die es an den
Tag legt.] Beide Tiere wurden dem Sultan von Mekka als eine
sehr wertvolle und seltene Sache geschenkt, wie sie nur an

wenigen Orten vorkommt; sie wurden von einem König von Äthiopien geschickt, der sie ihm zum Geschenk machte, um seine Freundschaft zu gewinnen[53].

Wie der Autor in Mekka erkannt wurde
und wie er mit der Karawane entkam,
die nach Indien ging

Nun kann ich zeigen, was der menschliche Geist unter bestimmten Umständen vermag, wenn die Not ihn dazu zwingt; denn für mich war es nötig, dies zu beweisen, um aus der Karawane zu entweichen, die nach Mekka gezogen war. Als ich einige Sachen für meinen Hauptmann einkaufen wollte, wurde ich von einem Mauren erkannt, der mir fest ins Gesicht schaute und sprach[54]: »Woher kommst du?« Ich antwortete ihm: »Ich bin ein Maure.« Er aber sagte: »Du sprichst nicht die Wahrheit.« Ich versicherte ihm: »Beim Haupte Mohammeds, ich schwör es Euch, daß ich ein Maure bin.« Darauf antwortete er mir: »Komm in mein Haus«, und ich ging mit ihm. Als ich bei ihm zu Hause war, sprach er mich auf Italienisch an und sagte mir auf den Kopf zu, woher ich komme, und daß er gemerkt habe, daß ich kein Maure sei [obwohl ich es behauptet hätte]; er erklärte mir, daß er in Genua und Venedig gewesen sei [und viel von der Lebensart der Leute dort verstünde], und er beschrieb mir sehr genau die Eigenart

---

53 Varthemas Einhörner werden seit Richard Francis Burton (1855) als Antilopen identifiziert, denen – auf Grund einer Mißbildung oder durch menschlichen Eingriff – eines von zwei Hörnern fehlte (Kommentar BADGER 1864, S. 46 ff. Anm. 2). Sicher stand dem Reisenden aus Europa der antik-mittelalterliche Mythos vom Einhorn (das zuerst ein Nashorn war) vor Augen.
54 Auch das folgende Gespräch ist in der Ausgabe von 1510 zweisprachig wiedergegeben.

jener Orte. Als ich dies hörte, sagte ich ihm, ich sei Römer und in Kairo Mamluk geworden; wie er das vernahm, wurde er sehr froh und erwies mir größte Ehre. Und da ich die Absicht hatte, weiterzureisen, sprach ich zu ihm:»Wenn dies die Stadt Mekka ist, berühmt in der ganzen Welt, wo sind dann die Edelsteine und Gewürze und wo die Handelsgüter, von denen es heißt, daß sie hierher kommen?« Ich tat dies nur, weil er mir sagen sollte, warum sie nicht im gewohnten Umfang eingetroffen seien, und um ihn nicht fragen zu müssen, ob die Ursache dafür vielleicht der König von Portugal sei[55]; denn er ist der Herr des Ozeans und des Golfs von Persien wie von Arabien. Ohne meine List zu bemerken, erklärte er mir daraufhin Schritt für Schritt die Gründe, aus denen die besagten Güter nicht wie gewohnt eingetroffen seien, und als er mir darlegte, daß die Ursache dafür der König von Portugal sei, zeigte ich heftigen Schmerz darüber und sagte eine Menge übler Dinge über diesen König, allein damit er nicht auf den Gedanken käme, ich sei froh darüber, wenn die Christen eine solche Fahrt unternähmen. Als er sah, daß ich mich als Feind der Christen erwies, tat er mir noch mehr Ehre, als er schon zuvor getan hatte, und er erklärte mir Punkt für Punkt, was immer ich wissen wollte. Und als ich bestens unterrichtet war, sagte ich zu ihm:»O mein Freund, bitte sage mir, wie und auf welchem Wege ich von meiner Karawane entweichen kann; denn es ist meine Absicht, jene Könige zu finden, die den Christen feindlich gesonnen sind. Denn ich sage dir: Wenn sie wüßten, welche Fähigkeiten ich besitze, würden sie bis nach Mekka nach mir schicken.« Erstaunt über solche Worte, fragte er mich:»Beim Glauben an unseren Propheten, was ist es denn, was Ihr vermögt?« Ich aber antwortete ihm, daß ich der größte Geschützbauer sei, den es auf der Welt gebe. Als er das hörte, rief er aus:»Gelobt sei Mohammed auf ewig, daß er uns einen solchen Mann gesandt hat zum Dienste Gottes und der Mauren.« Daher versteckte er mich in seinem Haus bei seiner Frau

---

55 Manuel I. (1495-1521).

und bat mich, beim Anführer unserer Karawane die Erlaubnis zu erwirken, daß er ihn fünfzehn Kamele, beladen mit Gewürzen, aus Mekka herausschmuggeln lasse; dies tat er, um nicht dreißig Ashrafi als Zoll an den Sultan zahlen zu müssen. Ich erwiderte ihm: Wenn er mich in seinem Haus verberge, wollte ich schon dafür sorgen, daß er hundert Kamele mitnehmen könne, wenn er denn so viele hätte; denn die Mamluken haben das Recht dazu; und als er das hörte, war er sehr zufrieden. Danach unterrichtete er mich, wie ich mich zu verhalten habe und daß er mich zu einem König in Groß-Indien schikken wolle, der sich König von Decan nenne[56]; von ihm werden wir berichten, wenn es an der Zeit dazu ist. Einen Tag bevor die Karawane aufbrach, versteckte er mich in seinem Haus an verborgenem Ort.

Am folgenden Morgen, zwei Stunden vor Sonnenaufgang, zog eine große Menge von Spielleuten durch die Stadt und machte Musik nach ihrem Brauch; und die Herolde verkündeten überall in der Stadt, daß alle Mamluken ihre Pferde besteigen und sich auf den Weg nach Syrien machen sollten. Andernfalls drohe ihnen die Todesstrafe. Als ich den Aufruf hörte, ergriff mich große Unruhe und schnürte mir das Herz zu; ich vertraute mich der Gemahlin des Kaufmanns an, klagte ihr mein Leid und empfahl mich dem Herrn an, daß er mich aus der Gefahr errette. An einem Mittwochmorgen brach die Karawane auf, und jener Kaufmann ließ mich in seinem Haus bei seiner Frau zurück; er selbst zog mit der Karawane fort; seiner Frau aber hatte er gesagt, sie solle mich am darauffolgenden Freitag zu der Karawane bringen lassen, die für Indien bestimmt war und zuerst nach Ziden aufbrach (das ist der Hafen von Mekka und liegt vierzig Meilen entfernt)[57]. Die

---

56 Siehe unten S. 133 ff.
57 Djudda (Djidda) an der Küste des Roten Meeres, 80 km westlich von Mekka, trotz vieler Riffe vom Kalifen ʿUthmān als Hafen ausgewählt (646). Im 15. und frühen 16. Jahrhundert war Djudda ein prosperierender Handelsplatz, an dem die Güter zur Versorgung Mekkas und der Pilger umgeschlagen wurden.

Gesellschaft aber, die die Dame und ganz besonders ihre hübsche Nichte von fünfzehn Jahren mir zuteil werden ließen, kann man nicht beschreiben; sie beide versprachen mir, mich reich zu machen, wenn ich nur dableiben wollte; ich aber, eben wegen der Gefahr, in der ich schwebte, ging auf all ihre Versprechungen nicht ein. Am folgenden Freitag um die Mittagszeit brach ich – unter nicht wenig Mißbehagen und Wehklagen der beiden Frauen – mit der Karawane auf, und um Mitternacht trafen wir bei einem Dorf der Araber[58] ein, wo wir bis zum Mittag des folgenden Tages blieben. Am Samstag zogen wir weiter, ritten bis Mitternacht und betraten die Stadt Ziden.

Ziden, der Hafen von Mekka und des Roten Meeres

Diese Stadt hat keine Mauern ringsherum und auch keinen Graben, aber sie besitzt sehr schöne Häuser, wie man es von Italien her kennt. Wir werden kurz von ihr erzählen. In der Stadt herrscht intensiver Verkehr, weil ein großer Teil der Völker, die es auf Erden gibt, hierher kommt, ausgenommen Christen und Juden, die sie – bei Strafe des Todes – nicht betreten dürfen[59]. Sobald ich in der Stadt eingetroffen war, begab ich mich sogleich zur Moschee, dem Tempel also, wo gut 25 000 arme Schlucker sich aufhielten, die auf einen Schiffspatron warteten, der sie nach Hause mitnähme. Ich mischte mich also unter sie, verkroch mich in eine Ecke des Tempels und blieb dort vierzehn Tage; diese ganze Zeit blieb ich auf dem Boden liegen, bedeckt von meinen Kleidern, und jammerte dauernd vor mich hin, wie wenn ich heftige Magen- oder Leibschmerzen hätte. Die Kaufleute, die mich hörten, frag-

---

58 Ḥaddā, 40 km östlich von Ḏjudda.
59 Dieses Verbot war im 19. Jahrhundert noch in Geltung.

Abbildung 17: Der verstellte Kranke

ten: »Wer ist das, der da jammert?« Da sagten die armen Kerle, die bei mir lagen: »Es ist ein armer Maure, der im Sterben liegt.« Am Abend, wenn es dunkel war, verließ ich die Moschee und ging los, um mir etwas Essen zu kaufen; ob ich Hunger hatte, überlasse ich euch zu beurteilen – ich aß nur ein einziges Mal am Tag, und das ziemlich schlecht.

Diese Stadt wird durch den Herrscher von Kairo regiert, und Herr dort ist ein Bruder des Sultans von Mekka; beide unterstehen sie dem Großsultan in Kairo. Dazu muß man nicht viel sagen, weil sie Mauren sind. Das Land erzeugt überhaupt nichts und leidet großen Mangel an Süßwasser; das Meer schlägt gegen die Mauern der Häuser. Man findet hier zwar alle Dinge, die der Mensch zum Leben braucht, aber sie werden von Kairo hergebracht, aus dem Glücklichen Arabien und von anderen Orten. Ständig gibt es hier eine große Menge von kranken Leuten, und das hat seine Ursache in der schlechten Luft in der Stadt, die aus ungefähr 500 Häusern besteht.

Nach vierzehn Tagen wurde ich mit einem Schiffspatron einig, der nach Persien reiste; im Hafen lagen nämlich etwa hundert größere und kleinere Schiffe. Drei Tage später setzten wir Segel und nahmen die Fahrt durch das Rote Meer in Angriff.

Weshalb das Rote Meer nicht schiffbar ist

Man kann leicht einsehen, daß das Rote Meer nicht rot ist (denn es wirkt nur so), daß sein Wasser vielmehr aussieht wie Wasser in jedem anderen Meer[60]. Wir segelten bei Tag bis zum Sonnenuntergang, weil man in diesem Meer nachts nicht navigieren kann, und jeden Tag verfährt man auf diese Weise, bis man zu einer Insel namens Chamaran[61] gelangt, und ab dieser Insel kann man sicher segeln. Der Grund, weshalb man zur Nachtzeit nicht fahren kann, ist der, daß es dort viele Inseln, Klippen und Sandbänke gibt, und immer muß ein Seemann an der Spitze des Schiffsmastes sitzen, um den Weg zu beobachten, was man aber in der Nacht nicht tun kann; deshalb segelt man nur bei Tag.

---

60 Auf mittelalterlichen Weltkarten erscheint das Rote Meer oft kräftig rot gefärbt. Augenzeugen wie Fulcher von Chartres, Lionardo Frescobaldi oder Felix Fabri haben seit der Kreuzfahrerzeit auf den roten Untergrund hingewiesen und die populäre Meinung zu widerlegen versucht.
61 Siehe unten S. 86 Anm. 4.

Zweites Buch vom Glücklichen Arabien

Die Stadt Gezan und ihre Fruchtbarkeit

Nachdem wir die Orte, Städte und Bräuche der Völker in der Arabia Deserta besprochen haben, soweit wir sie kennenlernen konnten, scheint es mir sinnvoll, in aller Kürze und auch mit glücklicheren Erinnerungen auf die Arabia Felix einzugehen. Nach sechs Tagen gelangten wir zu einer Stadt namens Gezan[1], die durch einen sehr schönen Hafen geschmückt ist, und fanden dort 45 Schiffe aus verschiedenen Ländern. Diese Stadt liegt an den Gestaden des Meeres und untersteht einem maurischen Herrn; es ist ein sehr fruchtbarer Ort und wirkt wie eine christliche Stadt. Es gibt dort köstliche Trauben und Pfirsiche, Quitten, Granatäpfel, Feigen, Melonen, Rosen, Blumen, Nüsse, Zitronen, Limonen und Pomeranzen, große Kürbisse, [Auberginen] Knoblauch und Zwiebeln in paradiesischer Fülle. Die Bewohner der Stadt gehen größtenteils nackt umher und leben ausschließlich auf maurische Art. Es herrscht Überfluß an Fleisch, Weizen, Gerste und weißer Hirse, die sie *dora*[2] nennen; man macht gutes Brot daraus. Wir blieben drei Tage dort, um Lebensmittel einzukaufen.

---

1 Djayzān, heute im äußersten Südwesten Saudiarabiens, 730 Straßenkilometer südlich von Mekka; zur Zeit Varthemas von einem Sharifen unabhängig regiert.
2 Dhura.

Von den Leuten, die man Beduinen nennt

Von der Stadt Gezan aus fuhren wir fünf Tage lang immer mit Blick auf das Festland, das wir auf der linken Seite ließen. Und als wir auf der Seeseite bewohntes Land erblickten, gingen vierzehn Personen von uns von Bord, um mit unserem Geld etwas Essen zu erstehen. Die Antwort, die man uns gab, war die, daß die Leute Steine mit Schleudern nach uns warfen. Es sind Leute, die man Beduinen[3] nennt; von ihnen waren mehr als hundert dort, und wir waren nur vierzehn. Wir kämpften etwas weniger als eine Stunde mit ihnen, und zwar derart, daß 24 von ihnen tot liegen blieben; die anderen ergriffen alle die Flucht, weil sie nackt waren und keine anderen Waffen besaßen als besagte Schleudern; wir aber nahmen uns alles, was wir finden konnten: Hühner, Kälber, Rinder und andere Dinge zum Verzehr. Zwei oder drei Stunden später begann die Menschenmenge wieder anzuwachsen, so daß sie mehr als sechshundert waren und wir uns genötigt sahen, uns auf unser Schiff zurückzuziehen.

Die Insel Chamaran und die Mündung des Roten Meeres

Am selben Tag nahmen wir Kurs auf eine Insel namens Chamaran[4], die einen Umfang von zehn oder zwölf Meilen mißt; es ist ein Land mit etwa zweihundert Herdstellen und bewohnt von Mauren. Auf der Insel findet man Süßwasser und Fleisch; außerdem wird dort das feinste Salz gewonnen, das ich je gesehen habe; sie besitzt einen Hafen etwa acht Meilen vom Festland entfernt. Diese Insel aber ist dem Sultan von Arabia Felix[5] untertan. Wir verbrachten dort zwei Tage, um

---

3 Wörtlich:»Wüstenbewohner«.
4 Ḳamarān, Koralleninsel nahe al-Ḥudayda vor der Ostküste des Roten Meeres (heute zum Jemen gehörig).
5 In der Ausgabe von 1510 heißt es:»... dem Sultan der Amanni« (Jemen).

dann zur Mündung des Roten Meeres weiterzufahren; dies
dauert zwei Tage, während der man bei Tag und bei Nacht
sicher segeln kann, während man von der Insel bis Ziden
wegen der vielen Sandbänke und Klippen nachts keineswegs
sicher navigieren kann. Und als wir bei der Mündung ankamen, schien es wahrhaftig, wie wenn wir uns in einem ver-
schlossenen Haus befänden; denn das Mündungsgebiet ist nur
zwei oder drei Meilen breit. Rechterhand erhebt sich das Land
etwa zwanzig Schritt in die Höhe, und es ist unbewohnt und
unfruchtbar, so weit man sehen kann; links der Mündung
befindet sich ein hohes felsiges Gebirge. In der Mitte der Mündung liegt ein unbewohntes Inselchen, das Bebel Mendel[6]
heißt; wer nach Zeila[7] fahren möchte, nimmt den Weg zur
rechten Seite, wer aber nach Aden will, hält sich auf der linken; und dies taten auch wir, eben um nach Aden zu gelangen;
immer hielten wir uns in Sichtweite vom Festland, und von
diesem Bebel Mendel bis nach Aden brauchten wir etwas
weniger als zweieinhalb Tage.

Von der Lage der Stadt Aden und wie man sich dort gegenüber
den Kaufleuten verhält; wie der Autor ins Gefängnis geworfen
und zum Sultan von Rhada, einer Stadt in Arabia Felix,
gebracht wurde; und von dem Heer, das dieser Sultan
aufstellte, und von seiner Bewaffnung, um gegen einen anderen
Sultan ins Feld zu ziehen

Aden[8] ist die am besten befestigte Stadt, die ich jemals in flachem Land gesehen habe; sie ist von zwei Seiten ummauert,

---

6 Bāb al-Mandab (»Tor der Tränen«) ist der Name der Meerenge; die
   Insel an ihrer engsten Stelle, wo sich der Schiffsverkehr teilt, heißt
   Perim (arab. Mayyūn).
7 Siehe unten S. 110 Anm. 42.
8 Aden ('Adan), Stadt und Hafen an der Südküste der Arabischen Halbinsel. Die beschriebenen Festungsanlagen, teilweise heute noch erhal-

und auf den anderen liegen hohe Berge, auf denen fünf Kastelle thronen; die Stadt selbst liegt in der Ebene [zwischen diesen Bergen] und hat ungefähr 5000 oder 6000 Feuerstellen. Um zwei Uhr in der Nacht hält man hier den Markt ab – wegen der extremen Hitze, die am Tag in der Stadt herrscht[9]. Nahe bei ihr, einen Steinwurf weit entfernt, liegt ein Berg, auf dem sich eine Burg befindet; am Fuß dieses Berges, gegen den hier das Meer anbrandet, ankern die Schiffe. Diese Stadt ist die vornehmste und schönste [und am besten gebaute] von allen Städten im Glücklichen Arabien. Hier treffen alle Schiffe zusammen, die von Groß- und Klein-Indien kommen, von Äthiopien und Persien [eben wegen des regen Handels, den man hier treibt]. Alle Schiffe, die nach Mekka fahren, kommen, um hier zu ankern, und sobald eines in den Hafen eingefahren ist, eilen die Zollbeamten des Sultans aus der Stadt herbei und wollen wissen, woher das Schiff kommt und was es geladen hat, wieviel Zeit benötigt wird, bis es wieder ablegt, und wie viele Personen auf jedem Schiff mitfahren. Und wenn sie dies alles gehört haben, bauen sie – einem Gesetz in diesem Reich entsprechend – auf den Schiffen die Masten und Segel, Ruder und Anker ab und schaffen alles in die Stadt; das tun sie, damit niemand abfahren kann, ohne Zoll an den Sultan entrichtet zu haben.

Am zweiten Tag nach meiner Ankunft in dieser Stadt wurde ich ergriffen und in Eisen gelegt, und dies geschah wegen eines üblen Burschen unter meinen Gefährten, der zu mir sagte: »Du Hund von einem Christen, Sohn eines Hundes.« Einige Mauren hörten dies, und deshalb wurden wir zum Palast des Vizesultans gebracht; umgehend wurde beratschlagt, ob man uns nicht sofort umbringen solle; denn der

---

ten, stammen aus dem 12. Jahrhundert, die schützenden Berge sind Reste eines erloschenen Vulkans. Bis 1517 wurde Aden von Sultanen aus der Familie der Tahiriden regiert und erlebte eine Epoche anhaltenden Wohlstands. Mit dem Auftauchen der Portugiesen im Indischen Ozean setzte der wirtschaftliche und politische Niedergang der Stadt ein.
9 Zeit der zweiten Wache (9-12 Uhr).

Abbildung 18: Gefangennahme in Aden

Sultan[10] war nicht in der Stadt. Sie behaupteten, wir seien Spione der Christen. Aber weil der Sultan dieses Landes niemals jemanden töten läßt, schonten sie unser Leben und hielten uns etwa 65 Tage lang mit achtzehn Pfund Eisen an den Füßen fest. Am dritten Tag, nachdem wir in Haft genommen worden waren, kamen vierzig oder sechzig Mauren zum Palast; sie stammten von zwei oder drei Schiffen, die von den Portugiesen gekapert worden waren[11]; diese Leute hatten sich schwimmend retten können und behaupteten nun, daß wir zu jenen Portugiesen gehörten und als Spione hierher gekommen seien. Deshalb liefen sie in großer Wut zum Palast und trugen Waffen in den Händen, um uns umzubringen; aber Gott kam uns zu Hilfe, indem derjenige, der Wache hatte, das Tor

10 ʿĀmir II. ben ʿĀbd al-Wahhāb (1488-1517).
11 Vielleicht Opfer der Kaperfahrten Antonio de Saldanhas 1504 (vgl. DANVERS 1, S. 103 f.).

von innen verschloß. Auf diesen Lärm hin erhob sich das Land in Aufruhr; die einen wollten, daß wir sterben, die anderen nicht; am Ende entschied der Vizesultan, daß wir mit dem Leben davonkommen sollten.

Nach 65 Tagen schickte der Sultan nach uns, und alle beide wurden wir auf ein Kamel gesetzt, aber immer noch mit den Eisen an den Füßen, und waren dann acht Tage lang unterwegs. Danach wurden wir in eine Stadt namens Rhada[12] vor den Sultan gebracht, und gerade als wir in dieser Stadt ankamen, hielt der Sultan Heerschau mit 80 000 Mann; denn er wollte in den Krieg ziehen gegen einen anderen Sultan aus einer Stadt namens Sana[13], drei Tagesmärsche von Rhada entfernt; diese Stadt liegt teils an der Flanke eines Berges, teils reicht sie in die Ebene hinab, und es ist eine prächtige und alte, dicht bevölkerte und reiche Stadt. Als wir vor den Sultan gebracht wurden, fragte er mich, aus welcher Gegend ich stamme und weswegen ich hierher gekommen sei. Ich antwortete ihm[14]: Ich sei Römer und in Kairo Mamluk geworden, hätte Medina, wo der Nabi, der große Prophet, begraben ist, und danach auch Mekka besucht; und jetzt sei ich gekommen, um sein Reich kennenzulernen, denn in ganz Syrien und in Mekka sagte man, daß er ein Heiliger sei; wenn er aber ein Heiliger sei (wie ich es auch glauben wolle), müsse er wissen, daß ich kein Spion der Christen sei, sondern ein guter Maure und sein Sklave. Daraufhin sagte der Sultan:»Sprich mir nach: *La ilache ill'allach Muchemmedun resul'allach*«, das bedeutet: »Es gibt keinen Gott außer Gott, und Mohammed ist Gottes Bote« [das sind nämlich die Worte, die gebraucht, wer sich zum Islam bekennt]. Ich aber konnte sie nicht aussprechen, sei es, weil es von Gott so beschlossen war, sei es wegen der großen Furcht, die ich empfand. Als der Sultan sah, daß ich diese Worte nicht aussprechen konnte, gab er sogleich den

---

12 Radā, auf halber Strecke zwischen Aden und Sanaʻāʼ (180 km nördlich von Aden).
13 Sanaʻāʼ (siehe unten S. 104 Anm. 29).
14 Der folgende Satz in der Erstausgabe auch auf Arabisch.

Befehl, mich in das Gefängnis seines Palastes zu werfen, und ließ mich von einer Wachmannschaft aus achtzehn Burgen bewachen, von denen je vier aus einer kamen, und sie blieben jeweils vier Tage, danach wurden sie von vier anderen aus diesen Burgen ersetzt; auf diese Weise einander folgend, bewachten sie mich drei Monate lang [so daß ich den Himmel nicht sah] und hatte dabei nur ein Brot aus Hirse am Mittag und eines am Abend; dabei hätten mir sechs davon am Tag nicht gereicht, und wenn ich manchmal nur genug Wasser zu trinken bekommen hätte, wäre ich schon sehr zufrieden gewesen.

Zwei Tage später zog der Sultan mit dem oben erwähnten Heer ins Feld vor die Stadt Sana; darunter befanden sich 4000 Reiter, Söhne von Christen und schwarz wie die Mohren; es waren Untertanen des Priesters Johannes[15] und wurden im zarten Alter von acht oder neun Jahren gekauft, dann zum Waffendienst gezwungen; sie bildeten die Leibgarde des Sultans und waren mehr wert als der ganze Rest der 80 000. Die anderen gingen alle nackt, mit Ausnahme eines halben Tuches, das sie an Stelle eines Mantels über dem Rücken trugen. Wenn sie in die Schlacht ziehen, tragen sie Rundschilde, die aus zwei miteinander verklebten Kuh- oder Ochsenhäuten bestehen; in der Mitte befinden sich vier Ruten, die sie gerade halten; diese Schilde sind bemalt, so daß, wer sie sieht, sie für die schönsten und besten hält, die man herstellen kann; ihre Größe gleicht der eines Faßbodens, und der Griff besteht aus einem Täfelchen mit zwei Nägeln. Außerdem tragen sie in der Hand einen Wurfspieß und ein kurzes, breites Schwert, dazu

---

15 Seit dem 12. Jahrhundert kursierte in Europa die Vorstellung von einem christlichen Reich im Rücken der Muslime, das von einem Priesterkönig Johannes regiert werde. Seine Herrschaft galt als weise, gerechte und in jeder Hinsicht vorbildlich. Der Mythos vom Priesterkönig Johannes kann als politische Utopie beschrieben werden, fand aber einen Platz im geographischen Weltbild des Mittelalters: zunächst in Indien oder Zentralasien, seit dem 14. und besonders im 15. Jahrhundert in Afrika. Im 16. Jahrhundert wurde der Priester Johannes allgemein mit dem christlichen Herrscher Äthiopiens gleichgesetzt (LexMA 5, Sp. 530 ff.).

auf dem Körper ein Gewand aus rotem oder andersfarbigem Leinen, unterfüttert mit Baumwolle, das sie vor der Hitze und vor den Feinden schützt; das nämlich tragen sie, wenn sie in die Schlacht ziehen. Alle führen sie eine Steinschleuder mit sich, die sie sich um den Kopf wickeln, und darunter ein spannenlanges Hölzchen, genannt *mesuek*, mit dem man die Zähne putzt[16]; bis zum vierzigsten oder fünfzigsten Lebensjahr tragen alle zwei Hörner, gedreht aus ihren eigenen Haaren, so daß sie aussehen wie die jungen Geißlein. Der Sultan selbst führt in seinem Troß 50 000 Kamele mit sich, beladen mit Zelten aus Baumwolle, und auch die Zeltschnüre sind aus Baumwolle.

Von der Königin, der Frau des Sultans,
die sich heftig in den Autor verliebte;
und wie dieser vorgab, verrückt zu sein,
und was ihm sonst noch passierte

Im Palast lebte eine der drei Frauen des Sultans, die sie Königin nannten, und sie wohnte mit zwölf oder dreizehn köstlichen Hofdamen zusammen, deren Hautfarbe eher schwarz als sonst etwas war. Diese Königin tat uns einen guten Dienst [indem sie das Gefängnis öffnete und uns die Erlaubnis gab, mit einer Wache und den Eisen an den Füßen nach draußen zu gehen]. Als nun mein Gefährte, ein Maure, und ich uns in der Freiheit bewegten, faßten wir den Entschluß, daß einer von uns sich närrisch stellen sollte, damit wir einander besser helfen könnten; am Ende fiel das Los auf mich, den Verrückten zu spielen. Nachdem ich ein solches Unterfangen auf mich genommen hatte, war es nötig, all das zu tun, was von Verrückten erwartet wird. Und wahrlich: in den ersten drei Tagen, die ich den Narren mimte, habe ich mich so müde und

---

16 Miswāk (auch Siwāk), die Zahnbürste aus weichem, gekerbtem Holz zur Reinigung der Zähne vor dem Gebet (EI² 7, S. 187).

Abbildung 19: Die Liebe der Sultanin

erschöpft gefühlt wie noch nie zuvor; denn ich hatte ständig
fünfzig oder sechzig Kinder hinter mir, die mich mit Steinen
bewarfen, und ich warf Steine nach ihnen, denn sie johlten
hinter mir her:»Verrückter, Verrückter«; und ich hatte dauernd das Hemd voller Steine und tat so, wie die Verrückten
tun.

Die Königin stand derweilen mit ihren Damen am Fenster
und harrte aus von Morgen bis Abend, um mich zu sehen und
mit mir zu sprechen; und als ich von vielen Leuten verspottet
wurde, weil ja meine Närrischkeit immer offenbarer zu werden schien, zog ich mein Hemd aus und trat so entblößt vor die
Königin hin; sie aber empfand größtes Vergnügen, als sie mich
sah, und duldete nicht, daß ich wieder von ihr ging, und ließ
mir feine, köstliche Speisen reichen, so daß ich vor Freude
ganz außer mir war. Außerdem sagte sie zu mir [als sie sah,
daß die Gören hinter mir herliefen]:»Gib es diesen Bestien;
wenn du sie tötest, ist es ihre eigene Schuld.« Am Hof des Sultans lief ein Hammel herum, dessen Schwanz vierzig Pfund

93

wog[17]; ich ergriff ihn und fragte, ob er Maure, Christ oder Jude sei; ich wiederholte diese und andere Worte, dann sagte ich ihm: »Zeig' dich als Maure und sprich: *La illache ill'allach Muchemmedun resul'allach*«. Und er stand da wie eben ein geduldiges Vieh, das nicht sprechen kann, ich aber nahm einen Stock und brach ihm alle vier Beine, und die Königin lachte dazu; danach gaben sie mir drei Tage lang von seinem Fleisch zu essen; ich weiß nicht, ob ich jemals besseres gekostet habe. Drei Tage später tötete ich einen Esel, der Wasser zum Palast brachte, und zwar auf die gleiche Weise, wie ich es mit dem Hammel getan hatte; denn er wollte kein Maure sein; ähnliches tat ich dann noch mit einem Juden, den ich so verprügelte, daß er wie tot liegenblieb.

Aber eines Tages, als ich es halten wollte wie gewöhnlich, stieß ich auf einen von denen, die mich bewachen sollten, und er war noch viel verrückter als ich und sagte zu mir: »Du Christenhund, Sohn eines Hundes«. Ich warf eine Menge Steine nach ihm; er aber ging mit all den Kindern auf mich los und warf mir einen Brocken an die Brust, der mir schlecht bekam. Da ich ihm wegen der Eisen, die ich an den Füßen hatte, nicht nachgehen konnte, zog ich mich zu meinem Gefängnis zurück; aber bevor ich dort ankam, warf er mir einen zweiten Stein in die Seite, der mir noch viel mehr Schmerzen bereitete als der erste. Wenn ich gewollt hätte, hätte ich beiden leicht ausweichen können, aber um meiner Verrücktheit den richtigen Ausdruck zu geben, habe ich sie beide ertragen. Und so zog ich mich umgehend in den Kerker zurück und mauerte mich mit dicken Steinen von innen zu; dort verbrachte ich dann zwei Tage und zwei Nächte ohne Essen und Trinken, so daß die Königin und die anderen Sorge hatten, ob ich etwa gestorben sei, und die Türe aufbrechen ließen. Und diese Hunde brachten mir einige Stücke Marmor und sagten: »Iß; das ist Zucker«; andere gaben mir Weintrauben voll mit Sand

---

17 Fettschwanzschaf (Hausschaf mit ausgeprägter Fettspeicherung im Schwanz als Nährstoffreserve).

und sagten, das sei Salz; und ich aß den Marmor und die Trauben, alles auf einmal.

Am selben Tag ließen einige Kaufleute zwei Männer kommen, die dort so angesehen waren wie bei uns zwei Eremiten und in den Bergen lebten; ihnen wurde ich vorgeführt, und die Kaufleute fragten, ob es ihnen vorkomme, ich sei ein Heiliger oder ein Narr. Der eine von ihnen sagte:»Mir scheint, er ist ein Heiliger«; und der andere sagte, ihm scheine, ich sei ein Narr. Als sie mehr als eine Stunde lang darüber disputierten, hob ich, um sie loszuwerden, mein Hemd hoch und urinierte auf sie beide. Da rannten sie davon und schrien:»Er ist verrückt; ein Verrückter, kein Heiliger«. Die Königin stand an ihrem Fenster mit ihren Damen, und als sie dies sahen, fingen sie alle an, von Herzen zu lachen und meinten:»Bei Gott und dem Haupte Mohammeds, das ist der famoseste Kerl auf der Welt.« Am nächsten Morgen kam ich in den Hof und fand den schlafend, der mir die beiden Steinwürfe verpaßt hatte, und ich griff ihn an den Hörnern, [die er aus seinen Haaren verfertigt hatte] setzte ihm die Knie in die Magengrube und versetzte ihm so viele Schläge auf die Schnauze, daß ihm alles blutete und ich ihn wie tot liegenließ. Die Königin aber stand dabei am Fenster und schrie:»Bring ihn um, bring ihn um, dieses Vieh«. [Er aber machte sich sofort aus dem Staube, und ich habe ihn nie mehr wiedergesehen.]

Als der Gouverneur der Stadt durch verschiedene Hinweise herausbekam, daß meine Kumpane mit List und Trug entfliehen wollten, daß sie schon ein Loch im Kerker gegraben und sich von den Ketten befreit hatten, ich aber nicht, und weil er wußte, daß die Königin großen Gefallen an mir fand, wollte er mir keinen Verdruß bereiten, bevor er nicht mit ihr gesprochen hätte. Sie aber, nachdem sie alles gehört hatte, kam zu dem Schluß, daß ich vernünftig sei, ließ mich holen und in ein Zimmer im unteren Teil des Palastes bringen, von dem keine Tür nach draußen führte; aber immer noch trug ich die Eisen an den Füßen.

Von den Gesprächen, die er mit der Königin führte,
und wie er mit List und Schlauheit sich befreite
und zu der Stadt Aden entkam

In der folgenden Nacht kam die Königin mit fünf oder sechs
Hofdamen zu mir und fing an, mich auszuhorchen; ich aber
gab ihr Zug um Zug zu verstehen, daß ich nicht verrückt
geworden sei. Klug, wie sie war, erkannte sie deutlich, daß ich
ein heller Kopf sei, und ließ mir Aufmerksamkeiten zukommen, etwa indem sie mir ein gutes Bett, wie man es dort
gebraucht, und reichliche Speisen schicken ließ. Am folgenden Tag ließ sie mir ein Bad richten, das nach Landessitte mit
vielen Duftstoffen versetzt war, und fuhr zwölf Tage lang fort,
mir solche Wohltaten zu erweisen; danach kam sie jede Nacht
um drei oder vier Uhr zu mir herab, und stets brachte sie mir
feine Speisen mit; wenn sie bei mir eintrat, rief sie:»Ludovico[18], komm her, hast du Hunger?« Und ich antwortete ihr:
»Ja doch, Hunger, der sich einstellen wird« (denn mein Magen
machte sich bemerkbar), erhob mich und ging im Hemd zu
ihr. Sie aber sagte:»Nicht so, zieh dein Hemd aus«. Darauf ich:
»O Herrin, jetzt bin ich kein Verrückter mehr«, und sie erwiderte:»Bei Gott; ich weiß, daß du nie verrückt gewesen bist; im
Gegenteil: du bist der klügste Mann, den ich je gesehen habe«.
Um sie zufriedenzustellen, zog ich mein Hemd aus, hielt es
aber aus Gründen des Anstands vor mich hin, und so mußte
ich zwei Stunden vor ihr stehen, damit sie mich betrachten
konnte, wie wenn ich eine Nymphe gewesen wäre; dabei
klagte sie ihr Leid gegen Gott auf folgende Weise:»Gott, du
hast diesen Mann so weiß geschaffen wie die Sonne, meinen
Ehemann aber hast du schwarz geschaffen, und auch mein
Sohn ist schwarz, und ich bin schwarz. Ach, gebe Gott, daß er
mein Gemahl wäre! Ach, gebe Gott, daß ich einen Sohn wie
diesen zur Welt brächte.« Mit solchen Worten klagte sie stän-

---

18 In der Erstausgabe von 1510 sind auch die folgenden Gespräche
zweisprachig wiedergegeben. Dabei fällt der Name, den sich Varthema als Mamluk zugelegt hatte: Yunus.

IV. Atlas Miller (um 1519): Arabien

V. Aden

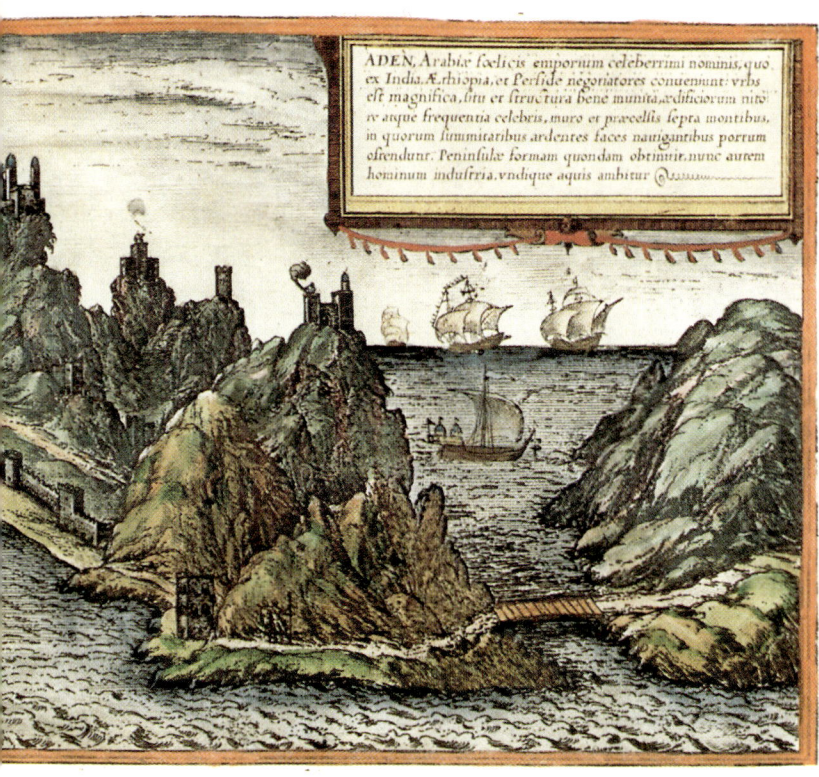

ADEN, Arabiæ foelicis emporium celeberrimi nominis, quo
ex India, Æthiopia, et Perside negotiatores conueniunt: vrbs
est magnifica, situ et structura bene munita, ædificiorum nito-
re atque frequentia celebris, muro et præcelsis septa montibus,
in quorum summitatibus ardentes faces nauigantibus portum
ostendunt. Peninsulæ formam quondam obtinuit, nunc autem
hominum industria, vndique aquis ambitur

VI. Atlas Miller (um 1519): Indien

dig, und unter Seufzern befühlte sie in einem fort meinen ganzen Körper und versprach mir, wenn der Sultan eingetroffen sei, wolle sie sofort dafür Sorge tragen, daß mir die Eisen abgenommen würden.

In der darauffolgenden Nacht kam die Königin mit zwei Damen; wieder brachte sie mir viel zu essen und sagte: »Komm her, Ludovico.«»Gerne«, gab ich zur Antwort. Darauf die Königin:»Möchtest du, daß ich zu dir komme, um ein Weilchen mit dir zusammenzusein?« Ich antwortete ihr, daß ich es nicht wolle; daß ich zufrieden sei, wenn ich in Eisen liege, ohne Gefahr zu laufen, daß man mir den Kopf abschneidet. Darauf sagte sie:»Hab keine Angst; ich setze meinen eigenen Kopf für deine Sicherheit. Wenn du nicht willst, daß ich zu dir komme, dann vielleicht Gazella oder Tegia oder Carcerana?« Dies aber sagte sie allein deshalb, weil sie dann deren Stelle einnehmen und mit mir zusammensein wollte; darauf wollte ich keinesfalls eingehen, weil ich mir sehr gut auszumalen wußte, was daraus entstehen könnte. Und da ich sie so sah, ganz außer sich vor Liebe, stellte ich mir vor, sie könnte ihre Leidenschaft gegen mich auch in der Öffentlichkeit zeigen; ich dachte mir, daß, wenn sie ihren Willen gehabt hätte, sie mir auch noch Gold, Silber, Pferde, Sklaven oder was immer ich wollte, gegeben hätte; und danach hätte sie mir zehn schwarze Sklaven geschenkt, die meine Leibwache gewesen wären, so daß ich nie mehr aus dem Lande hätte fliehen können; denn im ganzen Glücklichen Arabien wäre ich bekannt gewesen, auch an den Grenzübergängen; und wenn ich einmal die Flucht gewagt hätte, wäre mir der Tod sicher gewesen oder wenigstens ein Leben in Ketten[19]. Aus diesen Gründen hätte ich ihr niemals zustimmen wollen, und dies auch deshalb, weil ich nicht die Seele und den Körper zugleich verlie-

---

19 Daß Ludovicos Sorgen nicht ganz aus der Luft gegriffen waren, zeigt das Schicksal Pero de Covilhãs, der seit 1486 als Spion im Auftrag Portugals Arabien bereiste und bis nach Äthiopien vordrang, dort aber festgehalten wurde, heiratete, Kinder zeugte und ein Leben im »goldenen Käfig« verbrachte († nach 1520; BECKINGHAM, S. 157 ff.; Dokumente 2, S. 76 ff.).

ren wollte; die ganze Nacht über weinte ich und empfahl mein Schicksal in Gottes Hände.

Drei Tage später traf der Sultan ein, und sogleich ließ mich die Königin wissen, daß sie mich reich machen werde [wenn ich mit ihr zusammensein wolle]. Ich ließ ihr antworten: Sobald sie mir die Ketten würde entfernen lassen und ihr Versprechen eingelöst hätte, das sie bei Gott und Mohammed gegeben hatte[20], wolle ich dann all das tun, was ihr, der Herrin, gefalle. Sogleich ließ sie mich vor den Sultan führen, und dieser fragte mich, wo ich hingehen wolle, wenn man mir die Ketten abgenommen habe. Darauf erwiderte ich:»Herr, ich habe weder Vater noch Mutter, weder Ehefrau noch Kinder, weder Brüder noch Schwestern; ich habe nur Gott, den Propheten und dich, Herr. Gib du mir zu essen, und ich will gern dein Sklave sein mein ganzes Leben lang«; und dabei weinte ich in einem fort. Die Königin stand immer dabei und sagte zum Sultan:»Wegen dieses armen Menschen, den du ohne Grund so lange Zeit in Ketten gehalten hast, stehst du in Gottes Schuld. Hüte dich vor dem Zorn Gottes.« Da sprach der Sultan:»Nun denn! Geh, wohin du willst; ich schenke dir die Freiheit«; und sofort ließ er mir die Eisen abnehmen. Und ich warf mich vor ihm auf die Knie, küßte seine Füße und der Königin die Hand; sie aber nahm mich bei der Hand und sagte:»Komm mit mir, du armer Wicht, denn ich weiß, daß du stirbst vor Hunger.« Und sowie ich in ihrer Kammer war, überhäufte sie mich mit mehr als hundert Küssen und gab mir dann auch ordentlich zu essen; ich aber hatte keine Lust zu essen. Der Grund dafür war, daß ich die Königin mit dem Sultan heimlich sprechen gesehen hatte, und ich vermutete, daß sie mich vom Sultan als Sklaven erbeten hatte. Deshalb sagte ich ihr:»Ich werde überhaupt nichts essen, wenn Ihr nicht versprecht, mir die Freiheit zu schenken.« Sie aber antwortete:»Schweig, du Tor; du weißt nicht, wozu Gott dich bestimmt hat; wenn du dich richtig verhältst, wirst du ein Herr sein.« Damit wußte

---

20 Zur angeblichen göttlichen Verehrung Mohammeds bei den Muslimen vgl. oben S. 42 Anm. 5.

Abbildung 20: Varthemas Freilassung durch den Sultan von Aden

ich, welche Art von Herrschaft sie mir zugedacht hatte, aber ich antwortete ihr, sie solle mich noch ein bißchen zu Kräften kommen und das Blut in die Adern zurückkehren lassen; denn wegen der großen Sorgen, die mir zugesetzt hatten, hatte ich anderes als Liebe im Sinn. Sie antwortete: »Bei Gott, du hast recht; ich will dir jeden Tag [frische] Eier, Hühner, Tauben, Pfeffer, Zimt, Nelken und Muskatnuß reichen lassen.« Da freute ich mich einigermaßen über diese schönen Worte und Versprechungen (welche sie auch in die Tat umsetzte), und um mich besser zu erholen, blieb ich fünfzehn oder zwanzig Tage in ihrem Palast.

Eines Tages rief sie mich zu sich und fragte, ob ich mit ihr jagen gehen wolle; ich antwortete mit Ja und machte mich mit ihr auf den Weg. Später auf dem Heimweg täuschte ich vor, vor Erschöpfung krank zu sein, und in dieser Verstellung hielt ich acht Tage aus; sie aber ließ ihre [heimlichen] Boten ständig nach mir sehen. Eines Tages ließ ich ihr ausrichten, daß ich Gott und Mohammed gelobt habe, einen heiligen Mann zu besuchen, der in der Stadt Aden lebte und von dem man sagte, er tue Wunder [durch das heilige Leben, das er führe]; um mein Vorhaben auszuführen, bestätigte ich, daß dies wahr sei; sie ließ mir sagen, daß sie darüber sehr erfreut sei, und gab mir ein Kamel und 25 Ashrafi, worüber ich mich herzlich freute. Am nächsten Tag bestieg ich das Kamel und ritt in acht Tagen nach Aden, wo ich sogleich den heiligen Mann fand; er wurde deshalb verehrt, weil er in dauernder Armut und Keuschheit lebte und das Leben eines Eremiten führte. In der Tat gibt es in jenem Land nicht wenige Leute, die ein solches [heiliges] Leben führen; aber sie sind verblendet, weil sie [nicht den rechten Glauben haben und] ungetauft sind. Nachdem ich mein Gebet gesprochen hatte, gab ich am nächsten Tag vor, durch die Kraft jenes Heiligen von der Krankheit genesen zu sein, und ließ der Königin schreiben, ich sei mit Gottes und jenes heiligen Mannes Hilfe wieder gesund geworden; und da Gott mir so viel Gnade erwiesen habe, wolle ich aufbrechen, um ihr ganzes Reich zu sehen. Dies tat ich, da die Flotte, die im Hafen lag, erst in einem Monat ausfahren konnte. Heimlich verhandelte ich mit dem Kapitän eines Schiffes und erklärte ihm, daß ich nach Indien fahren wolle, und wenn er mich mitnähme, würde ich ihm ein schönes Geschenk machen. Er aber antwortete mir: Bevor er nach Indien fahre, wolle er in Persien haltmachen; ich willigte ein, und so verblieben wir miteinander.

Von Lagi, einer Stadt im Glücklichen Arabien,
und von Aiaz, dem Markt von Aiaz und von der Burg Dante

Am folgenden Tag bestieg ich ein Pferd, und nach einem Ritt von ungefähr fünfzehn Meilen traf ich auf eine Stadt namens Lagi[21], die in einer Ebene liegt [ohne einen Berg dabei] und

---

21 Lahidj, 30 km nördlich von Aden.

dicht bevölkert ist. Hier wächst eine große Menge von Dattelbäumen, und außerdem gibt es reichlich Fleisch und Weizen
nach unserer Art; Trauben gibt es keine dort, und die Leute
leiden großen Mangel an Holz. Diese Stadt ist nicht zivilisiert,
ihre Einwohner sind Araber und besitzen keine großen Reichtümer.

Von da brach ich auf und begab mich zu einer anderen
Stadt, die eine Tagereise von der vorigen entfernt liegt; sie
heißt Aiaz[22] und liegt auf zwei Berggipfeln, zwischen denen in
der Mitte sich ein herrliches Tal mit einer anmutigen Quelle
befindet; in diesem Tal wird der Markt abgehalten, zu dem
Männer und Frauen von dem einen wie von dem anderen
Berg zusammenkommen, und es sind nur wenige Markttage,
an denen es nicht Streit und Händel gibt. Der Grund dafür ist
der, daß die, die den nördlichen Berg bewohnen, unbedingt
wollen, daß jene vom südlichen Berg mit ihnen zusammen an
Mohammed mit allen seinen Gefährten glauben; diese aber
wollen nur an Mohammed und Ali glauben, und sie sagen, daß
seine anderen Gefährten nicht die richtigen seien, und deshalb bringen sie einander um wie die Hunde[23]. Doch kehren
wir zum Markt zurück, zu dem zahlreiche Sorten kleiner
Gewürze[24] und vielerlei Duftstoffe gebracht werden, außer-

---

22 Az'az (Namensform nach C. NIEBUHR), ein unbedeutender Ort nordwestlich von Lahidj (BADGER) oder Hais am Rand der Tihāma
(MUSACCHIO).

23 Angesprochen ist hier der Konflikt zwischen Sunniten und Zaiditen,
einem gemäßigten Flügel der schiitischen Gemeinschaft, der Zaid
ben 'Alī († um 740) für den rechtmäßigen Imam ansieht und sich in
verschiedenen dogmatischen Fragen (zum Beispiel hinsichtlich des
Verhältnisses von göttlicher Bestimmung und menschlicher Willens-
freiheit; fehlende Erblichkeit des Imamats; keine Wiederkehr des
Mahdi) sowohl von der sunnitischen Orthodoxie als auch von anderen schiitischen Gruppierungen abgrenzt (HALM, S. 244 ff.). Die tole-
rante Grundhaltung der zaiditischen Glaubensrichtung kam den
Bergstämmen in besonderem Maße entgegen, und die Unzugäng-
lichkeit des Hochlandes sicherte ihr Überleben. Zaiditen gibt es
heute nur noch im Jemen (etwa 50 Prozent der nordjemenitischen
Bevölkerung mit Schwerpunkten im Norden und Osten).

24 Spezie(rie) minute (sottili): Begriff aus der Handelssprache, unter den
Gewürze wie Muskatnuß, Galgant, Nelken und Kardamom, aber

dem große Mengen von Baumwoll- und Seidenstoffen sowie ausgezeichnete Früchte, wie etwa Pfirsiche, Granatäpfel, Quitten, Feigen, Nüsse und wohlschmeckende Trauben. Ferner muß man wissen, daß sich auf jedem der beiden Berge eine feste Burg befindet.

Nachdem ich all diese Dinge gesehen hatte, machte ich mich wieder auf den Weg und ritt zu einer anderen, weitere zwei Tagereisen entfernten Stadt namens Dante[25]; sie ist sehr gut befestigt, liegt auf der Spitze eines hohen Gebirges und wird nur bewohnt von Arabern, die arme Schlucker sind; denn ihr Land ist sehr unfruchtbar.

Almacharana, eine Stadt im Glücklichen Arabien, und ihre Reichtümer

Um unsere innige Begier nach neuen Dingen zu befriedigen, brachen wir von dort auf und machten uns auf die Reise nach einer anderen, zwei Tage entfernten Stadt, die Almachara[26] heißt und auf der Spitze eines Berges liegt; der Aufstieg dorthin erstreckt sich über sieben Meilen, und nur zwei Personen können nebeneinander gehen; denn die Straße ist sehr eng. Die Stadt selbst liegt flach auf dem Gipfel des Berges und ist sehr schön und angenehm; Lebensmittel für die Bewohner der Stadt gedeihen dort in ausreichendem Maße, und deshalb scheint sie mir die festeste Stadt auf Erden zu sein. Man muß kein Wasser oder sonst etwas an Lebensmitteln herbeischaffen, und über allem liegt eine Zisterne, die 100 000 Menschen

---

auch Medicinalia wie Turbith, Borax und Rhabarber fallen konnten (Pegolotti, S. 68, 150).

25 Damt im jemenitischen Hochland.

26 al-Makrana im westlichen Hochland. Daß der Sultan ʿĀmir II. von Aden hier seinen Schatz aufbewahrte und einen Teil seiner Frauen zurückließ, wird von einer arabischen Darstellung des Krieges gegen die Mamluken 1517 bestätigt (Kommentar BADGER 1863, S. 76 Anm.).

mit Wasser versorgt. Der Sultan bewahrt in dieser Stadt seinen kompletten Schatz auf, der so umfangreich ist, daß ihn hundert Kamele nicht tragen können; denn hier liegt sein Ursprung, und von hier stammt er ab; ich selbst habe es gesehen. Außerdem lebt hier ständig eine seiner Frauen. [Wahrhaftig ist dies ein fruchtbarer Ort] und hierher bringt man alle Dinge, die man sich nur wünschen mag; außerdem besitzt er das angenehmste Klima auf Erden. Die Leute hier sind eher weiß als andersfarbig.

Reame, eine Stadt im Glücklichen Arabien, ihr Klima und die Bräuche der Bewohner

Nachdem ich die vorerwähnte Stadt durchstreift hatte, ließ ich sie hinter mir zurück und begab mich an einen anderen Ort, einen Tag von jenem entfernt; er nennt sich Reame[27] und wird größtenteils von einem dunkelhäutigen Menschenschlag bevölkert; es sind große Kaufleute, und das Land ist höchst fruchtbar, nur Holz hat es keines. Die Stadt besitzt etwa 2000 Feuerstellen. Auf der einen Seite liegt ein Berg und darüber eine mächtige Burg. Es gibt dort eine Sorte von Hammeln, bei denen, wie ich gesehen habe, allein der Schwanz schon 44 Pfund wiegt; Hörner haben sie keine, und wegen ihrer Fettleibigkeit können sie nicht laufen[28]. Ferner gibt es dort bestimmte weiße Trauben, die im Inneren keine Kerne haben; bessere habe ich nie gegessen, und auch all die anderen Arten von Früchten, von denen ich oben sprach, habe ich dort vorgefunden. Das Klima in dieser Gegend ist so ausgezeichnet und einzigartig, daß ich mit vielen Leuten sprechen konnte, die mehr als 125 Jahre alt und immer noch rüstig waren. Ihre Tracht sieht so aus, daß die Männer von Rang ein Hemd tra-

---

27 Yarīm, ca. 145 km vor Sana'ā'.
28 Wie oben S. 94 Anm. 17.

Profpect *des Castels und eines Theils der StadtIerûn.*

Abbildung 21: Yarim

gen, die einfachen Leute dagegen nur ein halbes Tuch quer über die Brust nach Art der Apostel; größtenteils aber gehen sie nackt. Im ganzen Glücklichen Arabien haben die Männer Hörner, hergestellt aus ihren eigenen Haaren, und die Frauen tragen Hosen wie die Seeleute.

Sana, eine Stadt im Glücklichen Arabien,
ihre Stärke und die Grausamkeit eines Königssohnes

Von dort ritt ich zu einer Stadt genannt Sana[29], die, drei Tagereisen von der Stadt Reame entfernt, auf dem Gipfel eines hohen Berges liegt und sehr gut befestigt ist; dort hielt sich der

---

29 Sana'ā', die heutige Hauptstadt des Jemen, im 15. Jahrhundert Sitz der zaiditischen Imame, die sich der niederjemenitischen Tahiriden zu erwehren hatten. 'Āmir II. belagerte Sana'ā' seit August oder September 1504, Anfang März 1505 fiel die Stadt.

Abbildung 22: Der Sohn des Sultans in San'ā'

Sultan mit 80 000 Mann acht Tage lang auf, um sie einzunehmen; aber niemals hätte er sie erobern können, wenn sie sich nicht ergeben hätte. Die Mauern dieser Stadt ragen zehn Ellen hoch und messen in der Breite zwanzig Ellen, so daß acht Pferde nebeneinander auf ihnen gehen können. In der Gegend wachsen zahlreiche Fruchtsorten wie bei uns, und es gibt dort viele Quellen. In diesem Sana regiert ein Sultan, der zwölf Söhne besitzt, von denen einer namens Maumet wie ein Wilder die Menschen beißt und tötet[30]; und danach ißt er so viel von ihrem Fleisch, bis er satt ist; er ist vier Ellen groß, gut gebaut und hat olivfarbene Haut. In dieser Stadt findet man verschiedene Arten kleiner Gewürze, wie sie ringsum in der Gegend wachsen. Sie mag etwa 4000 Feuerstellen zählen, und die Häuser sind sehr schön nach unserer Art gebaut; sie ist so

---

30 Imām Aḥmad ibn al-Imām an-Nāsir. Varthema gibt hier eine volkstümliche Erzählung wieder.

groß, daß sie – wie in unseren Städten – auch zahlreiche Weinberge, [Wiesen] und Gärten in sich schließt[31].

Taesa, Zibit und Damar,
andere große Städte im Glücklichen Arabien

Nachdem ich Sana besichtigt hatte, machte ich mich wieder auf den Weg und ritt zu einer anderen Stadt, geheißen Taesa[32], die von Sana drei Tage entfernt ist und im Gebirge liegt. Diese Stadt ist sehr reizvoll anzusehen und überreich an allen feinen Dingen, ganz besonders an Rosenwasser, das dort destilliert wird. Es heißt, diese Stadt sei sehr alt, und es gibt einen Tempel wie Santa Rotunda in Rom[33] sowie zahlreiche andere altehrwürdige Paläste. Die Leute dort sind große Kaufleute. Sie kleiden sich wie die zuvor beschriebenen, und ihre Haut ist olivfarben.

Von dort begab ich mich zu einer anderen Stadt namens Zibit[34], von jener drei Tagereisen entfernt; es ist eine große und gute Stadt und liegt nur einen halben Tag vom Roten Meer entfernt; deshalb ist sie ein viel besuchter Handelsort; man findet dort große Mengen an Zucker und ausgezeichnete Früchte. Sie liegt zwischen zwei Bergen und ist nicht von Mauern umgeben; auf dem Markt werden große Mengen an Gewürzen [und Duftstoffe] jeder Art angeboten, die von hier in

---

31 Die Altstadt von Sanaʻā' beeindruckt bis heute durch die große Zahl von Wohnbauten im traditionellen Stil. Sie stammen jedoch überwiegend aus dem 18. und 19. Jahrhundert. Die freien Flächen und vielen Gärten in der Altstadt fielen auch Niebuhr auf (Reisebeschreibung, S. 414).

32 Taʻizz, die Sommerresidenz der Rasuliden, die bis 1454 den Jemen regierten (ca. 155 km nordwestlich von Aden).

33 Wahrscheinlich die Ashrafīya-Moschee mit hoher Mittelkuppel, verglichen mit dem römischen Pantheon, dessen Kuppel 43,50 m mißt.

34 Zabīd in der Tihāma, dem jemenitischen Tiefland, Winterresidenz der Rasuliden.

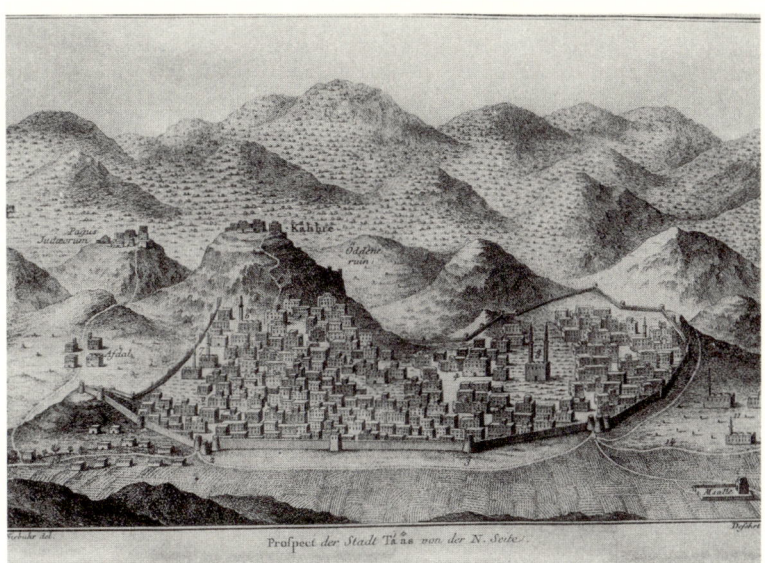

Abbildung 23: Ta'izz

andere Länder verfrachtet werden. Kleidung und Hautfarbe der Bewohner sind in dieser Stadt die gleichen wie in jenen, die wir zuvor beschrieben haben.

Von diesem Ort ritt ich einen Tag weit zu einer anderen Stadt, die sich Damar[35] nennt; dort wohnen nur Mauren, und es sind bedeutende Kaufleute. Dieser Ort ist sehr fruchtbar; Lebensart und Sitten sind die gleichen wie zuvor beschrieben.

Über den Sultan all dieser Städte
und weshalb er Sechamir heißt

All diese Städte sind dem Sultan der Amanni[36] untertan, das ist der Sultan des Glücklichen Arabien, geheißen Sechamir, weil

---

35 Damār, 148 km nördlich von Ta'izz, 99 km südlich von Sana'ā'.
36 Siehe oben S. 86 Anm. 5.

sech so viel bedeutet wie »heilig« und *amir* »der Herr«[37]. Der Grund, weshalb man ihn heilig nennt, ist der, daß er niemals jemanden töten läßt, es sei denn im Krieg. Wißt also, daß er zu meiner Zeit 12 000 oder auch 20 000 Männer in Ketten hielt und für einen jeden von ihnen zu ihrem Unterhalt täglich zwei Quattrini[38] ausgab; auf diese Weise ließ er sie im Gefängnis sterben, wenn sie den Tod verdienten. Und gleichermaßen hielt er [an seinem Hof und zu seinen Diensten] 16 000 Sklaven, Männer und Frauen, für deren Lebensunterhalt er sorgte; es sind alles Schwarze.

Von Meerkatzen und anderen Tieren, die wie Löwen aussehen und den Menschen feindlich sind

Ich machte mich wieder auf den Weg und ritt zu der oben bereits beschriebenen Stadt Aden. Als ich schon fünf Tage unterwegs war und die Hälfte des Weges zurückgelegt hatte, fand ich ein furchterregendes Gebirge, in dem wir 10 000 [Affen oder] Meerkatzen[39] sahen [die hierhin und dorthin ohne jede Furcht umhersprangen]; unter ihnen befanden sich auch einige Tiere, Löwen gleich[40] [und schrecklich anzusehen], die Menschen angreifen, wann immer sie können; ihretwegen kann man jene Straße nicht benutzen, wenn sich nicht wenigstens hundert Leute zusammentun. Unter größten Gefahren und indem wir auf nicht wenige von diesen Tieren Jagd machten, zogen wir durch; wir erlegten eine ordentliche Zahl von ihnen mit dem Bogen, mit Schleudern und mit Hunden, so daß wir sicher passieren konnten. In Aden angekom-

---

37 Sechamir = Shaikh ʿĀmir.
38 Vgl. oben S. 68 Anm. 32.
39 *Cercopithecus*, Baumaffe, der vor allem in den Wäldern und Savannen Afrikas südlich der Sahara vorkommt.
40 Hyänen.

men, begab ich mich sogleich in die Moschee und tat so, als ob
ich krank sei; dort blieb ich den ganzen Tag; in der Nacht darauf suchte ich den Schiffspatron auf, damit er mich heimlich
auf sein Schiff bringe.

Wie sie glücklich in den Hafen von Zeila, einer Stadt in Äthiopien, verschlagen wurden

Wie sie glücklich in den Hafen von Zeila,
einer Stadt in Äthiopien, verschlagen wurden

Da wir uns entschieden hatten, andere Länder kennenzulernen, und dies unser Ziel war, stachen wir in See; aber das
[wankelmütige] Schicksal, das seine wechselvollen Rat-
schlüsse auf ebenso wankelmütigen Wassern ins Werk zu setzen pflegt, führte uns von unserem Vorhaben ein ganzes Stück
weit weg; denn nach sechs Tagen schlugen wir den Weg nach
Persien ein, und nachdem wir sieben Tage gesegelt waren,
kam ein mächtiges Unwetter auf, das uns bis nach Äthiopien
trieb, zusammen mit allen Lastschiffen, die mit Krapp zum
Färben von Tüchern beladen waren; denn jedes Jahr werden
in Aden bis zu 25 Schiffe mit Färberröte vollgeladen, wie sie
im Glücklichen Arabien wächst[41]. Mit größter Mühe erreichten wir den Hafen einer Stadt namens Zeila und verbrachten
dort fünf Tage, um sie zu besichtigen und den richtigen Zeitpunkt für unser Vorhaben abzuwarten.

---

41 Krapp oder Färberröte aus der Krappwurzel (*Rubia tinctorum*) zum
Rotfärben von Textilien (vgl. HEYD 2, S. 590).

Zeila, eine Stadt in Äthiopien,
sowie von dem Überfluß
und den Tieren, die es dort gibt

Die Stadt Zeila[42] besitzt ein äußerst reges Geschäftsleben, insbesondere was Gold und die Stoßzähne von Elefanten angeht; auch verkauft man hier eine Unzahl von Sklaven, Untertanen des Priesters Johannes[43], die die Mauren im Krieg gefangennehmen; von hier werden sie dann nach Persien, ins Glückliche Arabien, nach Mekka, Kairo und Indien verfrachtet. Man lebt sehr gut in dieser Stadt, für Recht und Gericht ist gut gesorgt. Es gibt hier viel Weizen und Fleisch, Öl in großer Menge (das aber nicht aus Oliven, sondern aus Sesam hergestellt wird), Honig und Wachs im Überfluß. Man findet hier eine Sorte von Hammeln, deren Schwanz 25 oder 26 Pfund wiegt; Hals und Kopf sind ganz schwarz, der Rest ganz weiß[44]; daneben gibt es andere Hammel, die völlig weiß sind und einen Schwanz haben, der eine Elle lang und gedreht ist wie ein Rebstock; ihr Nacken sieht aus wie bei einem Stier und berührt fast den Boden. Außerdem fand ich dort eine bestimmte Art von Kühen, die Hörner tragen wie ein Hirsch, in der Wildnis leben und dem Sultan der Stadt zum Geschenk gemacht wurden[45]. Später sah ich andere Kühe, die ein einziges, eineinhalb Spannen langes Horn an der Stirn trugen, und dieses Horn ist eher gegen den Rücken der Kuh gerichtet, als daß es nach vorn schaut[46]; ihre Hautfarbe ist Rot, bei den zuvor beschriebenen ist sie Schwarz. In dieser Stadt läßt es sich gut aushalten, viele Kaufleute leben hier. Der

---

42 Saylac in Somalia, dicht bei der Grenze zu Djibouti. Duarte Barbosa (1517/18) spricht ebenfalls vom Handel in Saylac, nennt verschiedene Getreidesorten als Hauptausfuhrgüter und erwähnt die Vielfalt der Tierhaltung (Ramusio 2, S. 554).
43 Vgl. oben S. 91 Anm.15.
44 Schwarzkopf- oder Berbera-Schaf.
45 Eritrea-Spießbock (*Oryx gazella beisa*).
46 Afrikanisches (Spitzmaul-)Nashorn.

Abbildung 24: Tiere in Somalia

Ort hat zwar nur armselige Mauern und einen kümmerlichen Hafen, aber er liegt in flachem und festem Land. Der König von Zeila ist Maure und verfügt über zahlreiches Fußvolk und viele Reiter, und es sind kriegerische Leute. Ihre Kleidung besteht aus einem Hemd, ihre Haut ist olivfarben. Sie sind schlecht bewaffnet, und alle bekennen sich zum Islam.

Barbara, eine Insel in Äthiopien,
und die Leute, die dort leben

Als der Zeitpunkt günstig war, setzten wir Segel und kamen zu einer Insel, genannt Barbara[47], deren Herrscher und alle Bewohner Mauren sind. Diese Insel ist nur klein, aber es ist

---

47 Berbera in Somalia, ca. 200 km (Luftlinie) südöstlich von Saylac (240 km von Djibouti), ist keine Insel. Die Reichtümer der Gegend (Gold, Elfenbein, Fleisch, Honig, Wachs) zählt Duarte Barbosa auf (RAMUSIO 2, S. 554).

111

eine gute Insel und dicht besiedelt, man hat dort große Mengen Fleisch von jeder Sorte. Die Leute sind größtenteils schwarz, und ihr Reichtum besteht mehr aus Fleisch als aus sonst etwas. Hier verbrachten wir einen Tag, setzten dann neuerlich die Segel und machten uns auf den Weg nach Persien.

Buch von Persien

Über Divoban del Rumi, Goa, Giulfar
und Meschet, einen Hafen in Persien

Indem wir etwa zwölf Tage übers Meer fuhren, gelangten wir zu einer Stadt namens Divoban del Rumi[1], das bedeutet: Divo, Hafen der Türken[2]; sie liegt ein wenig vor dem Festland: Wenn das Meer anschwillt, ist es eine Insel, und wenn es zurückgeht, kann man zu Fuß dorthin gelangen. Diese Stadt untersteht dem Sultan von Cambaia[3], und als Gouverneur führt in diesem Divoban einer das Regiment, der sich Menacheaz nennt[4]. Wir blieben dort zwei Tage. Es gibt in der Stadt viel Handel, und deshalb leben dort ständig vierhundert türkische Kaufleute. Die Stadt ist rings ummauert, und darinnen sind viele Geschütze aufgestellt; man hat dort eine

---

1 Die Insel Diu bei der Halbinsel Kathiawar vor der Einfahrt in den Golf von Cambay (Khambhat, Indien), von dessen gefährlichen Strömungen sie nicht erreicht wird; 1535-1961 in portugiesischem Besitz. Eine ausführliche Beschreibung des Ortes und seiner Bedeutung im maritimen Handel gibt Duarte Barbosa (1517/18), der dabei auch die direkte Seeverbindung nach Berbera erwähnt (RAMUSIO 2, S. 554, 584 ff.).
2 Die Übersetzung ist zutreffend. Rumi bezieht sich auf Rum (Rom), die türkische Bezeichnung für Konstantinopel, das die Osmanen erobert hatten. Ramusio verstand Divo italienisch: »göttlich« und ersetzte es durch *santo* »heilig« (*porto santo delli Turchi*).
3 Vgl. unten S. 124 ff.
4 Malik Ayaz († 1522), georgischer Militärsklave, der angeblich wegen seiner Fertigkeit als Bogenschütze zum Gouverneur des Sultans von Gujarat, Mahmud, in Diu, Junagadh und anderen Städten auf der halbinsel Kathiawar eingesetzt wurde. Unter seiner Herrschaft wurde Diu zum befestigten Hafen und Handelsemporium ausgebaut. Den portugiesischen Ansprüchen widersetzte er sich konsequent und energisch, mußte aber in der Seeschlacht bei Diu 1509 eine schwere Niederlage hinnehmen (PEARSON, Merchants, S. 67 ff.).

bestimmte Sorte von Booten namens *talac*[5], die etwas kleiner sind als Fusten[6].

Von dort legten wir wieder ab und erreichten eine Stadt genannt Goa[7], drei Tagereisen von den zuvor genannten entfernt; dieses Goa ist ein Ort mit großer Fläche und Kaufmannschaft, üppig und reich; doch sind alle Einwohner Mohammedaner. Von dort fuhren wir zu einem anderen Ort namens Giulfar[8], der der beste und reichste ist, und es gibt dort einen guten Meereshafen. Dort zogen wir die Segel auf und gelangten mit günstigem Wind zu einem anderen Hafen, geheißen Meschet[9].

Von Stadt und Insel Ormus in Persien und wie man dort Riesenperlen fischt

Wir setzten unsere Reise fort, legten von Meschet ab und fuhren zu der vornehmen Stadt Ormus[10], die einen hinreißenden Anblick bietet, auf einer Insel liegt und für Seefahrt und

---

5 Leichte Ruderboote, die als Küstenwache und zu Aufklärungszwekken eingesetzt wurden.

6 Die Fuste ist eine in der mittelmeerischen Schiffahrt eingesetzte kleine und sehr wendige Galeere mit paarweise eng beieinander liegenden Riemen (Bireme).

7 Gogha bei Bhavnagar im Golf von Cambay.

8 Djulfar, Hafen im heutigen Sultanat Oman südöstlich von Maskat. Duarte Barbosa nennt als Haupthandelsgüter Baumwolle und Reis (RAMUSIO 2, S. 563f.).

9 Maskat im Golf von Oman.

10 Hurmuz (Hormuz, Ormus), ursprünglich auf dem Festland bei der Einfahrt in den Persischen Golf gelegen, im Jahre 1300 auf die vorgelagerte Insel Djarūn verlegt; trotz extremer Hitze und notorischem Wassermangel einer der bedeutendsten Umschlagplätze im Handel zwischen Indien und dem Vorderen Orient; 1507 kurzfristig und seit 1514 dauerhaft in portugiesischem Besitz. Die Versorgung der Stadt mit Lebensmitteln vom Festland wird noch 1580 von Gasparo Balbi beschrieben (EI[2] 3, S. 585).

Handel überragende Bedeutung besitzt; vom Festland liegt sie zehn oder zwölf Meilen entfernt. Auf dieser Insel findet sich weder Wasser noch genügend Nahrung, aber all dies wird vom Festland herbeigeschafft. Drei Tagereisen von der Insel entfernt[11] werden die größten Perlen gefischt, die man auf der Welt findet, und dies geschieht auf folgende Weise. Es gibt dort bestimmte Fischer mit kleinen Booten, die einen großen Stein an einem festen Seil auswerfen, einen vom Heck und einen vom Bug, damit das Boot fest verankert ist; ein weiteres Seil mit einem Stein senken sie von der Mitte des Bootes auf den Meeresgrund; einer der Fischer hängt sich ein Paar Säckchen um den Hals und bindet sich einen kräftigen Stein an die Füße; fünfzehn Fuß läßt er sich in die Tiefe hinab und bleibt dort, so lange er kann, um nämlich die Muscheln aufzustöbern, in denen sich die Perlen befinden; wenn er welche gefunden hat, legt er sie in die Säckchen; danach läßt er den Stein los, der ihm an den Füßen hing, und zieht sich an einem der Seile nach oben. Manchmal finden sich dreihundert Schiffe, die aus mehreren Ländern zu diesem Zweck hierher gekommen sind. Der Sultan in der Stadt aber ist ein Mohammedaner.

Über den Sultan von Ormus und die Grausamkeit,
mit der der Sohn gegen den Sultan, seinen Vater,
seine Mutter und die Brüder vorging,
als er sie umbrachte, und dann selber sterben mußte

Damals, als ich dieses Land besuchte, geschah folgendes, von dem ihr hören sollt. Der Sultan von Ormus hatte elf Söhne: Der jüngste wurde für ein einfaches Gemüt, für einen halben Nar-

---

11 Bei den Baḥrayn-Inseln und in den Perlenbänken vor der Südküste des Persischen Golfs.

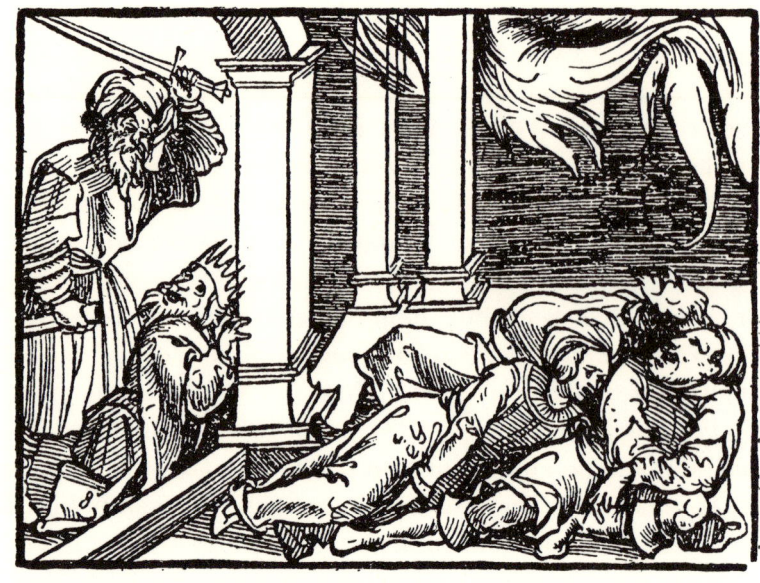

Abbildung 25: Der Sultanssohn in Hurmuz

ren gehalten; der älteste von ihnen war ein losgelassener Teufel. Der Sultan hatte zwei Sklaven, Söhne von Christen und Untertanen des Priesters Johannes[12], großgezogen; er hatte sie als kleine Kinder gekauft und liebte sie wie seine eigenen Söhne; es waren ausgezeichnete Reiter und Herren über Burgen. Eines Nachts ließ der älteste Sohn des Sultans seinem Vater, seiner Mutter und allen seinen Brüdern die Augen ausstechen, nur dem Halbnarren nicht; danach ließ er sie alle in die Kammer des Vaters und der Mutter bringen und Feuer darin legen; und er verbrannte die Kammer mit den Leibern und allem, was darinnen war. Am Morgen wurde die Sache allmählich bekannt, und das Land erhob sich in Aufruhr; er verbarrikadierte sich im Palast und ließ sich zum Sultan ausrufen. Der jüngere Bruder, den man für einen Narren hielt, erwies sich indessen als nicht so einfältig, wie man glaubte: Sobald er nämlich gehört hatte, was geschehen war, floh er zu

_____

12 Schwarze Sklaven aus Äthiopien.

einer Moschee der Mauren und rief:»O mein Gott, mein Bruder ist ein Teufel; er hat Vater, Mutter und Brüder ermordet und danach sie alle verbrannt.«

Innerhalb von fünfzehn Tagen beruhigte sich die Stadt, und er, der ein solch schreckliches Verbrechen begangen hatte, schickte nach einem jener beiden Sklaven und sprach zu ihm[13]:»Mahometh, komm her!« Der Sklave, der sich Mahometh nannte, antwortete:»Was willst du, Herr?« Da sagte der Sultan:»Bin ich nun Sultan?« Mahometh antwortete:»Ja, bei Gott, du bist der Sultan.« Darauf nahm ihn der Sultan bei der Hand, tat freundlich mit ihm und sagte:»Geh hin und töte deinen Kameraden, auf daß ich dir fünf Burgen übertrage.« Darauf Mahometh:»O Herr, ich habe dreißig Jahre mit meinem Kameraden das Essen geteilt und mit ihm die Tage verbracht; mir fehlt der Mut, ein solches Verbrechen zu begehen.« Darauf sagte der Sultan:»Gut, dann laß es bleiben.« Vier Tage später sandte der Sultan nach dem anderen Sklaven, der sich Chain nannte, und sprach zu ihm dieselben Worte, die er zu seinem Gefährten gesagt hatte, daß er nämlich Mahometh töten solle. Sogleich sprach Chain:»Ja, Herr, im Namen Gottes soll es geschehen.« Danach legte er heimlich Waffen an und machte sich sofort auf die Suche nach Mahometh, seinem Gefährten. Als dieser ihn sah, blickte er ihm fest in die Augen und sagte zu ihm:»Du Verräter, du kannst es nicht abstreiten, daß ich dich am Gesicht erkenne; aber warte nur: Bevor du mich tötest, will ich dich umbringen.« Chain, der sah, daß er durchschaut und erkannt war, zog seinen Dolch hervor, warf ihn vor Mahometh Füße, und indem er hinkniete, sagte er:»O mein Herr, verzeih mir, auch wenn ich den Tod verdiente; wenn es dir gefällt, dann nimm diese Waffe und töte mich; denn ich bin gekommen, um dich zu töten.« Da gab Mahometh zur Antwort: »Nun, man kann dich einen Verräter nennen; denn du hast mit mir gelebt und das Essen geteilt über dreißig Jahre hinweg, und dennoch willst du mich am Ende auf so elende Weise ermorden. Du armer Tropf, siehst du denn nicht, daß jener

---

13 Das Gespräch zum Teil zweisprachig in der Ausgabe von 1510.

dort ein Teufel ist? Steh auf, damit ich dir verzeihe. Hör genau zu: Drei Tage lang hat er mich bearbeitet, damit ich dich töte, und ich habe ihm keinesfalls folgen wollen. Nun denn, wir wollen es Gott überlassen; du aber geh los und tu, was ich dir sage: Begib dich zum Sultan und sag ihm, du habest mich getötet.« Chain antwortete:»So will ich es tun«, und sogleich ging er zum Sultan. Als der ihn sah, sagte er:»Nun, hast du deinen Freund umgebracht?« Chain:»Ja, bei Gott, ich habe es getan, Herr.« Der Sultan sprach:»Komm hierher«, und Chain trat vor den Sultan hin; dieser aber nahm ihn an die Brust und erstach ihn mit dem Dolch.

Drei Tage später legte Mahometh heimlich Waffen an und begab sich zu den Gemächern des Sultans; als dieser ihn sah, geriet er in Verwirrung und sagte:»Du Hund und Sohn eines Hundes, du lebst ja immer noch.« Darauf erwiderte Mahometh:»Dir zum Trotz bin ich am Leben, und ich will dich töten, der du schlimmer bist als ein Hund oder ein Teufel.« Und so gingen sie mit den Waffen aufeinander los und kämpften miteinander; am Ende tötete Mahometh den Sultan und verbarrikadierte sich dann im Palast. Da er aber in der Stadt sehr beliebt war, lief alles Volk zum Palast und rief:»Es lebe der Sultan Mahometh«; und er blieb Sultan für zwanzig Tage. Nach Ablauf dieser Frist ließ er alle Herren und Kaufleute herbeirufen und erklärte ihnen, daß das, was er getan habe, habe geschehen müssen und daß er kein Recht auf die Herrschaft besitze; und er bat das Volk, daß es zufrieden sei, wenn er den Sohn des Königs zum König mache, den man für einen Toren gehalten habe; und so wurde jener zum König erhoben. Tatsächlich aber behielt Mahometh die Zügel in den Händen, und jedermann in der Stadt sagte:»Er muß wahrlich ein Freund Gottes sein«; deshalb wurde er zum Regenten in der Stadt und für den Sultan ernannt, da dieser ja so war wie oben beschrieben[14].

---

14 Keiner der Kommentatoren hat bislang den historischen Hintergrund der Erzählung bestimmen können. Es wurde aber mehrfach auf den zur Zeit Varthemas zwölfjahrigen Herrscher von Hurmuz, Saif ad-Dīn, hingewiesen, für den ein Eunuch die Regierung führte.

Man muß wissen, daß sich dort gewöhnlich vierhundert fremde Kaufleute aufhalten, die mit Seide, Perlen, Edelsteinen und Gewürzen Handel treiben. Im allgemeinen ernährt man sich in dieser Stadt eher von Reis als von Brot; denn in jener Gegend wächst kein Getreide.

Von der Stadt Eri im Lande Corasam,
von dem man glaubt, es sei Parthien;
von ihrem Reichtum und der Vielzahl an Gütern,
ganz besonders an Rhabarber

Nachdem ich mir die traurigen Geschehnisse hatte erzählen lassen und die Bräuche in der Stadt und auf der Insel Ormus gesehen hatte, brach ich auf und begab mich nach Persien hinein; nach zwölf Tagen Landreise kam ich in eine Stadt genannt Eri[15], und das Land heißt Corasam[16], so wie man von der Romagna spricht. In dieser Stadt Eri also residiert der König von Corasam; dort findet man große Fruchtbarkeit und Überfluß an Waren, insbesondere an Seide, und zwar dermaßen, daß man an einem Tag drei- oder viertausend Kamelladungen Seide kaufen könnte. Das Land ist überreich an Lebensmitteln, und außerdem findet man dort ein üppiges Angebot an Rhabarber[17]: Ich habe mit eigenen Augen gesehen, wie man für einen Dukaten unserer Währung sechs Pfund erhält, das Pfund zu zwölf Unzen. Diese Stadt besitzt etwa sechs- oder siebentausend Feuerstellen; ihre Einwohner sind alle Mohammedaner.

---

15 Harāt (Herat) im heutigen westlichen Afghanistan, das unter dem Timuriden Ḥusayn Bayḳara (1469-1506) noch einmal eine Blütezeit erlebte, bevor es von den Özbegen besetzt wurde (1507) (BARTHOLD, S. 45 ff.). Aber offenbar hat Varthema das afghanische Harāt mit dem persischen (nordöstlich von Shīrāz in der Provinz Yazd) verwechselt (GABRIEL, S. 61 ff.).

16 Khurāsān, heute Provinz in Nordostpersien, historisch das Land diesseits des Oxus (Āmū Daryā).

17 Medizinalrhabarber (*Rheum officinale, Rheum palmatum*) aus Zentralasien und Westchina, als blut-, leber- und magenreinigendes Mittel verwendet.

Von dort reiste ich zwanzig Tage über Land und traf nur Dörfer und Burgflecken an, die dicht besiedelt waren.

Vom Flusse Eufra, von dem man glaubt,
es sei der Euphrat, und von der Stadt Siras;
wie man den Moschus erkennt und
wie der Autor sich mit einem Mauren zusammentat

[Indem ich so weiter meines Weges zog] gelangte ich zu einem großen Fluß, der von den Leuten dort Eufra genannt wird; aber wenn ich es recht bedenke, glaube ich, daß es sich dabei um den Euphrat handelt, schon wegen der Größe [und Breite seiner Mündung][18]. Von dort ritt ich zur linken Hand, aber mit dem Fluß im Rücken, drei Tage weiter und traf auf eine Stadt, geheißen Siras[19]; diese Stadt hat ihren eigenen Herrscher, er ist Perser und Mohammedaner. Man findet dort eine große Menge von Edelsteinen, nämlich unendlich viele Türkise und Ballasrubine; in Wirklichkeit stammen sie aber nicht von dort, sondern kommen (wie man hört) von einer Stadt namens Balasam[20]. Außerdem findet man riesige Mengen von Lapislazuli, Tutia und auch Moschus[21]. Man muß wissen, daß der Moschus in unseren Gegenden nur selten anders als verfälscht zu bekommen ist; ich habe folgendes Experiment gesehen: Man nimmt morgens in völlig nüchternem Zustand eine Blase mit Moschus und erbricht sie; dann müssen drei oder

---

18 Hier irrt Varthema: Der Zusammenfluß von Euphrat und Tigris liegt mehr als 500 km von S͟hīrāz entfernt. Weder der Name noch die Wegbeschreibung geben genügend Anhaltspunkte für eine sinnvolle Identifizierung des Stromes.

19 S͟hīrāz, Hauptstadt der persischen Provinz Fars. Anders als Varthema behauptet, gehörte die Stadt seit 1503 zum Reich der Safawiden, die in Tabrīz residierten. Der Autor saß hier Informationen auf, die bereits veraltet waren.

20 Bada͟khs͟hān, Provinz im nordöstlichsten Afghanistan. Von den Rubinen, die dort abgebaut werden, schreibt schon Marco Polo (Kap. 47).

21 Tutia: Zinkspat, verwendet zu alchemistischen Zwecken.– Zu Moschus vgl. oben S. 70 Anm. 38.

vier Männer der Reihe nach daran riechen, und sofort schießt ihnen das Blut aus der Nase; und dies kommt daher, daß es sich um echten und nicht um falschen Moschus handelt. Ich fragte, wie lange die Wirkung des Moschus anhält; einige Kaufleute gaben mir die Auskunft, daß sie zehn Jahre halte, wenn der Moschus nicht verfälscht worden sei. Dabei überlegte ich mir, daß das, was bei uns auf den Markt kommt, von der Hand der Perser verschlechtert wurde; es sind nämlich die geschicktesten und verschlagensten Leute, um alle möglichen Produkte zu fälschen, die irgendwo auf der Welt hergestellt werden. Gleichzeitig gestehe ich, daß sie die treuesten Kameraden und die großzügigsten Leute auf Erden sind; dies sage ich, weil ich es mit einem persischen Kaufmann erfahren habe, den ich in der Stadt Siras traf (er stammte aber aus der Stadt Eri in Corasam, die ich schon beschrieben habe); dieser Kaufmann hatte mich bereits zwei Jahre zuvor in Mekka kennengelernt und sprach zu mir:»Ludovico, was tust du hier? Bist du nicht der, der damals nach Mekka kam?« Ich bestätigte es ihm und auch das Verlangen, das ich trug, die Welt zu sehen. Er aber gab mir zur Antwort:»Gelobt sei Gott, daß ich jetzt einen Gefährten habe, der mit mir kommt und meine Sehnsucht teilt.« Wir blieben fünfzehn Tage in Siras zusammen, und dieser Kaufmann, der sich Cozazionor nannte, sagte zu mir:»Geh nicht von mir, denn wir werden ein gutes Stück der Welt erforschen.« Und so machten wir uns gemeinsam auf den Weg nach Sammarkant.

Sammarkant (wie man es nennt),
eine Stadt so groß wie Kairo, gelegen in einem Land,
das die Alten Baktrien nannten

Sammarkant[22] (so nennen es die Kaufleute) ist eine Stadt so groß wie Kairo; ihr König ist Mohammedaner und gebietet

---

22 Samarkand, früher die Hauptstadt Timurs, dann eines timuridischen Nachfolgereiches; 1500 durch den Özbegenkhan Shaibānī eingenommen.

über 60 000 Berittene, und es sind alles weiße und kriegerische Leute. Weiter zogen wir nicht, denn der Sofi[23] ritt durch das Land und überzog alles mit Feuer, insbesondere jene, die an Bubeker, Othman und Homar glauben, die Gefährten Mohammeds; sie alle übergab er der Schärfe des Schwertes; jene aber, die an Mohammed und Ali glauben, ließ er ziehen und gab ihnen Sicherheit[24]. Daher sagte mir mein Kamerad: »Ludovico, komm her; damit du weißt, wie wohl ich dir will, und damit du sicher sein kannst, daß ich dir gute Gesellschaft leisten will, werde ich dir eine meiner Nichten zur Frau geben; sie heißt Sanis, das bedeutet: Sonne«; und in der Tat trug sie einen Namen, der zu ihr paßte; denn sie war sehr schön. Weiter sprach er: »Wisse, daß ich nicht durch die Welt reise, um Geschäfte zu machen, sondern ich reise zu meinem Vergnügen und um mehr zu sehen und zu wissen«, und mit diesem Vorsatz machten wir uns auf den Weg nach Eri. Nachdem wir zu seinem Haus gelangt waren, zeigte er mir seine erwähnte Nichte, und ich gab vor, sehr zufrieden mit ihr zu sein, obwohl mir eigentlich der Sinn nach anderem stand. Binnen acht Tagen kehrten wir nach Ormus zurück; dort bestiegen wir ein Schiff, begaben uns auf den Weg nach Indien und kamen in einem Hafen an, der Cheu[25] geheißen wird.

---

23 Shāh Ismāʻīl es-Ṣūfī (1502-1524), der Begründer des Safawidenreiches.

24 Gemeint ist der Konflikt zwischen Sunniten und Schiiten, der im Iran durch Shah Ismāʻīl zugunsten der Schiiten entschieden wurde (vgl. ROEMER, S. 221 ff.).– Zu den Namen vgl. oben S. 60 f. Anm. 14, 15, 17, 18.

25 Hafen bei der Indusmündung, von Ramusio mit Chaul (siehe unten S. 130 Anm. 18) verwechselt.

Erstes Buch von Indien

Cambaia, eine Stadt in Indien, überreich an allen Dingen

Da ich zu Anfang, wenn ich mich recht entsinne, versprochen habe, alle Dinge nur kurz zu behandeln, damit mein Bericht nicht langweilig wirke, fahre ich in aller Kürze mit jenen Dingen fort, die mir der Erwähnung würdig und unterhaltsam erscheinen, ganz besonders aus Indien. Nahe bei dem erwähnten Hafen ergießt sich ein mächtiger Strom, genannt Indus, der dann bei einer Stadt namens Cambaia[1] vorüberfließt. Diese Stadt liegt am Südufer des Indus, drei Meilen landeinwärts, und zu ihr kann man nicht mit großen oder mittelgroßen Schiffen gelangen, es sei denn, der Seegang ist kräftig und rege; es gibt dort nämlich einen Fluß, der zu der Stadt führt, und die Flut steigt drei oder vier Meilen weit an. Allerdings müßt ihr wissen, daß die Gezeiten ganz anderen Gesetzen als bei uns gehorchen; denn bei uns steigt die Flut bei Vollmond, und dort steigt sie an, wenn der Mond abnimmt. Diese Stadt Cambaia ist ummauert nach unserer Art, und in der Tat

---

1 Cambay (Khambhat, Khambayat) im gleichnamigen Golf, heute im westindischen Bundesstaat Gujarat gelegen.- Varthemas Äußerungen über das geographische Verhältnis der Stadt zum Indus treffen so wenig zu wie seine Aussagen zur Entstehung der Gezeiten in Indien. Richtig ist, daß die Stadt einige Meilen von der Küste entfernt lag und daß der Golf von Cambay viele Untiefen aufweist. Schon Ibn Baṭṭūṭa (nach 1333) beschrieb die Abhängigkeit der Schiffahrt von Flut und Ebbe mit ganz ähnlichen Worten (Ibn Battuta, S. 103). Bis ins 17. Jahrhundert galt Cambay als einer der bedeutendsten Häfen an der indischen Westküste (ganz besonders im Handel mit Baumwolle). Mit der weiteren Verlandung des Golfes setzte der wirtschaftliche Niedergang der Stadt ein (EI^2 4, S. 993 f.).

handelt es sich um eine ganz vorzügliche Stadt, reich an Getreide und ausgezeichneten Früchten. In dieser Gegend findet man acht oder zehn Arten von kleinen Gewürzen, nämlich Turbith[2], Galgant[3], Spikenarde[4], Teufelsdreck[5], Gummilack[6] und andere Gewürze, an deren Namen ich mich nicht erinnere. Außerdem werden dort solche Mengen von Baumwolle erzeugt, daß man jährlich vierzig oder fünfzig Schiffe mit Baumwoll- und Seidenstoffen belädt, die dann in verschiedene Länder exportiert werden. Ferner findet sich im Königreich Cambaia, sechs Tage von der Stadt entfernt, ein Gebirgsstock, wo nach Karneolen gegraben wird[7], und ein zweiter mit Chalcedon und neun Tage von Cambaia ein weiteres Massiv, wo man Diamanten finden kann[8].

Von der Lebensart des Sultans in Cambaia,
einer sehr vornehmen Stadt

Nun wollen wir von der Lebensart des Sultans in Cambaia berichten; er nennt sich Sultan Machamut. Es mögen vierzig Jahre her sein, daß er von einem König von Guzerat dieses

2 Harz der indischen Turbithwurzel (*Ipomaea turpethum*), als Abführmittel gebraucht.

3 *Alpinia officinalis* oder *Alpinia galanga*: Ingwergewächse, aus deren Wurzeln ein scharf schmeckendes Gewürz gewonnen wurde, das sowohl zu medizinischen Zwecken (»Fieberwurzel«) als auch zur Würzung von Speisen gebraucht wurde. Ausgangs des Mittelalters wurde Galgant in reichlichem Maß auch in Mitteleuropa verwendet.

4 Indische Narde (*Nardostachys jatamansi*), aus deren Wurzel – vor allem zu kosmetischen Zwecken – Nardenöl (»Lavendelöl«) gewonnen wurde.

5 Teufelsdreck oder Stinkasant (*Assa foetida*): unangenehm riechendes und schmeckendes Gummiharz von verschiedenen Arten asiatischer Doldenblütler, vor allem zur Herstellung von Arzneimitteln verwendet.

6 Sekret der Gummilackschildlaus (vgl. unten S. 215 Anm. 64).

7 Bei den Rajpipla Hills ca. 100 km südöstlich von Cambay.

8 Vielleicht bei Golconda nahe Hyderabad.

Reich übernahm[9]. Die Leute von Guzerat sind ein Volk, das nichts verspeist, was Blut in den Adern hat, noch etwas Lebendiges tötet. Sie sind weder Mauren noch Heiden, und ich glaube, wenn sie nur die Taufe empfingen, würden sie – nach ihren Werken zu urteilen – alle gerettet; denn anderen tun sie nichts an, wovon sie nicht wollen, daß es ihnen geschähe. Ihre Kleidung sieht so aus, daß einige im Hemd umhergehen, andere aber ganz nackt sind und nur ein Stück Stoff um die Schamteile tragen, an den Füßen und Beinen aber gar nichts; um das Haupt binden sie ein rotes Tuch, und sie selbst sind von dunkelbrauner Farbe. Wegen ihrer Gutherzigkeit und Milde aber nahm ihnen der Sultan das Reich weg[10].

Nun sollt ihr hören, welches Leben der Sultan Machamut führt. Zunächst einmal ist er – zusammen mit seinem ganzen Volk – Mohammedaner und hält ständig 20 000 Berittene in Waffen; des Morgens, wenn er aufsteht, kommen fünfzig Elefanten zu seinem Palast, auf denen je ein Reiter sitzt; diese Elefanten erweisen dem Sultan ihre Reverenz und haben

9 Gujarat unterstand seit 1298 dem muslimischen Sultanat von Delhi. 1407 errichtete Muzaffar Shah ein unabhängiges Sultanat in Gujarat. 1458-1511 regierte Mahmud Shah, der zahlreiche Kriege führte, unter anderem gegen Kacch im Norden und hinduistische Rajas in Junagadh und Campaner. Im Inneren erlebte das Land eine Zeit höchster Blüte. Bevorzugt hielt Mahmud sich aber nicht in Cambay, sondern in Mahmudabad und seit 1482 in Muhammadabad (Campaner) auf. Varthemas Darstellung ist hier ungenau und führt in die Irre.

10 Varthema spricht hier von Jainas, Anhängern des Jainismus, der auf Mahavira Vardharama (6. Jh. v. Chr.) zurückgeführt wird und in mancher Hinsicht den gleichzeitig formulierten Lehren des Buddha ähnelt. Zu den vornehmsten Pflichten der Jainas gehört es, keine Lebewesen zu töten. Strenggläubige tragen daher einen Mundschutz, um keine Fliegen einzuatmen, trinken nur filtriertes Wasser, essen weder Eier noch Kartoffeln oder Früchte, die Insekten enthalten könnten. Auch Tierhospitäler werden unterhalten. Mönche und Nonnen führen ein Leben als Wanderasketen, und die Anhänger einer Richtung (*digambaras* = »Luftbekleidete«) tragen keine Kleidung. Gujarat gehört mit den Heiligtümern auf dem Berg Abu (heute in Rajasthan), in Satrunjaya und Girnar (beides auf der Halbinsel Kathiawar) zu den Zentren des Jainismus.

sonst gar nichts zu tun. Desgleichen, wenn er sich aus dem Bett erhoben hat und etwas zu sich nimmt, erklingen fünfzig oder sechzig Arten von Musikinstrumenten, nämlich Trompeten, mehrere Trommeln, Flöten, Pfeifen und noch viele andere, von denen ich der Kürze halber lieber schweige; wenn dann der Sultan speist, erweisen ihm die erwähnten Elefanten Ehre; von Verstand und Gesinnung dieser Tiere will ich euch erzählen, wenn es Zeit dazu ist. Der Sultan trägt solch einen langen Schnurrbart unter der Nase, daß er die Enden über dem Kopf zusammenbindet, wie es eine Frau mit ihren Zöpfen tut, außerdem einen weißen Bart bis zum Gürtel[11]. [Aus Gründen, die man mir erklärte] nimmt er jeden Tag Gift zu sich. Ihr dürft aber nicht glauben, daß er sich damit den Leib vollschlägt, sondern er ißt davon nur eine bestimmte Menge. Wenn er dann einen großen Herrn zum Tod befördern möchte, läßt er ihn völlig nackt vor sich hintreten; danach ißt er bestimmte Früchte, die *chofole* geheißen werden und ausschauen wie Muskatnüsse; außerdem verspeist er die Blätter von Kräutern, die aussehen wie die von Pomeranzen und von einigen Leuten *tambor* genannt werden; zu all dem nimmt er noch etwas Kalk von den Schalen der Auster ein[12]; wenn er es gut durchgekaut und den Mund voll damit hat, prustet er über denjenigen, den er sterben lassen will, so daß dieser innerhalb einer halben Stunde tot zu Boden fällt. Dieser Sultan nennt drei- oder viertausend Frauen sein eigen, und jedesmal, wenn er mit einer die Nacht verbringt, wird sie am folgenden Mor-

---

11 Vom langen Schnurrbart des Sultans Mahmud, genannt »der Bärtige«, wissen auch einheimische Quellen zu berichten (vgl. Kommentar BADGER, S. 109 Anm. 1).

12 Varthema beschreibt das Betelnußkauen, wie es vor allem in Indien, aber auch in Indonesien, Südchina und Teilen Ostafrikas, auf Madagaskar und den Philippinen bis auf den heutigen Tag üblich ist. Dabei werden kleine Stücke der nicht ganz reifen Betel- oder Arekanuß mit aromatischen Zutaten versehen, in ein mit ungelöschtem Kalk überzogenes Betelpfefferblatt eingewickelt und intensiv gekaut. Die Betelnuß enthält Alkaloide (besonders Arecolin), die euphorisierend-stimulierend wirken, ohne die Arbeitskraft zu vermindern. Was Varthema von der tödlichen Wirkung des Speichels fabuliert, entbehrt jeglicher Grundlage.

Abbildung 26: Die Tafel des Sultans von Cambay

gen tot aufgefunden. Und jedesmal, wenn er sein Hemd aus-
zieht, wird es niemals mehr von jemandem angefaßt; genauso
geschieht es mit seinen Kleidern, und jeden Tag will er neue
Kleider haben. Mein Gefährte erkundigte sich, weshalb der
Sultan solch giftige Sachen zu sich nehme; einige ältere Kaufleute gaben zur Antwort, daß ihn sein Vater von Kindheit an
mit Gift aufgezogen habe[13].

Doch lassen wir den Sultan und kehren wir zu unserer
Reise zurück, nämlich zu den Menschen in jener Stadt, von

---

13 Duarte Barbosa begründet die langsame Selbstvergiftung des Sultans
mit der Angst des Vaters vor Giftanschlägen. Auf diese Weise sei
Mahmud so giftig geworden, »daß, wenn eine Mücke sich auf seiner
Hand niederließ, sie anschwoll und sofort verendete und viele
Frauen, mit denen er schlief, unverzüglich an seinem Gift starben«
(RAMUSIO 2, S. 582; ähnlich auch Tomé Pires über Mahmuds Nachfolger, Mudhaffar Shah: Suma oriental, S. 40). Bei muslimischen Autoren ist von all dem nichts zu finden. Vielmehr erinnert die Erzählung
an die Geschichte vom indischen Giftmädchen, das Alexander dem
Großen zugeführt und noch rechtzeitig von diesem durchschaut worden sein soll (PENZER, S. 17 ff.).

denen der größte Teil im Hemd herumläuft; sie sind sehr kriegstüchtig und große Kaufleute. Die Schätze des Landes kann man nicht beschreiben; um die dreihundert Schiffe aus verschiedenen Ländern kommen und gehen von hier. Die Stadt selbst und eine andere in der Nachbarschaft (ich will sie beschreiben, wenn es Zeit dazu ist) versorgen ganz Persien, die Tartarei, die Türkei, Syrien, die Berberei (das ist Afrika) und das Glückliche Arabien, Äthiopien, Indien und eine große Zahl bewohnter Inseln mit Seiden- und Baumwollstoffen, so daß der Sultan in größtem Reichtum leben kann[14]; er liegt im Krieg mit einem König, den man den König von Yoga nennt, das von jener Stadt fünfzehn Tagereisen entfernt liegt.

Von Lebensart und Sitten des Königs von Yoga

Dieser König von Yoga[15] ist ein Herr von großer Macht und gebietet über 30 000 Leute; er und sein ganzes Volk sind Heiden und werden von den anderen Heidenkönigen wegen ihres Lebenswandels, von dem ihr hören werdet, für Heilige gehalten. Der König hat die Gewohnheit, alle drei oder vier Jahre einmal mit drei- oder viertausend seiner Leute, mit seiner Frau und den Kindern auf Pilgerfahrt (also auf Kosten anderer) zu gehen; er führt vier oder fünf Schlachtrösser mit sich, ferner Zibetkatzen[16], Meerkatzen, Papageien, Leoparden und

---

14 Neben Seide und Baumwolle nennt Tomé Pires weitere Handelsgüter (Indigo, Opium, Wermut, Seife, Leder, Honig, Wachs und anderes mehr) sowie die Orte, mit denen von Cambay aus Handel getrieben wurde (Suma oriental, S. 41 ff.).

15 Varthema berichtet hier von der militant-asketischen Sekte der Kanphata-Yogis, die in Reaktion auf die muslimische Eroberung Nordindiens entstanden war und zu Anfang des 16. Jahrhunderts das Grenzgebiet zwischen Gujarat und Malwa kontrollierte (DHARAMPAL-FRICK, S. 251 f.).

16 Schleichkatze, davon die indische Spezies (*Viverra zibetha*).

Falken; auf diese Weise reist er durch ganz Indien. Seine Kleidung besteht aus Ziegenfell, eines vorne, eines hinten, mit der Haarseite nach außen, und er ist von dunkelbrauner Hautfarbe; denn von hier an sind die Menschen eher dunkel als hell. Alle tragen sie eine große Menge von Schmuck, Perlen und anderen edlen Steinen an den Ohren; sie gehen gekleidet in der Art der Apostel[17], ein Teil von ihnen trägt Hemden. Der König und manche von den Vornehmeren sind im Gesicht, an Armen und Körper völlig mit gemahlenem Sandelholz, vermischt mit [vielen] wertvollen Duftstoffen, bestäubt. Einige von ihnen nehmen sich aus Frömmigkeit vor, niemals an einem hohen Platz zu sitzen, andere haben den frommen Vorsatz, nicht auf der Erde zu sitzen, niemals ausgestreckt auf dem Boden zu liegen oder nie mehr ein Wort zu sagen; und diese Leute werden immer von drei oder vier Gefährten begleitet, die ihnen dienen. Gemeinhin tragen sie alle ein Horn um den Hals, und wenn sie eine Stadt betreten, blasen alle Mitglieder ihrer Gemeinschaft auf diesen Hörnern; dies tun sie, wenn sie möchten, daß man ihnen Almosen gibt.

Wenn der König nicht auf Reisen ist [sondern sich in seinem Palast aufhält], schwärmen mindestens drei- oder vierhundert von ihnen auf einmal aus [um sich ihren Lebensunterhalt zu besorgen], und nach der Art der Zigeuner halten sie sich dann drei Tage in einer Stadt auf. Manche von ihnen tragen einen Stock, an dem unten ein Eisenring angebracht ist, andere führen bestimmte eiserne Teller mit sich, die rundum schneiden wie Rasiermesser, und wenn sie jemanden verletzen wollen, werfen sie diese mit einer Schleuder. Wenn sie daher in irgendeiner Stadt in Indien eintreffen, tut ihnen jedermann alles zu Gefallen; denn auch wenn sie den ersten Edelmann im Land erschlügen, müßten sie keine Strafe fürchten, weil man ja sagt, sie seien heilig. Ihr Land ist nicht sehr fruchtbar, vielmehr haben sie Mangel an Lebensmitteln, und es gibt mehr Berge als ebenes Land. Ihre Behausungen sind sehr dürftig, und sie

---

17 Mit einem Gewand bis auf die Knöchel.

Abbildung 27: Der König von Yoga und sein Gefolge

kennen keine ummauerten Orte. Durch ihre Hände kommen viele Edelsteine in unsere Länder, denn wegen ihrer ungebundenen Lebensweise gelangen sie bis dorthin, wo die Steine herkommen, und von dort bringen sie sie in andere Länder ohne jede Kosten. Auf diese Weise und eben weil sie ein rauhes [und unfruchtbares] Land besitzen, stehen sie [gleichsam dauernd] mit dem Sultan Machamut im Krieg.

Von der Stadt Cevul, von Bräuchen, Kleidung und Waffen ihrer Bewohner

Ich verließ die Stadt Cambaia und reiste weiter, bis ich zu einer anderen Stadt namens Cevul[18] gelangte, zwölf Tage von

---

18 Chaul an der indischen Westküste, 40 km südlich von Bombay, ausgestattet mit einem natürlichen Hafen an der Mündung zweier Flüsse (Kondulika River und Roha Creek). Chaul war einer der wichtigsten Umschlagplätze im Warenverkehr über den Indik, aber zu Anfang des 16. Jahrhunderts nahm seine Bedeutung bereits ab.

der vorigen entfernt; und das Land, das zwischen den beiden Städten liegt, heißt Guzarati[19]. Der König von Cevul ist Heide, und die Leute dort sind von dunkelbrauner Farbe; ihre Kleidung sieht so aus, daß einige ein Hemd tragen und einige nackt (mit einem Stück Stoff um die Scham) gehen, nichts aber an den Füßen oder auf dem Kopf tragen; nur einige maurische Kaufleute machen davon eine Ausnahme. Die Bevölkerung ist kriegerisch; ihre Waffen sind Schwerter, Schilde, Bogen und Spieße aus Rohr und Holz; auch über Artillerie verfügen sie. Der Ort ist gut befestigt und liegt zwei Meilen von der See entfernt; es gibt dort einen wunderschönen Fluß, auf dem eine große Zahl fremder Schiffe kommt und geht; denn das Land hat Überfluß an allen Dingen, nur Trauben, Nüsse und Kastanien besitzt es nicht. Große Mengen Weizen, Gerste und Gemüse jedweder Art werden hier geerntet und Unmengen von Baumwollstoffen hergestellt. Von ihrem Glauben will ich euch nicht erzählen; denn sie glauben das gleiche wie der König von Calicut, von dem ich euch berichten werde, wenn es Zeit dazu ist. In dieser Stadt leben zahlreiche maurische Kaufleute. Von hier an wird das Klima eher heiß als kalt. Gerechtigkeit kommt hier in höchstem Maße zur Anwendung; aber der König gebietet nicht über viel Kriegsvolk. Die Leute dort besitzen Pferde, Ochsen und Kühe in großer Zahl.

Dabuli, eine Stadt in Indien

Nachdem ich Cevul und seine Bräuche kennengelernt hatte, begab ich mich wieder auf die Reise und kam zu einer anderen Stadt, die zwei Tagereisen von jener entfernt liegt und Dabuli[20] genannt wird; sie liegt am Ufer eines mächtigen Stro-

---

19 Gujarat.
20 Dabhol, ca. 150 km südlich von Bombay, nach Tomé Pires bis zum Eingreifen der Portugiesen der wichtigste Hafen im Königreich Dekhan (Suma oriental, S. 52 f.).

mes. Diese Stadt ist auf unsere Weise mit Mauern umgeben und ein sehr guter Ort; das Umland hat dieselben Vorzüge wie zuvor beschrieben. Maurische Kaufleute leben hier in großer Zahl. Der König von Dabuli ist Heide und gebietet über etwa 30 000 Krieger, doch in der Art von Cevul, wie es zuvor beschrieben wurde; und er ist ein großer Freund der Gerechtigkeit. Das Land, die Lebensweise, Kleidung und Bräuche sind die gleichen wie in Cevul.

Von Goga, einer Insel in Indien, und ihrem König

Ich verließ die Stadt Dabuli und begab mich auf eine Insel, die vom Festland ungefähr eine Meile entfernt liegt und Goga[21] geheißen wird; sie liefert jedes Jahr an den König von Decan 12 000 Golddukaten, die man Pardao nennt; diese Pardao sind kleiner, aber dafür dicker als die Ashrafi von Kairo und sind auf der einen Seite mit dem Bild zweier Teufel gestempelt, auf der anderen stehen bestimmte Buchstaben[22]. Auf dieser Insel steht nahe beim Meer eine Festung, ummauert wie die unseren; dort hält sich manchmal ein Hauptmann namens Sabain auf, der vierhundert Mamluken befehligt; er selbst ist ebenfalls Mamluk[23]. Und wenn dieser Hauptmann einen weißen Mann bekommen kann, dann gibt er ihm einen guten Vertrag

---

21 Goa, 1510-1961 in portugiesischem Besitz und Residenz des Vizekönigs.

22 Portugiesische Bezeichnung für eine Goldmünze, die im westlichen Indien, seit 1570 auch in Portugiesisch-Indien geschlagen wurde (auch Pagoda). Die Vorderseite zeigt das Bild Shivas und seiner Frau Parbati (Varthemas »Teufel«), die Rückseite einen Tempel oder auch nur eine Inschrift (YULE/BURNELL, S. 672 ff.).

23 Yusuf Adil Khan († 1510), Mamluk aus Sāwa in Nordpersien (daher die portugiesische Bezeichnung Sabaym, Sabaio oder ähnlich), der im Auftrag des Bahmani-Sultanats (siehe unten Anm. 25) die Provinz Bijapur regierte und 1489 ein eigenständiges Sultanat begründete.

und zahlt ihm monatlich mindestens fünfzehn oder zwanzig Pardao; und bevor er ihn auf die Liste seiner Leute setzt, läßt er zwei Wämser aus kräftigem Leder bringen, eines für sich selbst und das andere für den, den er in Dienst nehmen möchte; beide legen ihr Wams an und beginnen miteinander zu ringen; wenn er ihn kräftig findet, läßt er ihn in die Liste seiner Söldner eintragen, wenn aber nicht, läßt er ihn eine [einfache und gemeine] Tätigkeit, nicht aber das Kriegshandwerk ausüben. Mit seinen vierhundert Mamluken liegt er in heftigem Streit mit dem König von Narsinga, von dem wir zur rechten Zeit sprechen werden[24].

Von dort fuhr ich auf dem Festland sieben Tage weiter und gelangte schließlich zu der Stadt, die Decan geheißen wird.

Über Decan, eine überaus prächtige Stadt,
von der Zahl und Art ihrer Reichtümer und Edelsteine

In dieser Stadt Decan[25] herrscht ein König, der Mohammedaner ist, und der Hauptmann, von dem wir eben sprachen, steht im Sold dieses Königs, zusammen mit seinen Mamluken. Diese Stadt ist überaus reizend anzusehen [ist fest gebaut] und hat Überfluß an allem. Ihr König kann unter den Mamluken

---

24 Siehe unten S. 144 Anm. 42.
25 Bidar im Nordosten des heutigen Bundesstaates Karnataka. Vormacht auf dem zentralindischen Dekhan-Plateau war seit 1345 das islamische Sultanat der Bahmaniden, die zunächst in Daulatabad dann in Gulbarga und seit dem Anfang des 15. Jahrhunderts in Bidar residierten. Auseinandersetzungen mit den zentral- und südindischen Hindufürstentümern, insbesondere mit den Rajas von Vijayanagar, bestimmten die äußere Politik des Reiches. Unter dem letzten Sultan Mahmud Shah (1482-1518) erklärten sich zuerst Bijapur und dann die anderen Reichsteile nacheinander für unabhängig (KULKE/ ROTHERMUND, S. 203 ff.). Varthemas Beschreibung gibt weder die Namen der Reiche und Orte noch das Verhältnis das Bahmani-Sultans zu Yusuf Adil Khan in Bijapur zutreffend wieder.

Abbildung 28: Der König von Decan

und den anderen Bewohnern seines Reiches 25 000 Berittene und Fußsoldaten aufbieten. Inmitten dieser Stadt befindet sich ein herrlicher Palast; er ist so ausgelegt, daß, bevor man zur Kammer des Königs gelangt, erst einmal 24 andere Räume passiert werden müssen. Der Herrscher dieser Stadt lebt in großem Hochmut und Pomp; ein bedeutender Teil seiner Diener trägt auf der Schuhspitze Rubine, Diamanten und andere edle Steine; ihr könnt euch vorstellen, wie viele sie davon an den Fingern und in den Ohren tragen. In seinem Reich gibt es einen Berg, wo man nach Diamanten gräbt, vier Meilen von der Stadt entfernt; er ist ringsum mit Mauern versehen und wird streng bewacht[26]. Wie die Stadt ist auch das Königreich mit allem üppig ausgestattet. Die Leute sind alle Mohammedaner. Sie kleiden sich in herrliche seidene Gewänder oder

26 Distrikt Kurnool in Andhra Pradesh.

Hemden, und an den Füßen tragen sie Schuhe oder Stiefel und Hosen wie die Seeleute; die Damen aber bedecken das Gesicht so wie in Damaskus.

Wie sich der König
um die militärischen Angelegenheiten kümmert

Der König von Decan befindet sich ständig im Krieg mit dem König von Narsinga, und sein ganzes Land ist islamisch. Den größten Teil seiner Soldaten aber stellen Ausländer und Weiße, und die Einheimischen in seinem Reich sind von dunkler Hautfarbe. Dieser König ist sehr mächtig, reich und auch freigebig; er unterhält zahlreiche Schiffe auf dem Meer und ist ein großer Feind der Christen. Von hier fuhren wir weiter zu einer anderen Stadt namens Bathecala.

Von Bathecala, einer Stadt in Indien,
von ihrer Fruchtbarkeit an vielen Dingen,
ganz besonders was Reis und Zucker angeht,
und auch von Amiadiva

Bathecala[27] ist eine sehr vornehme Stadt in Indien und liegt von Decan fünf Tage entfernt; der König in dieser Stadt ist Heide und untersteht dem König von Narsinga. Die Stadt selbst ist mit Mauern umgürtet und sehr reizvoll anzu-

---

27 Bhatkal, zu Beginn des 16. Jahrhunderts der bedeutendste Ausfuhrhafen an der Küste von Kanara, wichtig wegen seiner Verbindungen nach Persien und zum Roten Meer (SUBRAHMANYAM, The Political Economy, S. 120 ff.).

schauen; das Meer liegt eine Meile entfernt; sie besitzt aber keinen Meereshafen, es sei denn, man fährt zu ihr über ein Flüßchen, das an den Mauern der Stadt vorbeiführt. Hier halten sich zahlreiche maurische Händler auf; denn es ist ein Land mit regem Warenverkehr. Es gibt hier große Mengen von Reis und Zucker, insbesondere von weißem Zucker, wie wir ihn kennen[28]; auch beginnt hier die Gegend, wo man Nüsse und Feigen finden kann, wie sie in Calicut vorkommen. Die Leute dort sind Götzendiener ganz wie in Calicut (mit Ausnahme der Mauren, die nach mohammedanischer Art leben). Man benutzt hier weder Pferde noch Maultiere oder Esel, aber es gibt Kühe, Büffel und Ziegen. In diesem Land wächst weder Weizen noch Gerste und auch kein Gemüse, dafür aber andere ausgezeichnete Feldfrüchte, wie sie eben Indien eigen sind.

Von da machte ich mich auf und gelangte zu einer Insel genannt Anzediva[29], auf der Mauren und Heiden leben. Diese Insel ist vom Festland eine halbe Meile entfernt und mißt rundum etwa zwanzig Meilen; dort ist das Klima nicht allzu angenehm, und sie ist auch nicht sehr fruchtbar. Zwischen Insel und Festland gibt es einen ausgezeichneten Ankerplatz, und auf der Insel findet man sehr gutes Trinkwasser.

---

28 Die Heimat des Zuckerrohrs (*Saccharum officinarum*) ist nicht sicher bekannt. Wahrscheinlich lag sie in Südostasien, vielleicht auf Neuguinea. Die frühesten Belege für die Herstellung kristallinen Zuckers stammen allerdings aus Indien. Durch arabische Vermittlung gelangte Rohrzucker, Zuckerrohr und die Kenntnis der Zuckergewinnung seit dem 9. Jahrhundert in den Mittelmeerraum (Syrien, Ägypten, Zypern, Kreta, Malta, Marokko, Iberische Halbinsel, Provence). Im 15. Jahrhundert bezog Europa Zucker vor allem von den portugiesischen und spanischen Besitzungen im Atlantik (Kanaren, Azoren, Kap Verde, Madeira). Die dort erprobte Plantagenwirtschaft wurde schließlich auf die Karibischen Inseln und nach Südamerika übertragen (MINTZ, S. 47 ff.). Die Weiße des Zuckers galt immer als Zeichen seiner Reinheit.
29 Die Insel Anjidiva vor der Küste von Nord-Kanara, 1505 von Portugiesen besetzt.

Centacola, Onor und Mangolor, reiche Orte in Indien

Indem ich einen Tag von jener Insel weiterfuhr, traf ich auf einen Ort namens Centacola[30], wo ein sehr reicher Herrscher regiert. Hier findet man Fleisch in großer Menge, reichlich Reis und gute Früchte nach indischer Art. In dieser Stadt leben zahlreiche maurische Kaufleute; ihr Herrscher aber ist Heide. Die Bewohner sind von dunkler Hautfarbe; sie gehen nackt und ohne Schuhwerk, auch auf dem Kopf tragen sie gar nichts. Der Herrscher ist dem König von Bathecala untertan.

Zwei Tagereisen weiter kamen wir zu einem anderen Ort namens Onor[31], dessen König Heide und dem König von Narsinga untertan ist. Dieser König ist ein gutmütiger Geselle und unterhält sieben oder acht leichte Schiffe, die ständig [zum Schaden derer] umherkreuzen [die das weniger gut beherrschen], und er ist ein großer Freund des Königs von Portugal. Die Kleidung dieser Leute sieht so aus, daß sie ganz nackt daherkommen und nur einen Stoffetzen um die unziemlichen Partien tragen. Man findet dort reichlich Reis, wie er in Indien üblich ist, ferner verschiedene Arten von Tieren, so etwa Wildschweine, Hirsche, Wölfe, Löwen sowie eine große Zahl von Vögeln, die von unseren ganz verschieden sind, zahlreiche Pfauen und Papageien; außerdem hat man viele Kühe (die von roter Farbe sind) und eine große Menge von Hammeln. Rosen, Blumen und Früchte kann man das ganze Jahr über antreffen; denn das Klima an diesem Ort ist geradezu ideal, und die Menschen leben länger als wir.

Nahe bei diesem Ort Onor liegt ein anderer namens Mangolor[32], an dem (jährlich) fünfzig oder sechzig Schiffe mit Reis beladen werden. Die Bewohner sind Heiden und Mauren; Lebensart, Sitten und Kleidung sind die gleichen wie zuvor beschrieben. Von hier nahmen wir Abschied und kamen zu einer anderen Stadt, genannt Canonor.

---

30 Cintacora (vgl. Tomé Pires, Suma oriental, S. 55.).
31 Honavar (Kanara).
32 Mangalore (Süd-Kanara).

Canonor, eine große Stadt in Indien

Canonor[33] ist eine große und prächtige Stadt, in der der König von Portugal ein starkes Fort besitzt. Der König dieser Stadt ist ein treuer Freund des Königs von Portugal, obwohl er Heide ist[34]. Im Hafen von Canonor werden die Pferde ausgeladen, die von Persien kommen, und man muß wissen, daß für jedes Pferd 25 Dukaten als Zoll entrichtet werden; von da gehen sie ins Landesinnere nach Narsinga[35]. In dieser Stadt leben zahlreiche maurische Kaufleute. Hier wächst kein Weizen, Trauben gibt es nicht und – mit Ausnahme von Gurken und Melonen – auch sonst keine Frucht, wie wir sie kennen. Man ißt hier kein Brot, zumindest was die Einheimischen angeht, dafür aber Reis, Fisch, Fleisch und Nüsse aus dem Land. Wenn es an der Zeit ist, werden wir von ihrem Glauben und ihren Sitten berichten; denn sie leben wie die Leute in Calicut. Von hier an findet man die Gewürze, Pfeffer also, Ingwer, Kardamom, Myrobalane und auch etwas Kassia[36]. Der Ort ist nicht

---

33 Cannanore an der Malabarküste im heutigen Bundesstaat Kerala.

34 Eine portugiesische Flotte kam 1501 nach Cannanore. Ihr Befehlshaber, Pedro Álvares Cabral, schloß mit dem Raja ein Bündnis gegen Calicut, und ein Gesandter begab sich auf die Reise nach Lissabon. Vasco da Gama richtete 1502 eine Faktorei ein, das von Varthema erwähnte Fort St. Angelo entstand 1505 und blieb bis 1663 in portugiesischem Besitz (vgl. BOUCHON, S. 53 ff.).

35 Der Pferdehandel mit Vijayanagar war zeitweise Haupteinnahmequelle Cannanores (BOUCHON, Mamale, S. 28 f.). Der König von Vijayanagar soll den Raja von Cannanore scherzhaft den »Herrn der Pferde« genannt haben (DHARAMPAL-FRICK, S. 262). Vijayanagar kaufte Pferde auf, um die eigene militärische Vormachtstellung zu erhalten (ebd., S. 268).

36 Pfeffer: Früchte des an der indischen Malabarküste heimischen Pfefferstrauches (*Piper nigrum*), seit der Antike in Europa bekannt und im Mittelalter gelegentlich als Zahlungsmittel benutzt.- Ingwer (*Zingiber officinale*): aus dem Wurzelstock der bis zu 2 m hohen, in China und Indien kultivierten Ingwerpflanze gewonnenes Gewürz, medizinisch auch zur Verdauungsförderung, bei Augentrübung und

ringsum von Mauern umgeben; die Häuser machen einen kümmerlichen Eindruck. Hier finden sich außerdem viele Früchte, die von den unseren ganz verschieden sind, und sie schmecken auch viel besser; an passendem Ort will ich den Vergleich versuchen.

Das Land ist geeignet, um dort Krieg zu führen; denn es ist voller Höhlen, die künstlich angelegt wurden. Der König des Landes kann 50 000 Naër[37] aufstellen, das sind Edelleute, die in der Schlacht Schwerter, Schilde, Lanzen, Bogen und jetzt auch Geschütze benützen. Auch hier geht man nackt und barfuß, mit einem Tuch um die Hüften, aber ohne etwas auf dem Kopf; nur wenn sie in die Schlacht ziehen, tragen sie ein Käppchen von roter Farbe um den Kopf, bestehend aus einem Tuch, das zweimal ringsherum gebunden wird, und alle benutzen sie den gleichen Knoten. Pferde, Maultiere, Kamele oder Esel finden keine Verwendung; hier und da wird ein Elefant gebraucht, aber nicht in der Schlacht. An anderem Ort wird von einer Festung die Rede sein, die der König von Canonor gegen die Portugiesen errichtet hat. An diesem Ort herrscht reges Treiben, und jedes Jahr kommen zweihundert Schiffe aus verschiedenen Ländern hierher.

Nach einigen Tagen nahmen wir die Reise in das Königreich Narsinga wieder auf und fuhren fünfzehn Tage über festes Land in östliche Richtung, um schließlich zu einer Stadt namens Bisinagar zu gelangen.

anderem einsetzbar.- Kardamom: Samen von *Elettaria cardamomum* aus der Familie der Gewürzlilien, als Speisewürze wie zur Behandlung von Verdauungsstörungen, Herzbeschwerden, Ohnmacht und ähnlichem verwendet.- Myrobalane (Salbeneichel): stark gerbstoffhaltige Frucht verschiedener, vor allem in Indien beheimateter Langfadengewächse; zum Gerben oder als Abführ- und Magenmittel eingesetzt.- Kassia: Öl aus den Blättern und Rinden des (chinesischen) Zimtbaumes (*Cinnamomum cassia*).

37 Zu den Nair vgl. unten S. 155, 160 Anm. 10, 19.

Bisinagar, ein äußerst fruchtbarer Ort
im Königreich Narsinga in Indien

Die Stadt Bisinagar[38] gehört dem König von Narsinga, und es ist eine riesige Stadt mit starken Mauern, gelegen an der Flanke eines Berges; sie hat einen Umfang von sieben Meilen und besitzt drei Mauerringe. Es ist ein Ort von großer Wirtschaftskraft und Fruchtbarkeit, ausgestattet mit allen Annehmlichkeiten, die man nur haben kann. Sie besitzt die bezauberndste Lage und das beste Klima, das man je gesehen hat, mit idealen Jagdgründen und auch Orten für den Vogelfang, so daß sie einem zweiten Paradiese gleicht. Der König der Stadt ist – wie alle in seinem Reich – ein Heide, also Götzendiener; er verfügt über bedeutende Mittel und hält beständig 40 000 Berittene in Waffen. Dabei muß man wissen, daß ein Pferd mindestens 300, 400 oder 500 Pardao wert ist, und einige werden sogar für 800 Pardao erworben; denn die Pferde kommen nicht von dort, und nur wenige weibliche Tiere trifft man an, weil jene Herrscher, die die Meereshäfen kontrollieren, nicht zulassen, daß sie eingeführt werden. Außerdem besitzt der genannte König vierhundert Elefanten, die er zum Einsatz bringt, wenn er in den Krieg ziehen möchte, ferner zahlreiche Kamele und Dromedare, die sehr schnell laufen können [wann immer der König es braucht].

---

38 Vijayanagar(a), Hauptstadt des gleichnamigen hinduistischen Großreiches, das zur Zeit seiner größten Ausdehnung nahezu ganz Südindien zwischen Malabar- und Koromandelküste umfaßte. Nach der Schlacht bei Talikota (1565) wurde die Millionenstadt geplündert und zerstört (KULKE/ROTHERMUND, S. 212 ff.). Ruinen der Stadtmauer und des königlichen Palastes sowie eine Vielzahl von Tempelanlagen sind erhalten geblieben (bei dem Städtchen Hampi nahe Hospet im Bundesstaat Karnataka). Ähnlich beeindruckt wie Varthema hatten bereits Niccolò de' Conti (vor 1440) und der Russe Afanassij Nikitin (1466/72) die Stadt beschrieben.

Von den Eigenschaften der Elefanten

An dieser Stelle scheint mir die Gelegenheit günstig zu sein, etwas über die Natur der Elefanten zu erzählen [wie ich es oben versprochen habe: Und so sage ich, daß dieses Tier so viel Verstand, Umsicht und Erinnerungsvermögen besitzt, daß ihm nicht viel fehlt, und es wäre ein vernünftiges Wesen; zudem hat es mehr Kraft als jedes andere Tier, das auf Erden lebt]. Wenn die Inder in den Krieg ziehen wollen, legen sie ihm einen Sattel auf (so wie die Maulesel im Königreich Neapel welche tragen), der unten mit zwei eisernen Ketten verschlossen wird; über dem Sattel trägt das Tier auf jeder Seite einen großen Kasten aus starkem Holz, und in jeden Kasten gehen drei Leute hinein. In den Raum zwischen den beiden Kästen und dem Hals des Elefanten legt man eine Planke, die eine halbe Spanne stark ist, und zwischen dieser Planke und den Kästen sitzt ein Reiter, der mit dem Elefanten spricht; denn dieser besitzt mehr Einfühlungsvermögen [und ein besseres Gedächtnis] als jedes andere Tier auf Erden, und er versteht alles, was man ihm sagt; einen Eindruck kann man davon haben, wenn man ihn sich freuen sieht, wenn er gelobt wird. Es sind somit sieben Personen, die auf dem Elefanten reiten; sie sind ausgerüstet mit Kettenhemden, Bogen und Lanzen, mit Schwertern und Schilden; auf die gleiche Weise wird auch der Elefant gepanzert, insbesondere um den Kopf und den Rüssel herum, und an den Rüssel bindet man ein Schwert, das zwei Ellen lang und dick und breit ist wie die Hand eines Mannes. Auf diese Weise kämpfen sie in der Schlacht, und derjenige, der im Nacken des Elefanten sitzt, gibt ihm die Befehle: »Geh vorwärts«, oder »Dreh dich um«, »Schlage nach diesem«, »Schlage nach jenem«, »Genug damit«, und der Elefant versteht dies alles, wie wenn er ein Mensch wäre. Aber wenn sie einmal in Panik geraten, sind sie nicht mehr zu halten [und der Grund dafür ist das Feuer]; denn die Leute dort sind große Meister beim Feuerwerk, und diese Tiere fürchten das Feuer sehr; wenn sie es sehen, jagen sie in wilder Flucht davon. In jedem Fall aber ist der Elefant das

Abbildung 29: Kriegselefant

gescheiteste [und verständigste] Tier, das man auf Erden findet, und auch das stärkste.

Ich selbst habe drei Elefanten ein Schiff vom Meer aufs Land setzen gesehen; wie das geschah, will ich euch erzählen. Als ich mich in Canonor aufhielt, legten einige maurische Kaufleute mit ihrem Boot so an, wie es auch bei uns Christen üblich ist, nämlich den Bug voraus. Hier aber geht die Seite voran, und unter das Schiff legt man drei kräftige Planken; auf der Meeresseite sah ich dann drei Elefanten auf dem Boden knien und mit dem Kopf das Schiff aufs Trockene schieben. Da viele Leute sagen, der Elefant habe keine Gelenke an den Beinen und könne deswegen nicht niederknien[39], sage ich dies für gewiß, daß sie dergleichen besitzen

---

39 Der Kirchenvater Ambrosius († 397) hat dieser verbreiteten Vorstellung besonders anschaulichen Ausdruck verliehen: Da die Elefanten über keine Gelenke an den Beinen verfügten, müßten sie im Stehen schlafen und sich an bestimmte Bäume anlehnen. Dabei könne es vorkommen, daß ein Baum unter dem Gewicht zusammenbreche

wie jedes andere Tier, aber im untersten Teil ihrer Beine. Darüber hinaus sage ich euch, daß die Elefantenkuh viel wilder und stolzer ist als der Bulle, und einige weibliche Tiere sind unberechenbar. Elefanten sind so groß wie drei Büffel und besitzen auch das Fell eines Büffels, aber Schweinsaugen und einen Rüssel, der bis auf den Boden reicht; mit diesem legen sie die Nahrung ins Maul und desgleichen, was sie trinken; denn das Maul liegt bei ihnen unter der Kehle, wie bei einem Schwein oder einem Stör. Der Rüssel ist innen hohl, und mehrmals habe ich gesehen, wie einer damit einen Quattrino[40] vom Boden aufhob oder auch einen Ast von einem Baum herunterzog, den wir, 24 Männer, mit einer Schnur nicht auf den Boden ziehen konnten, und der Elefant tat dies in drei Zügen. Die beiden Zähne, die man sehen kann, befinden sich am Oberkiefer, die Ohren messen zwei Spannen nach jeder Seite, bei den einen mehr, bei den anderen weniger. Die Beine sind oben und unten fast gleich dick; die Füße sind rund wie ein großer Teller, um Fleisch darauf zu schneiden, und rund um den Fuß besitzt er fünf Zehennägel, von denen jeder so groß ist wie die Schale einer Auster. Der Schwanz hängt lang herab wie bei einem Büffel, etwa drei Spannen nämlich, und nur wenige Haare befinden sich daran. Das weibliche Tier ist kleiner als das männliche. Die Größe des Elefanten ist ganz unterschiedlich; ich habe welche gesehen, die dreizehn oder vierzehn Spannen maßen, und auf einigen von dieser Größe bin ich geritten; aber man sagt, daß man auch solche von fünfzehn Spannen [und mehr] finden könne. Sein Gang wirkt sehr schwerfällig, und wer sich nicht daran gewöhnt hat, kann einen Ritt nicht ertragen, denn es dreht einem den Magen um, wie wenn man zur See fährt; die kleinen Elefan-

---

und das Tier nicht mehr aufstehen könne. Elfenbeinjäger machten sich die Schwäche des Elefanten zunutze, indem sie die bevorzugten Bäume auskundschafteten, diese dann heimlich ansägten und die hilflosen Tiere ihrer Stoßzähne beraubten (Hexaemeron VI 5, 31-32).
40 Siehe oben S. 68 Anm. 32.

ten gehen im Paßgang wie ein Maultier, und es ist ein Vergnügen, sie zu reiten. Wenn man ihn reiten will, senkt der Elefant ein Bein nach hinten, und über dieses kann man ihn besteigen; allerdings müßt ihr einander dabei helfen oder euch helfen lassen. Ferner muß man wissen, daß dem Elefanten weder Zaumzeug noch Zügel angelegt noch sonst etwas am Kopf befestigt wird. Wenn er [sich mit einem Weibchen zusammentun und] Nachwuchs zeugen möchte, zieht er sich an einen geheimen Ort zurück, ins Wasser in sumpfigen Gegenden etwa [und zeigt damit, daß er sich schämen würde, beobachtet zu werden[41]]; und sie vereinigen sich, so wie es Mann und Frau tun [auch wenn viele Leute sagen, daß sich vielmehr der eine mit dem anderen paare]. In einigen Ländern habe ich auch erfahren, daß die Rute eines Elefanten als das schönste Geschenk gilt, das man einem König machen kann; dieser ißt sie dann [wie wenn sie etwas ganz besonders Wertvolles wäre]; denn in manchen Gegenden ist ein Elefant 500, in anderen 1000 oder 2000 Dukaten wert. Abschließend kann ich feststellen, daß ich so manchen Elefanten gesehen habe, der mehr Intelligenz, Geschick und Gemüt besaß als viele Leute, die ich traf.

Der König von Narsinga,
die Bräuche der Völker, die ihm unterworfen sind,
und das Geld, das er prägen läßt

Der König von Narsinga[42] ist der größte König, von dem ich jemals habe reden hören, was seine Reichtümer angeht wie auch im Hinblick auf die Zahl der Länder, die ihm untertan

---

41 Von der angeblichen Schamhaftigkeit der Elefanten war bereits beim älteren Plinius zu lesen (Naturgeschichte VIII 13).
42 Gemeint ist Vira Narasimha, der erste Herrscher in Vijayanagar aus der Tuluva-Dynastie (1505-1509).

sind. Die Stadt Bisinagar ähnelt in ihrer Schönheit und Lage
Mailand sehr, aber jenes liegt in der Ebene und dieses an der
Flanke eines Berges; hier befindet sich die Residenz des
Königs, und seine Reiche liegen im Umkreis, wie es im Königreich Neapel der Fall ist und in der Stadt Venedig, nämlich auf
beiden Seiten vom Meer umgeben[43]. Seine Brahmanen, das
sind Priester, sagen, daß er jeden Tag 12 000 Pardao an Einkünften beziehe; er hält zahlreiches Volk in Diensten, weil er
ständig mit verschiedenen maurischen und heidnischen
Königen im Streit liegt. Sein Glaube ist der Götzendienst, und
sie beten den Teufel an, wie dies auch die Leute in Calicut
tun: Auf welche Weise sie ihn anbeten, werden wir berichten,
wenn es Zeit dazu ist; man lebt dort eben auf heidnische Art.
Ihre Kleidung ist folgende: Die Männer von Rang tragen ein
kurzes Hemd und auf dem Kopf ein buntes Tuch nach maurischer Art, an den Füßen aber gar nichts; die einfachen Leute
gehen völlig nackt, nur eben, daß sie ein Tuch um die
unziemlichen Teile binden. Der König trägt eine Mütze aus
Goldbrokat von zwei Spannen Länge und, wenn er in die
Schlacht zieht, ein mit Baumwolle unterfüttertes Gewand,
darüber ein zweites Gewand voll mit Goldplättchen und
übersät mit Edelsteinen verschiedener Art. Sein Pferd ist
mehr wert als jede unserer Städte, und zwar wegen des
Schmucks von Juwelen und wertvollen Steinen, die es trägt.
Wenn er zu seinem Vergnügen [oder zur Jagd] ausreitet, wird
er regelmäßig von drei oder vier Königen, zahlreichen Adligen und fünftausend bis sechstausend Reitern begleitet,
damit man gleich erkennen kann, was für ein mächtiger Herr
er ist. Die Währung in seinem Reich sind, wie ich schon sagte,
Pardao aus Gold [von denen einer ungefähr einen Golddukaten wert ist]; außerdem läßt er eine silberne Münze schlagen,

---

43 Vom Arabischen Meer im Westen und vom Golf in Bengalen im
Osten.

genannt *fanon*[44] [die etwa einen halben Marcello in Silber[45] aufwiegt]; ferner gibt es eine Kupfermünze, genannt *cas*[46], und sechzehn davon machen einen *fanon* [was bedeutet, daß ein *cas* in etwa einem italienischen Quattrino entspricht].

In diesem Reich kann man gefahrlos überall hingehen, aber hüten sollte man sich vor einigen Löwen[47], die am Wege lauern. Von der Nahrung will ich gegenwärtig nicht sprechen, weil ich es beschreiben werde, wenn wir in Calicut sind; denn die Lebensweise ist hier wie dort dieselbe. Der König ist ein großer Freund der Christen, ganz besonders des Königs von Portugal, da er von anderen Christen nicht viel weiß. Seine Länder erweisen den Portugiesen große Ehren, wenn diese dort hinkommen.

Nachdem wir uns diese so beeindruckende Stadt einige Tage lang angesehen hatten, kehrten wir nach Canonor zurück; dort angekommen, machten wir uns drei Tage später auf den Weg über Land zu einer anderen Stadt, genannt Tromapatan.

Von Tromapatan, einer Stadt in Indien, sowie von Pandarane und Capogatto

Tromapatan[48] liegt von Canonor zwölf Meilen entfernt, und der Herrscher dort ist ein Heide. Der Ort ist nicht sonderlich reich, liegt eine Meile hinter dem Meer und besitzt einen nicht

---

44 Fanam, Münzeinheit in Südindien, zunächst von Gold, dann auch in Silber geprägt: von Portugiesen, Franzosen und Dänen in ihren kolonialen Stützpunkten übernommen.
45 Venezianische Silbermünzen im Wert von einer halben Lira, benannt nach dem Dogen Niccolò Marcello (1473/74).
46 Kasu (Karsha), kleinste indische Münze; ihr Name erscheint später in abgewandelter Form über ganz Ostasien verbreitet (Cash, Kupferkäsch).
47 Tiger.
48 Dharmapatam bei Tellicherry südlich von Cannanore.

allzu großen Fluß; zahlreiche Schiffe maurischer Kaufleute sind hier zu finden. Die Leute des Ortes leben kümmerlich, und der größte Reichtum, der zu sehen ist, sind die Nüsse aus Indien[49]; man ißt sie zusammen mit ein wenig Reis. Außerdem gibt es dort reichlich Holz für den Schiffsbau. Am Ort leben ungefähr 15 000 Mauren, sie unterstehen dem Sultan oder dem erwähnten heidnischen Herrn. Für den Augenblick sage ich nichts über ihr Leben, weil davon in Calicut noch geschrieben werden soll; denn es ist hier wie dort derselbe Glaube. In dieser Stadt gibt es nicht viele ordentliche Häuser; denn eines ist nur einen halben Dukaten wert, wie ich weiter unten noch erklären werde.

Wir hielten uns hier zwei Tage auf und machten uns dann auf den Weg, um einen Tag weiter zu einem Ort namens Pandarane zu gelangen; er gehört dem Sultan von Calicut, ist recht traurig anzusehen und besitzt keinen Hafen. Gegenüber dieser Stadt, etwa drei Meilen entfernt, befindet sich eine kleine unbewohnte Insel. Leben und Bräuche in der Stadt gleichen denen in Calicut, und es ist kein ebener Ort, sondern liegt in der Höhe. Von hier fuhren wir weiter und kamen zu einem weiteren Ort, genannt Capogato[50], der gleichfalls dem König von Calicut untertan ist. Dieser Ort besitzt einen prächtigen Palast, gebaut nach Art der Alten[51], liegt an einem Flüßchen, das nach Süden fließt, und ist von Calicut vier Meilen entfernt. Sonst gibt es nichts zu sagen; denn die Leute befolgen auch hier die Bräuche und Sitten von Calicut.

Von hier aus gelangten wir zu der vornehmen Stadt Calicut. Ich habe euch nichts erzählt über den Lebensunterhalt, die Bräuche, den Glauben, das Rechtswesen, die Kleidung und

---

49 Kokosnuß (*nux Indiae*).
50 Panthalayini Kollam und Cotaport an der Malabarküste zwischen Cannanore und Calicut.
51 Nach römischer Art.

das Land in Cevul, Dabul oder Bathecala, weder über den König von Onor noch von Mangolor oder Canonor und nicht einmal über die Könige von Cocchin, Caicolom oder Colan[52], und ebensowenig habe ich vom König von Narsinga gesprochen. Nun aber will ich euch von Calicut berichten; denn dieser König ist der würdigste von allen, die ich bisher behandelt habe; er nennt sich Samoryn, was in der Sprache der Heiden heißen soll:»Gott auf Erden«[53].

---

52 Cochin, Kayankulam, Coulam (siehe unten S.189, 241)
53 Europäische Bezeichnung für die Rajas von Calicut, deren Titel (Samutiri:»Herr der Meere«) von den Portugiesen mißverstanden und verballhornt wurde.

Zweites Buch von Indien

Mit der Ankunft in Calicut, der Hauptstadt Indiens, dem Orte
also, dem die größte Bedeutung in Indien zukommt, schien es
uns sinnvoll, das erste Buch zu beenden und das folgende zu
beginnen: einmal, um nun dem geneigten Leser Dinge von
größerer Bedeutung und Erbaulichkeit vor Augen zu stellen,
aber auch, damit sein Wohlwollen uns bei der Beschreibung
unserer Reise zu Hilfe komme und das Vergnügen, das er
daran hat, die Kräfte unseres Geistes vermehre; freilich bleibt
das Urteil über all das, was ich dazu zu sagen habe, jenen
Männern überlassen, die womöglich noch mehr Länder als
ich gesehen haben.

Von Calicut, einer wirklich großen Stadt in Indien

Calicut[1] liegt auf dem Festland, und das Meer schlägt gegen
die Mauern der Häuser. Einen Hafen gibt es hier nicht, aber
eine Meile weiter südlich verläuft ein Fluß nach Süden, der

---

1 Calicut (heute Kozhikode im Bundesstaat Kerala), das bereits von Niccolò de' Conti erwähnt wurde (S. 164), überragte alle anderen Für-
stentümer an der Malabarküste politisch und wirtschaftlich. Die Rajas
(der »Samorin«) beanspruchten die Oberhoheit über Cannanore,
Cochin, Kottyam, Tanur, Cranganore und die anderen lokalen Herren,
und der Hafen diente als Stapelplatz für den indischen Markt. Vasco da
Gama ließ sich 1498 nach Calicut führen, geriet aber in Streit mit dem
Samorin und der Gemeinschaft der muslimischen Kaufleute, die seit
dem 7. Jahrhundert in Calicut ansässig waren und mit der Ankunft der
Portugiesen ihre Handelsinteressen gefährdet sahen. 1510 wurde Cali-
cut von Afonso de Albuquerque erobert und zerstört, danach von den
Portugiesen als befestigter Handelshafen genutzt.

Abbildung 30: Calicut

noch bei der Mündung recht schmal und nicht mehr als fünf
oder sechs Spannen tief ist; dies deshalb, weil er sich in zahlreiche Zweige teilt [die sich über das flache Land ergießen
und Felder und Gärten bewässern]; danach wendet sich dieser
Fluß gegen Calicut und fließt mitten durch die Stadt. Diese
besitzt keine Mauern ringsum, sondern die dichte Besiedlung
hält nur ungefähr eine Meile an, und danach wird die Bebau-
ung weiträumig, das heißt, ein Haus steht von dem anderen
getrennt [entweder aus Furcht vor Feuer oder weil man sie
nicht anders zu bauen weiß]; sie ziehen sich über ungefähr
sechs Meilen hin und wirken sehr kümmerlich, ihre Mauern
sind so hoch wie ein Mann zu Pferd und meistenteils mit Blättern bedeckt; einen Fußboden besitzen sie nicht. Der Grund
dafür ist der, daß man schon fünf oder sechs Spannen unter
der Erde auf Wasser trifft, das kein Fundament für feste Mauern legen läßt; aus diesem Grund können sie größere Gebäude
nicht errichten. Gleichwohl kostet das Haus eines Kaufmanns
fünfzehn bis zwanzig Dukaten; die Hütten der einfachen

Leute kosten jeweils einen halben, einen ganzen oder, wenn es hoch kommt, zwei Dukaten.

Der König von Calicut
und die religiösen Bräuche des Landes

Der König von Calicut ist Heide und betet den Teufel an. Wie er das tut, werdet ihr hören. Sie bekennen, daß ein einziger Gott den Himmel, die Erde und die ganze Welt erschuf [und auch, daß er die erste Ursache aller Dinge ist][2]; ferner behaupten sie: Wenn er euch oder mich oder einen Dritten und Vierten richten wolle, dann habe er kein Verlangen, selbst zu herrschen; vielmehr habe er einen seiner Geister, den Teufel, ausgesandt, in dieser Welt für Gerechtigkeit zu sorgen; wen er belohnen möchte, den belohnt der Teufel, und wen er bestrafen möchte, den bestraft der Teufel. Man nennt ihn den Deumo[3], und Gott heißen sie: Tamerani[4]. Diesen Deumo verehrt der König von Calicut in seiner Kapelle auf folgende Weise: Die Kapelle mißt zwei Schritte im Quadrat und ist vier[5] Schritte hoch; sie besitzt eine geschnitzte hölzerne Tür, übersät mit Darstellungen des Teufels im Relief; inmitten der Kapelle befindet sich eine Teufelsfigur aus Metall, die auf einem metallenen Sitz thront. Er trägt eine Krone, die wie die des Papstes aus drei Kronen zusammengesetzt ist, ferner hat er vier Hörner und vier Zähne in einem riesigen, aufgesperrten Maul, eine [unförmige] Nase und grauenvolle Augen [die

---

2 Brahma, Schöpfer der Welt und Herr des Himmels, in hinduistischem Verständnis das höchste Wesen, von dem alle anderen Gottheiten hergeleitet werden. Seltsamerweise gibt es nur eine einzige geweihte Pilgerstätte und wenige Orte, an denen Brahma allein verehrt wird (HAUSSIG, S. 53 f.).
3 Wahrscheinlich von Dewa:»Gottheit«.
4 Malayalam *tamburan*:»Herr«.
5 In der Ausgabe von 1510 ist eine Höhe von drei Schritten angegeben.

Abbildung 31: Götzenbild in Calicut

ganz fürchterlich dreinblicken]; seine Hände sind hakenför-
mig gekrümmt, die Füße sehen aus wie die eines Hahns: Es ist
grauenvoll, ihn anzuschauen. Alle Abbildungen ringsum in
der Kapelle stellen den Teufel dar, und auf jeder ihrer Seiten
befindet sich eine Satansfigur, die auf einem Thron sitzt; dieser wiederum steht in einem Feuer, in dem sich eine große
Zahl von eineinhalb Finger großen Seelen befindet; der Satan
hält eine der Seelen in der rechten Hand und ist gerade dabei,
sie zu verschlingen, mit der anderen Hand holt er eine weitere
Seele von unten herauf.

Jeden Morgen kommen die Brahmanen, das sind Priester,
um das Götzenbild von Kopf bis Fuß mit duftendem Wasser zu
waschen; danach parfümieren sie es, und wenn es parfümiert
ist, beten sie es an. Zu verschiedenen Malen im Laufe der
Woche bringen sie ihm auf folgende Weise ein Opfer dar: Sie
haben einen kleinen Tisch, hergerichtet und geschmückt wie
ein Altar; in der Höhe mißt er drei Spannen, in der Breite vier,
in der Länge fünf und ist schön verziert mit Rosen, Blüten und

152

anderen duftenden Anmutigkeiten; darauf stellen sie das Blut eines Hahns und glühende Kohlen in einem Silbergefäß mit verschiedenen Duftstoffen darüber; mit sich führen sie ein Weihrauchfaß, mit dem sie rings um den Altar räuchern, und eine Silberglocke, die sie immer wieder schlagen. In Händen halten sie ein silbernes Messer, mit dem sie den Hahn geschlachtet haben, und dieses tauchen sie in das Blut, legen es einige Male ins Feuer, nehmen es wieder heraus und vollführen ein paar Streiche wie ein Fechtmeister; am Ende ist das Blut völlig verbrannt, und die ganze Zeit brennen Kerzen aus Wachs dazu. Der Priester, der das Opfer durchführt, trägt an Armen, Händen und Füßen mehrere Bänder aus Silber, die ein lautes Geräusch – wie von Glocken – erzeugen, und um den Hals trägt er ein Amulett (von dem ich nicht weiß, was es darstellt)[6]. Wenn er das Opfer beendet hat, nimmt er beide Hände voll Weizen, tritt vom Altar zurück und schreitet, die Augen immer auf den Altar gerichtet, nach hinten, bis er einen bestimmten Baum erreicht; dort angelangt, wirft er den Weizen, so hoch er kann, über den Baum; danach kehrt er zurück und räumt alles ab, was auf dem Altar liegt.

Von den Mahlzeiten des Königs von Calicut und von den Zeremonien, die dabei üblich sind

Wenn der König von Calicut speisen möchte, beobachtet er folgenden Brauch: Vier von den höchsten Brahmanen nehmen die Mahlzeit, die für den König bestimmt ist, und bringen sie zum Bild ihres Teufels; zuerst aber verehren sie ihn folgendermaßen: Sie heben die geschlossenen Hände über den Kopf und führen dann die immer noch geschlossenen Hände zu sich, wobei der Daumen nach oben weist; danach reichen sie

---

6 Wahrscheinlich ein Behälter mit einem Lingam, dem Symbol der männlichen Energie und Zeichen der Verehrung Shivas.

dem Teufel jene Mahlzeit, die dem König gehört, und stehen so lange dabei, wie jemand zum Essen benötigt. Dann bringen die Brahmanen dieselben Speisen zum König, und dies alles tun sie ausschließlich, um jenem Götzenbild Ehre zu erweisen, damit es so aussieht, wie wenn der König nichts essen wolle, bevor es dem Deumo dargebracht wurde. Die Mahlzeit selbst wird in einer hölzernen Schüssel serviert, in der sich ein übergroßes Blatt von einem Baum befindet, und auf diesem Blatt wird das Essen angerichtet[7]; es besteht aus Reis und anderen Dingen. Der König ißt auf dem Boden sitzend, ohne irgend etwas anderes dabei; währenddessen stehen die Brahmanen um ihn in großer Ehrfurcht und halten drei oder vier Schritte Abstand; sie stehen in demütiger Haltung mit den Händen vor dem Mund und gebeugtem Rücken; während der König spricht, würde niemand wagen, etwas zu bemerken, und während sie seinen Worten lauschen, bewahren sie große Ehrfurcht. Wenn der König mit dem Mahl geendet hat, nehmen die Brahmanen jene Speisen, die er übriggelassen hat, bringen sie zu einem Innenhof und setzen sie auf den Boden; danach schlagen die Brahmanen dreimal in die Hände, und auf dieses Zeichen hin kommt eine große Zahl schwarzer Krähen herbei und frißt die Speisen auf. Diese Krähen sind an dergleichen gewöhnt, leben in völliger Freiheit und gehen, wohin sie wollen; niemand würde ihnen ein Leid antun.

Von den Brahmanen, das sind die Priester in Calicut

Zu erfahren, was für Leute diese Brahmanen sind, ist nützlich und unterhaltsam zugleich; man muß nämlich wissen, daß sie in Glaubensdingen den Ton angeben, so wie es bei uns die Priester tun. Wenn der König heiratet, sucht er den würdigsten und ehrenwertesten unter den Brahmanen aus und läßt ihn

---

7 Bananenblätter.

154

die erste Nacht mit seiner Gemahlin verbringen, damit er ihr die Jungfernschaft nehme; glaubt aber ja nicht, daß der Brahmane gerne ans Werk geht, vielmehr muß der König ihm vierhundert oder fünfhundert Dukaten dafür zahlen[8]. Diesen Brauch übt in Calicut nur der König und niemand anderer. Nun wollen wir berichten, wie viele Arten von Heiden es in Calicut gibt.

Von den Heiden in Calicut und wieviele Arten es von ihnen gibt

Die erste Kaste unter den Heiden, die in Calicut leben, nennt sich Brahmanen[9]; sie sind die Priester und genießen mehr Wertschätzung als jedermann sonst. Die zweite sind die Naër[10], die etwas ähnliches darstellen wie bei uns die Edelleute; sie sind verpflichtet, Schwert und Schild oder Bogen oder auch Lanzen zu tragen, wann immer sie auf die Straße

---

8 Ähnliches wird auch von Reisenden des 18. und 19. Jahrhunderts berichtet (Alexander Hamilton 1727, Francis Buchanan 1807).

9 Priesterkaste, deren Angehörige durch ihre Abstammung zur Durchführung der Rituale qualifiziert sind. In Kerala heißen sie Nambutiri-Brahmanen und galten noch im späten 19. Jahrhundert in orthodoxen Kreisen als die »Vertreter Gottes auf Erden«. Um die Brahmanen nicht durch ihre Nähe oder gar Berührung zu verunreinigen, hatten die Angehörigen aller anderen Kasten auf Abstand zu achten (THURSTON, Bd. 5, S. 152 ff.).

10 Nair (Nayar), Kriegerkaste in Kerala. Zwar stehen die Nair unter den Brahmanen und sollen wenigstens sechs Schritte Abstand halten; aber wegen ihrer überragenden Stellung in Politik, Heer, Verwaltung und den Dorfgemeinschaften ergaben sich vielfältige Kontakte und sogar Heiratsverbindungen zwischen den beiden obersten Kasten. Berühmt wurden die Nair als Beispiel für die matrilineare Organisation von Ehe- und Erbrecht: Die verheiratete Frau zog nicht in das Haus des Mannes, sondern blieb in der eigenen Familie und wurde vom Ehemann (oder von den Ehemännern; vgl. unten Anm. 19) in regelmäßigen Abständen besucht. Die Kinder wuchsen unter Aufsicht des Onkels mütterlicherseits auf, die Väter hatten weder Rechte noch ein besonderes Interesse an ihnen (THURSTON, Bd. 5, S. 283 ff.).

Abbildung 32: Nair-Krieger

gehen; wenn sie keine Waffen trügen, würden sie nicht mehr zum Adel zählen. Die dritte Kaste unter den Heiden heißt Tiva[11], das sind die Handwerker. Die vierte nennt sich Mechor[12]; sie sind Fischer. Die Angehörigen der fünften heißen Poliar[13]; sie ernten Pfeffer, Wein und Nüsse. Die sechste heißt Hitava[14], und diese Leute säen und ernten den Reis.

---

11 Tiya, Handwerkerkaste in Kerala, die ihren Ursprung auf einen Sohn Shivas zurückführt, der erniedrigt wurde, da er einen Brahmanen tötete. Von den Brahmanen müssen die Tiya mindestens 36 Schritte entfernt bleiben.

12 Mukkuvan, Kaste der Fischer an der Malabarküste (THURSTON, Bd. 5, S. 106 ff.).

13 Pulayan, Kaste der Landarbeiter und Tagelöhner (in Nordkerala: Cheruman); Entfernung von den Brahmanen: mindestens 96 Schritte (THURSTON, Bd. 2, S.45 ff.).

14 Vettuvan, mit den Pulayan auf dem untersten Rang der sozialen und religiösen Hirachie. Daß Varthema das Kastensystem an der Malabarküste aber keineswegs erschöpfend behandelt hat, geht aus den ausführlicheren Beschreibungen bei Duarte Barbosa hervor (RAMUSIO 2, S. 630 ff.).

Diese beiden letzten Kasten, nämlich die Poliar und Hitava, können weder den Brahmanen noch den Naër näher als fünfzig Schritte kommen, es sei denn, sie würden von diesen gerufen. Immer gehen sie auf verborgenen Wegen und durch Pfützen, und dabei geben sie mit kräftiger Stimme Laute von sich; das tun sie, um nicht den Naër oder gar den Brahmanen über den Weg zu laufen; tun sie es nicht, und die Naër kommen des Weges, um nach der Ernte auf den Feldern zu sehen, und sie treffen diese Leute, dann haben die Naër das Recht, sie zu töten, ohne dafür bestraft zu werden; das ist der Grund, weshalb sie ständig Schreie ausstoßen. So, nun habt ihr von den sechs Kasten der Heiden gehört.

Von der Kleidung des Königs, der Königin
und der anderen Leute in Calicut
und auch von ihren Speisen

Die Kleidung des Königs wie der Königin und aller anderen Eingeborenen des Landes sieht so aus, daß sie nackt und barfuß daherkommen; nur ein Tuch aus Baumwolle oder Seide tragen sie um die unziemlichen Stellen, nichts aber auf dem Kopf; ausgenommen sind nur einige maurische Kaufleute, die eine kurze Weste tragen, die bis zur Hüfte reicht; alle Heiden aber gehen ohne Hemd, und auch die Frauen gehen nackt und unbeschuht wie die Männer; dazu tragen sie lange Zöpfe. Was das Essen des Königs und der Edelleute angeht, so verspeisen sie kein Fleisch ohne Erlaubnis der Brahmanen; aber die anderen Kasten essen jede Sorte Fleisch, nur Rindfleisch ausgenommen, und jene, die sich Hitava und Poliar nennen, essen Mäuse und Fisch, der an der Sonne getrocknet wurde.

Von der Nachfolge des Königs
und von den Zeremonien, die dabei durchgeführt werden

Wenn der König stirbt und wenn er Söhne hinterläßt oder Neffen von seiten seines Bruders, dann folgen ihm weder die Söhne noch sein Bruder oder die Neffen im Königtum nach, sondern das Erbe und damit die Königsherrschaft tritt der Sohn einer seiner Schwestern an; wenn aber keine Schwestersöhne vorhanden sind, wird derjenige Thronfolger, der dem König am nächsten stand; und dies geschieht, weil die Brahmanen der Königin die Magdschaft genommen haben. Und wenn der König auf Reisen ist, bleiben die Brahmanen (und sei es, daß einer nur zwanzig Jahre alt ist) im Palast, um die Königin zu beaufsichtigen, und der König hält es für die höchste Ehre, wenn die Brahmanen mit der Königin vertrauten Umgang haben [sooft es ihnen gefällt]; aus diesem Grund sagt man, daß seine Schwester und er selbst gewiß sein können, von demselben Fleisch zu stammen; über die Söhne seiner Schwester weiß er genauer Bescheid als über die eigenen, und deshalb geht das Erbe an der Königsherrschaft auf die Söhne der Schwester über[15].

Nach dem Tod des Königs rasieren sich alle Bewohner des Reiches den Bart und das Haupt, ausgenommen nur einige Stellen an Kopf und Bart, je nach Belieben der Leute; außerdem dürfen die Fischer acht Tage lang keine Fische mehr fangen. Wenn ein naher Verwandter des Königs stirbt, befolgen sie dieselben Bräuche, und der König nimmt sich aus Ehrfurcht vor, ein Jahr lang mit keiner Frau zu schlafen oder

---

15 Da die Herrscher in Calicut der Kaste der Nair angehörten, unterlag auch ihre Nachfolge den Regeln des Erbrechts, wie sie in mutterrechtlich organisierten Gesellschaften befolgt werden: Nachfolge des Schwestersohnes und Ausschluß der eigenen Kinder. Daß die Jungfräulichkeit der Königin den Brahmanen gehöre, geht auf mißverstandene Informationen zu den Heiratsbräuchen in der Kriegerkaste zurück: Wenn eine Nair-Frau heiratete, ging sie zuerst eine rituelle Verbindung mit einem Nambutiri-Brahmanen ein, bevor die eigentliche Hochzeit (die »Heirat zweiten Grades«) stattfand und die Ehe vollzogen wurde (DHARAMPAL-FRICK, S. 143 Anm. 127).

keinen Betel mehr zu kauen; dieser sieht aus wie die Blätter der Zitrone, und die Leute sind gewohnt, ständig davon zu essen; er bedeutet ihnen so viel wie uns das Konfekt, und man ißt davon eher aus Völlerei und Luxus als aus sonst einem Grund. Wenn sie von diesen Blättern etwas zu sich nehmen, dann ißt man dazu eine Frucht, die *coffolo* heißt, und der Baum, an dem der *coffolo* wächst, heißt *areca*[16]; er ist geformt in der Art eines Dattelbaumes und bringt auch Früchte auf ähnliche Weise hervor; zusammen mit jenen Blättern nimmt man etwas Muschelschalenkalk ein, und diesen nennt man *cionama*[17].

Wie die Heiden manchmal ihre Frauen tauschen

Die Vornehmen und Kaufleute bei den Heiden haben dort folgende Gewohnheit: Wenn da etwa zwei Kaufleute sind, die miteinander gut befreundet sind [und einander gerne haben] und jeder von ihnen eine Ehefrau hat, dann sagt der eine Kaufmann zu dem anderen[18]: »Sind wir denn jetzt nicht schon lange Zeit Freunde gewesen?« Darauf antwortet der andere: »In der Tat, schon lange bin ich dein Freund [und mit solcher Zuneigung, wie sie größer nicht sein könnte].« Sagt der erste: »Sagst du auch die Wahrheit, daß du wirklich mein Freund bist?« Darauf der andere: »Ja, ganz gewiß.« Der erste: »Bei Gott?« Der andere: »Bei Gott.« Sagt der erste: »Dann tauschen

---

16 Zum Betelkauen vgl. oben S. 126 Anm. 12.

17 *Chunam*: »Kalk«.

18 Das folgende Gespräch ist in der Erstausgabe von 1510 auch in einem Dialekt des Malayalam, der an der südlichen Malabarküste gesprochenen dravidischen Sprache, wiedergegeben. Varthemas Übersetzungen geben den Sinn nicht wörtlich, aber annähernd wieder (AUBIN, Deux Chrétiens, S. 40 Anm. 36). Ramusio hat die originalsprachigen Partien fortgelassen.

wir doch deine Frau, damit ich dir die meine gebe.« Darauf antwortet der andere:»Gibst du sie mir von Herzen?« Sagt der erste:»Ja, bei Gott«, und der andere erwidert:»Dann komm mit mir zu meinem Haus.« Zu Hause angekommen, ruft er seine Ehefrau und sagt zu ihr:»Frau, komm her; geh mit diesem, damit er dein Mann jetzt ist.« Darauf erwidert die Dame:»Warum? Sprichst du die Wahrheit, bei Gott?« Da antwortet ihr Mann:»Ich sage die Wahrheit.« Darauf die Frau:»Nun gut; ich gehe.« Und darauf begibt sie sich mit seinem Kameraden zu dessen Haus. Dann befiehlt der Freund auch seiner Frau, daß sie mit dem anderen gehe, und auf diese Weise tauschen sie ihre Frauen aus; die Kinder aber bleiben bei den Vätern. In anderen Bevölkerungsschichten der Heiden hat eine Frau fünf, sechs oder sieben, ja sogar acht Ehemänner, und einer schläft mit ihr in der einen Nacht, ein anderer in der anderen; und wenn sie Kinder zur Welt bringt, bestimmt sie darüber, wer zu diesem Vater gehört und wer zu jenem, und so leben sie, wie die Frau es gesagt hat[19].

Von Lebensweise und Gerechtigkeit bei den Heiden

Diese Heiden essen auf der Erde sitzend von einer Schale aus Metall, und als Löffel gebrauchen sie ein Blatt von einem Baum; ständig essen sie Reis, Fisch, Gewürze und Obst. Bei den beiden Bauernkasten[20] ißt man den Reis mit der Hand aus dem Kochtopf, und wenn sie den Reis aus dem Topf nehmen, formen sie daraus eine Kugel und stopfen diese dann in den Mund.

---

19 Polyandrie war in der Kaste der Nair verbreitet und wurde mit den kriegerischen Verpflichtungen der Männer begründet, die den Einzelnen fast völlig in Anspruch nähmen. Die Vaterschaft galt immer als unsicher. Sprichwörtlich hieß es:»Hunde und Nair kennen ihre Väter nicht« (THURSTON, Bd. 5, S. 307 ff.; GOUGH, S. 23 ff.).
20 Pulayan und Vettuvan.

VII. Cannanore

VIII. Calicut

IX. Sog. King-Hamy-Karte 1502–1505: Calicut und Ceylon

Abbildung 33: Hinrichtung durch Pfählen

Was die Gerechtigkeit angeht, die bei ihnen geübt wird, sieht es damit folgendermaßen aus: Wenn einer einen arglistig umbringt, läßt der König einen Pfahl anfertigen, der vier Schritt lang und vorne zugespitzt ist, und zwei Spannen unterhalb der Spitze läßt er zwei Stöcke kreuzweise anbringen; dieses Holz wird dann mitten im Rückgrat des Verbrechers angelegt und durch den Körper getrieben; so kommt er auf dem Kreuz zu liegen und stirbt daran; dieses Martyrium heißen sie *uncalver*. Wenn aber jemand einen anderen verwundet oder verprügelt, läßt ihn der König Geld bezahlen und dann frei. Und wenn einer von einem anderen Kaufmann eine Summe Geldes zu bekommen hat und ein Schriftstück von den Schreibern des Königs (von denen er gut hundert hat) dabei zum Vorschein kommt, wird folgendermaßen vorgegangen: Gesetzt den Fall, mir schuldet einer 25 Dukaten, und er hat schon vielfach versprochen, sie zurückzuzahlen, und gibt sie mir dennoch nicht; da ich nicht länger warten und ihm auch keinen weiteren Termin setzen möchte [gehe ich zum ober-

Abbildung 34: Rechtspflege in Calicut

sten der Brahmanen (von denen es etwa hundert gibt); ausführlich über den wahren Sachverhalt informiert, nämlich daß dieser mein Schuldner ist], gibt er mir einen grünen Zweig in die Hand; danach schleiche ich mich ganz leise von hinten an meinen Schuldner heran, und mit dem Zweig versuche ich, auf der Erde einen Kreis um ihn herumzuziehen; wenn es mir gelingt, ihn in den Kreis zu bannen, sage ich dreimal die folgenden Worte zu ihm: »Ich befehle dir beim Haupt des [obersten] Brahmanen und des Königs, daß du nicht von hier weggehst, ohne mich zu bezahlen und mich zufriedenzustellen in dem, was du mir schuldest.« Er aber muß mich zufriedenstellen oder er müßte an jenem Ort [vor Hunger sterben], auch wenn ihn niemand bewacht; sollte er aber aus dem Kreis heraustreten, ohne seine Schulden bezahlt zu haben, würde ihn der König totschlagen lassen[21].

Von dem Gebet der Heiden und wie sie speisen

Des Morgens in aller Frühe gehen die Heiden zum Waschen an einen Tank (das ist wie ein Graben mit stehendem Wasser), und wenn sie gewaschen sind, dürfen sie keine Person mehr berühren, bevor sie [zu ihrem Idol] gebetet haben, und dies geschieht zu Hause. Sie tun das auf folgende Weise: Sie liegen mit ausgestrecktem Körper und ganz abgesondert auf der Erde; dabei vollführen sie bestimmte diabolische Kunststückchen mit verdrehten Augen und auch mit dem Mund [den sie auf gräßliche und abscheuliche Weise verzerren]; dies dauert etwa eine Viertelstunde. Danach ist es Zeit zu speisen, und sie können nur essen, wenn die Speise von einem vornehmen Herrn zubereitet wurde; denn die Frauen kochen für sich. Zu diesem Zweck haben sie Edelleute [die für das Essen sor-

---

21 Marco Polo (Kap. 175) erzählt das gleiche mit ähnlichen Worten.

gen][22], und die Frauen kümmern sich um nichts anderes [und haben nichts anderes im Sinn], als sich zu baden und zu parfümieren [um den Männern zu gefallen]. Und jedes Mal, wenn der Ehemann mit seiner Frau zusammensein will, begibt sie sich sogleich ins Bad und parfümiert sich auf feinste Weise; aber auch sonst kommen sie immer wohlriechend daher und sind behängt mit Schmuck, an den Händen, den Ohren, den Füßen und Armen. [Es ist eine Lust, sie anzuschauen.]

Wie die Leute in Calicut kämpfen,
außerdem auch von verschiedenen anderen ihrer Bräuche
und aus wievielen Städten und Ländern die Kaufleute
kommen, die sich in dieser Stadt befinden

Für gewöhnlich übt man jeden Tag mit Schwertern, Schilden und Lanzen [und dafür haben sie viele gute Fechtmeister]. Und wenn sie in den Krieg ziehen, führt der König von Calicut ständig 100 000 Fußsoldaten mit sich; denn hier hält man keine Pferde, dafür gibt es Elefanten, von denen einige für den persönlichen Gebrauch des Königs [einige andere für seine Edelleute] bestimmt sind. Alle Leute tragen eine seidene Binde von roter Farbe, die um den Kopf gewunden wird, und führen Schwert, Schild, Lanze und Bogen mit sich. Die Standarte oder Fahne des Königs ist ein rundes Ding, hergestellt aus den Blättern eines Baumes, die miteinander verbunden sind wie der Boden eines Fasses; man trägt sie an der Spitze eines Rohrs, und damit wird dem Haupt des Königs Schatten

---

22 Wahrscheinlich hatte Varthema etwas von den Regeln erfahren, die jeder Hindu bei der Nahrungsaufnahme beachten mußte: Von Angehörigen niederer Kasten Speisen zu empfangen, wurde als Verunreinigung verstanden, die durch aufwendige Reinigungsrituale behoben werden mußte. Als zulässig galt, von den Angehörigen der eigenen oder einer höheren Kaste Essen anzunehmen. Brahmanen konnten jedermann mit Nahrungsmitteln versorgen.

gespendet[23]. Wenn in der Schlacht das eine Heer vom anderen noch zwei Armbrustschüsse entfernt ist, sagt der König zu den Brahmanen:»Geht auf die Seite der Feinde und sagt zu ihrem König, er soll mit hundert seiner Naër herauskommen, und ich will mit hundert von den meinen antreten.« Auf diese Weise treffen sich beide auf der Hälfte des Weges und fangen auf folgende Art zu kämpfen an: Auch wenn sie drei Tage miteinander fechten sollten, [würden sie doch nie einen Stich anzubringen versuchen, sondern] führen sie immer nur zwei Schläge gegen den Kopf und einen gegen die Füße. Wenn vier oder sechs auf einer Seite gefallen sind, treten die Brahmanen in die Mitte und bringen die eine wie die andere Partei dazu, sich auf ihre jeweilige Seite zurückzuziehen. Sogleich wenden sie sich an die Heere auf beiden Seiten und fragen:»Wollt ihr noch mehr?« Darauf antwortet der König:»Nein«, und ebenso geschieht es auf der gegnerischen Seite. Auf diese Weise kämpfen immer hundert gegen hundert, und dies ist ihre Art, Krieg zu führen.

Der König reitet manchmal auf einem Elefanten, und manchmal tragen ihn die Naër, und wenn sie ihn tragen, eilen sie stets im Laufschritt, und immer geht dem König eine große Zahl von Musikanten voran, die auf ihren Instrumenten spielen. Einem jeden der Naër gibt er einen monatlichen Sold von vier Carlini[24], in Zeiten des Krieges aber einen halben Dukaten, und damit können sie ihren Lebensunterhalt bestreiten. Diese Leute haben schwarze Zähne, eben wegen jener Blätter der Betelnuß[25], von denen ich erzählt habe, daß sie sie essen. Wenn ein Naër verstorben ist, läßt man ihn unter großen Feierlichkeiten verbrennen, und es gibt Leute, die die Asche aufbewahren; unter dem einfachen Volk dage-

---

23 Zeremonialschirm (*chattra*) zur Kennzeichnung der Heiligkeit eines Gebäudes (Stupa, Pagoda) oder des hohen (königlichen, adligen) Rangs seines Besitzers.
24 Im Königreich Neapel-Sizilien seit 1278 zunächst in Gold, dann in Silber geprägte Münzen.
25 Das Kauen der Betelnuß läßt Mund und Zähne eher rot als schwarz werden.

gen begraben einige ihre Toten hinter der Haustür, einige vor dem Haus, andere wiederum in ihren [sehr ansehnlichen] Gärten. Die Münzen in dieser Stadt werden in der gleichen Weise geschlagen, wie ich es euch schon von Narsinga erzählt habe[26].

Zu der Zeit, als ich mich in Calicut befand, hielt sich dort eine große Zahl von Kaufleuten aus verschiedenen Reichen und Völkern auf. Da ich unbedingt wissen wollte, woher so viele verschiedene Leute kämen, sagte man mir, daß sich dort unendlich viele maurische Kaufleute und Händler aus Malacca aufhielten, aus Banghalla und Tarnassari, aus Pegu, Giormandel und Zeilam, ferner eine große Zahl von der Insel Sumatra, aus Colon und Caicolon, viele aus Bathacala, Dabuli, Cevul, Cambaia, Guzerati, Ormus und Mekka[27]; außerdem waren da noch welche aus Persien und Arabia Felix, ein Teil aus Syrien und der Türkei und auch einige aus Äthiopien und Narsinga. Aus all diesen Reichen waren zu meiner Zeit Kaufleute in Calicut. Die Einheimischen aus dieser Gegend fahren nicht viel in der Welt umher, sondern die Mauren sind diejenigen, die die Waren vertreiben; denn in Calicut leben ungefähr 15 000 Mauren; sie sind zum größten Teil im Lande geboren [und treiben Handel][28].

---

26 Vgl. oben S. 145f.
27 Melaka, Bengalen, Tenasserim, Pegu, Koromandel, Ceylon, Sumatra, Quilon, Kayankulam, Bhatkal, Dhabol, Chaul, Cambay, Gujarat, Hormuz, Mekka.
28 Der Handel an der Malabarküste lag vor dem Eintreffen der Portugiesen überwiegend in den Händen der Muslime. Zum Teil verkehrten sie zwischen Indien und den arabischen Ländern (für die Portugiesen: *Mouros da Meca*), zum Teil hatten sie sich seit Generationen niedergelassen und waren mit den Einheimischen Heiratsverbindungen eingegangen (*Mouros da terra*; Mappilas/Moplahs). Sie übten ihre eigene Gerichtsbarkeit, verzichteten auf den Genuß von Rindfleisch und hatten auch sonst (zum Beispiel im Erb- und Eherecht) das örtliche (matrilineare) Brauchtum übernommen (BOUCHON, Les musulmans, S. 50 ff.; SUBRAHMANYAM, The Political Economy, S. 116 ff.; EI² 6, S. 458 ff.). João de Barros, der Geschichtsschreiber der portugiesischen kolonialen Expansion, spricht von viertausend muslimischen Haushalten in Calicut zu Beginn des 16. Jahrhunderts (vgl. PEARSON, S. 464).

Abbildung 35: Schiffahrt und Handel in Calicut

Von den Schiffen in Calicut und zu welcher Zeit
sie ausfahren, von den verschiedenen Jahreszeiten
und welche Arten von Schiffen man kennt

Euch zu beschreiben, wie diese Leute an der Küste von Calicut entlangsegeln und zu welcher Jahreszeit sie dies tun und wie sie ihre Schiffe bauen, erscheint mir nützlich und angebracht. Vornehmlich bauen sie ihre Schiffe zu je vierhundert oder fünfhundert Faß[29], und diese besitzen kein Dach. Dabei tun sie kein bißchen Werg zwischen die Planken, sondern fügen diese so eng aneinander, daß sie das Wasser bestens abhalten; danach streichen sie von außen Pech darüber und schlagen eine große Zahl von Nägeln ein. Ihr sollt aber nicht glauben, daß es ihnen an Werg mangelt; vielmehr werden

29 Venezianisches Raummaß zur Bestimmung der Nutzlast eines Schiffes (vgl. Kommentar MUSACCHIO 1991, S. 122 Anm. 249).

große Mengen davon aus anderen Ländern importiert, aber im Schiffbau ist es nicht gebräuchlich. Es gibt dort auch gutes Holz wie bei uns und in größerer Menge. Die Segel ihrer Schiffe bestehen aus Baumwolle und besitzen am unteren Ende eine zweite Segelstange; diese wird beim Navigieren ausgefahren, um noch mehr Wind einzufangen, so daß sie zwei Rahen setzen können; wir aber haben nur eine davon. Die Anker sind aus Marmor gefertigt, das heißt, aus einem Stück Marmor von acht Spannen Länge und zwei in jede andere Richtung, und daran befinden sich zwei kräftige Seile. So also sehen die Anker dort aus.

Zu den Zeiten der Schiffahrt ist folgendes zu sagen: Von Persien bis zum Kap Cumeri[30], das von Calicut acht Tagereisen übers Meer entfernt im Süden liegt, kann man acht Monate im Jahr segeln, nämlich von September bis Ende April; danach aber, vom ersten Tag im Mai bis Mitte August, muß man an dieser Küste große Vorsicht walten lassen; denn es gibt heftige Stürme und ein wild bewegtes Meer. Dabei muß man wissen, daß [in diesem Land die Jahreszeiten den unseren entgegengesetzt sind; wenn hier bei uns wegen der großen Kraft der Sonne alle Pflanzen austrocknen, sind sie dort grün und frisch durch das viele Wasser, das dort vom Himmel regnet, da] es im Mai, Juni, Juli und August Tag und Nacht beständig regnet; nicht daß dort in einem fort Regen fällt, aber es regnet jeden Tag und jede Nacht, und man sieht nur wenig Sonne in dieser Zeit. In den übrigen sechs Monaten regnet es niemals[31]. Ende April fahren die Kaufleute von der Küste bei Calicut ab, passieren das Kap Cumeri und schlagen einen anderen Kurs ein, der in diesen vier Monaten für sicher gilt; und so fahren sie [mit kleinen Booten] zu den kleinen Gewürzen.

---

30 Kap Komorin an der Südspitze Indiens.
31 Ganz Indien steht unter dem Einfluß des Monsunklimas. Dies bedeutet, daß während der Sommermonate (Ende Mai bis Anfang Oktober) kräftige feuchte Winde aus südwestlicher Richtung wehen und gewittrige Regenfälle auslösen (Regenzeit). Über den Winter wehen trockene Festlandwinde aus Nordost.

Abbildung 36: Schiffstypen in Calicut

Zu den Namen ihrer Schiffe: Die einen nennt man *zambu-chi*[32], und es handelt sich dabei um Schiffe mit flachem Kiel; andere, deren Kiel wie bei unseren Booten gebaut ist, heißen *ciampan*[33]; wiederum andere von geringer Größe heißen *parao*[34], und ein jedes von ihnen mißt nur zehn Schritte; sie alle sind aus einem Stück gefertigt und mit Rudern aus Rohr bestückt; auch der Mast besteht aus Schilfrohr. Eine weitere Art von kleinen Barken nennt man *almadia*[35], und auch sie sind aus einem Stück gebaut. Schließlich gibt es noch eine andere Sorte von Booten, die, mit Segeln und Rudern ausgestattet, alle aus einem Stück gefertigt sind und der Länge nach zwölf oder dreizehn Schritt messen; sie haben eine so schmale Öffnung, daß nicht zwei Männer nebeneinander sitzen können, sondern einer hinter dem andern Platz nehmen muß, und

---

32 Sambuk (arab.; YULE/ BURNELL, S. 788).
33 Sampan (malaiisch/chin.; ebd., S. 789).
34 Prau (Malayalam; ebd., S. 733 f.).
35 Almadia (arab.; ebd., S. 15 f.).

nach beiden Seiten laufen sie spitz zu; man nennt diese Boote *catur*[36], und sie sind mit mehr Rudern und Segeln bestückt als eine Galeere, Fuste oder Brigantine. Diejenigen, die mit solchen Schiffen das Meer befahren, sind Korsaren; man baut sie auf einer Insel nicht weit von hier, genannt Porcai[37].

Der Palast des Königs von Calicut und von dem reichen Schatz, den dieser besitzt

Der königliche Palast mißt im Umfang etwa eine Meile. Die Mauern sind [sehr] niedrig und, wie ich oben schon sagte, in allen Räumen mit feinen Holzwänden ausgestattet, die das geschnitzte Bild des Teufels zeigen. Der Fußboden des Gebäudes ist aus Gründen der Ehrerbietung völlig mit Kuhmist besudelt, und jeder Teil des Palastes ist mehr als zwanzig Dukaten wert. Ich habe euch schon den Grund gesagt, weshalb die Gebäude nicht fundamentiert werden können, wegen des Wassers nämlich [auf das man sogleich beim Graben stößt]. Den Wert der Perlen und Edelsteine, die der König trägt, kann man gar nicht schätzen; gleichwohl war er zu meiner Zeit recht mißvergnügt, da er sich mit dem König von Portugal im Krieg befand und sich außerdem die Franzosenkrankheit[38] geholt hatte; er hatte sie in der Kehle. Nichtsdestoweniger trug er so viele edle Steine in den Ohren und an den Händen, an Armen, Füßen und Beinen, daß es ein Wunder war, ihn anzuschauen. Sein Schatz besteht aus zwei Magazinen voll mit Goldbarren und gemünztem Gold; viele Brahmanen [das sind jene Leute, die für die Regierung zu sorgen haben und alle Geheimnisse des Königs wissen] sag-

---

36 Catur (arab.; ebd., S. 175).
37 Keine Insel, sondern eine Küstenstadt südlich von Cochin. Ausführlicher berichtet Duarte Barbosa von den Korsaren und ihren Booten (RAMUSIO 2, S. 657).
38 Syphilis.

ten mir, daß hundert Maultiere diesen Schatz nicht wegzutragen vermöchten; und sie sagten auch, daß zehn oder zwölf frühere Könige ihn hinterlassen hätten für die Bedürfnisse und die Macht des Gemeinwesens [und seiner Regierung]. Man sagt auch, daß der jetzige König von Calicut eine Truhe besitze, drei Spannen lang und anderthalb hoch, gefüllt mit Schmuckstücken verschiedener Art, die unschätzbaren Wert besäßen.

Vom Pfeffer, vom Ingwer und von den Myrobalanen, die in Calicut wachsen

In der Gegend von Calicut findet man zahlreiche Pfeffersträucher, und auch in der Stadt selbst gibt es welche, wenn auch nicht in großen Mengen. Der Stamm dieser Sträucher wirkt wie ein [zarter] Rebstock; er wird nämlich neben einem anderen Baum gepflanzt, da er von sich allein nicht aufrecht stehen könnte, gerade so wie es mit den Rebstöcken geschieht. Dieser Strauch ähnelt in vielem dem Efeu, der sich nach oben rankt und so weit wächst, wie das Holz oder der Baum reicht, an dem er sich festklammern kann. Diese Pflanze besitzt eine große Zahl von Zweigen, die zwei oder drei Spannen lang sind; die Blätter an den Zweigen gleichen den Orangenblättern, aber sie sind trockener, und die Rückseite ist voll von kleinen Äderchen. An jedem der Zweige hängen fünf, sechs oder auch sieben Trauben, die etwas länger sind als die Finger eines Mannes, und die Früchte schauen aus wie kleine Rosinen, aber sie sind gleichmäßiger aufgereiht und grün wie die unreifen Trauben. Im Oktober und auch noch im November werden sie grün geerntet und danach auf Matten in die Sonne gelegt; dort läßt man sie drei oder vier Tage lang, und sie werden so schwarz, wie man sie hier bei uns sieht, ohne daß noch irgend etwas geschieht. Außerdem sollt ihr wissen, daß die Leute dort den Strauch, an dem der

Pfeffer wächst, niemals beschneiden oder mit der Hacke bearbeiten.

An diesem Ort gedeiht auch Ingwer[39]; es handelt sich dabei um eine Wurzel, und man findet davon einige, die vier, acht oder auch zwölf Unzen wiegen; wenn man sie ausgräbt, ist der Stamm dieser Wurzel ungefähr drei oder vier Spannen lang und sieht aus wie Schilfrohr. Und wenn der Ingwer gesammelt wird, nimmt man an Ort und Stelle eine Knospe von der Wurzel (sie ähnelt der Knospe beim Schilfrohr), pflanzt sie in das Loch, aus dem die Wurzel ausgegraben wurde, und deckt sie mit derselben Erde wieder zu; nach Ablauf eines Jahres kehrt man zurück, um diese Frucht zu ernten, und pflanzt sie aufs neue in der beschriebenen Weise. Diese Wurzel gedeiht in roter Erde sowohl auf Bergen als auch in der Ebene, gerade so wie die Myrobalanen[40], von denen hier alle Sorten anzutreffen sind; deren Stamm sieht aus wie ein mittelgroßer Birnbaum und trägt Früchte wie der Pfefferstrauch.

Von den vielen Früchten, die in Calicut wachsen,
unter anderen von der ciccara,
die in Westindien pigne *geheißen wird,*
und von der melapolanda, *die dasselbe ist,*
was man in Alexandria muse *nennt*

In Calicut fand ich eine Obstsorte, die man *ciccara* nennt[41]: Der Stamm des Baumes sieht aus wie eine große dornige Pflanze[42], und die Frucht ist zwei oder zweieinhalb Spannen lang und dick wie der Schenkel eines Mannes. Die Frucht wächst am Stamm in der Mitte der Pflanze, also unterhalb der

---

39 *Zingiber officinale* (vgl. oben S. 138 Anm. 36).
40 Vgl. oben S. 139 Anm. 36.
41 Jackfruit (*Artocarpus integrifolia*).
42 In der Ausgabe von 1510: »wie ein großer Birnbaum«.

Zweige [und Dornen], ein Teil auf der Hälfte des Stammes. Die Farbe der Frucht ist grün, und sie sieht aus wie ein Pinienzapfen, aber man hat weniger Arbeit damit; wenn sie anfängt zu reifen, wird die Schale schwarz und gelb und [nicht lange nach der Ernte] faul. Diese Frucht wird im Dezember geerntet und verströmt einen süßen Geruch; wenn man sie ißt, scheint es, als ob man Honigmelonen [voller Zucker] verspeise; auch erinnert sie an eine vollreife persische Quitte. So groß ist der Genuß und die Süße im Geschmack, daß man meint, man esse eine Honigwabe, und man empfindet den Geschmack einer übersüßen Orange. Im Inneren dieser Frucht befinden sich einige dünne Membranen oder Häute, wie es beim Granatapfel der Fall ist[43]. Nach meinem Urteil ist sie die köstlichste und vortrefflichste Frucht, die ich jemals gegessen habe.

Es gibt hier eine andere Frucht, die man *amba* nennt; der Baum heißt *manga*[44]. Er sieht aus wie ein Birnbaum und trägt auch Frucht wie ein Birnbaum. Diese *amba* ist beschaffen, wie bei uns die Nüsse sind: Wenn es August ist, hat sie dieselbe Form, und zur Reifezeit ist sie gelb und glänzend. Im Inneren hat sie einen Kern wie eine trockene Mandel; diese Frucht aber schmeckt viel besser als die Pflaumen aus Damaskus. Solange sie grün ist, wird sie eingelegt wie bei uns die Oliven; aber sie schmeckt viel besser als diese.

Ferner gibt es hier eine Frucht nach Art der Melone, und die Scheiben schauen genauso aus: Wenn man sie in Stücke schneidet, findet man im Inneren drei oder vier Samen, die Trauben oder Weichseln gleichen, so sauer sind sie. Der Baum selbst ist so hoch wie ein Quittenbaum und hat auch ähnliche Blätter. Diese Frucht wird *corcopal* genannt, schmeckt ausgezeichnet und taugt auch bestens als Medizin[45]. Ich fand dort auch eine andere Frucht, die ganz der Mispel gleicht, aber weiß

43 In der Ausgabe von 1510 heißt es dann: »... und innerhalb dieser Häutchen befindet sich eine weitere Frucht; wenn man diese in Glut legt und dann ißt, würdet ihr sagen, es seien vorzügliche Kastanien«.
44 Mango (*Mangifera Indica*), singhalesisch *amba*.
45 Nicht identifiziert.

Abbildung 37: Indische Früchte

ist wie ein Apfel; an den Namen erinnere ich mich nicht[46]. Eine weitere Sorte von Früchten sah ich dort, die der Farbe nach an einen Kürbis erinnert, zwei Spannen lang ist [und sehr intensiv schmeckt]; denn sie hat drei Finger dickes Fruchtfleisch und eignet sich besser als Kürbis oder Zitrone zum Kandieren; sie stellt etwas ganz Besonderes dar; sie wird *comolanga* genannt und wächst in der Erde wie die Melonen[47].

Außerdem wächst in diesem Land eine andere, einzigartige Frucht, die man *melapolanda* nennt[48]. Diese Pflanze ist so hoch wie ein Mann oder noch etwas mehr und treibt vier oder fünf Blätter hervor, die aus Zweigen und Blattwerk bestehen:

---

46 Guava oder Rosenapfel (Jambuse)?
47 Wassermelone.
48 Die Banane (*Musa paradisaica sapientum*), die schon im 14. Jahrhundert von europäischen Orientreisenden beschrieben und unter geistlichen Gesichtspunkten, als Behältnis des Gekreuzigten und Zeichen der Allgegenwart Gottes, gedeutet worden war (Giovanni dei Marignolli, Niccolò da Poggibonsi).

Jedes von ihnen kann einen Mann vor Regen und vor Sonne schützen. In der Mitte sproßt ein Zweig, der Blüten in der Art eines Bohnenstrauchs und danach Früchte hervorbringt, die anderthalb Spannen lang und dick sind wie der Schaft eines Speers. Wenn man diese Frucht ernten möchte, dann wartet man nicht, bis sie reif ist; denn sie reift im Haus; eine Staude trägt etwa zweihundert von diesen Früchten, und alle liegen sie dicht beieinander. Es gibt drei Arten von ihnen, und die erste Sorte nennt man *ciancapalon*; sie sind sehr nahrhaft und kräftigend; ihre Farbe geht zu gelb, und die Schale ist sehr zart. Die zweite Art nennt man *cadelapolon*, und sie sind viel besser als die anderen; die von der dritten Sorte sind dagegen eher kümmerlich. Die beiden zuerst genannten Sorten ähneln in ihren Eigenschaften unseren Feigen, aber schmecken besser. Die Pflanze, an der die Früchte wachsen, ist nur einmal fruchtbar und wird danach trocken. Rund um ihren Stamm befinden sich immer fünfzig oder sechzig Sprossen; die Besitzer nehmen diese nach und nach weg und verpflanzen sie, und über ein Jahr kommt die Frucht hervor. Und wenn die Stauden bei der Ernte noch zu grün sind, tun sie etwas Kalk auf die Früchte, um sie schnell reifen zu lassen. Von diesen Früchten gibt es zu jeder Jahreszeit große Mengen, und man verkauft zwanzig von ihnen für einen Quattrino. Ebenso findet man an allen Tagen des Jahres Rosen und seltene Blumen, weiße, rote und gelbe.

Von dem fruchtbarsten Baum in der Welt,
jenem nämlich, der die Nüsse aus Indien hervorbringt,
die man Kokos nennt

Noch einen Baum will ich euch beschreiben, den besten, den man auf Erden findet; man nennt ihn *tenga*, und ist er beschaffen wie der Stamm des Dattelbaumes[49]. Von diesem Baum kann

---

49 Kokospalme (*Cocos nucifera*).

175

Abbildung 38: Kokosnußernte

man viele nützliche Dinge gewinnen, nämlich Taue für die
Seefahrt, feine Tücher, die, wenn sie gefärbt sind, der Seide
gleichen, Nüsse zum Essen, Wein, Wasser, Öl und Zucker[50].
Und mit den Blättern, die herunterfallen, wenn ein Zweig
bricht, deckt man die Häuser, und für ein halbes Jahr halten
sie das Wasser ab. Wenn ich euch nun nicht erklären würde,
wie dies alles geschieht, würdet ihr es nicht glauben, und noch
weniger könntet ihr es verstehen. Der besagte Baum bringt
die Nüsse hervor, wie wenn er ein Ast mit Datteln wäre, und
ein jeder Baum erzeugt hundert oder zweihundert dieser
Nüsse, über denen eine Schale liegt[51], aus der eine Substanz
wie Baumwolle oder reiner Flachs gewonnen wird; diese wird
den Handwerkern zur weiteren Bearbeitung überlassen, und
aus den feinen Fäden stellen sie Gewebe, zart wie Seide, her;
die groben drehen sie auf und machen daraus dünne Seile,

50 In der Ausgabe von 1510 ist außerdem genannt: »...Holz zum Verbrennen, ... Holzkohle in bester Qualität«.
51 In der Ausgabe von 1510 folgt hier : »..., die als Brennholz dient. Und
   darunter liegt eine zweite Schale...«

aus den dünnen dicke, und diese verwenden sie auf dem Meer. Aus dem Rest der Nußschalen gewinnt man vorzügliches Brennmaterial. Hinter der Schale liegt der eßbare Teil der Nuß: Das Fruchtfleisch ist so dick wie der kleine Finger an der Hand [und schmeckt besser als Mandeln]. Sobald die Nuß zu wachsen beginnt, bildet sie im Inneren Wasser aus; und wenn sie ihre ganze Größe erreicht hat, ist sie voll mit Wasser, so daß es Nüsse gibt, die zwei[52] Becher Wasser enthalten; es mundet ausgezeichnet und ist so süß zu trinken wie nichts anderes, das man sich vorstellen könnte. Außerdem wird aus der Nuß ein ausgezeichnetes Öl gewonnen. So also kennt ihr ihren siebenfachen Nutzen.

[Wenn es sich um einen großen Baum handelt] läßt man einige Zweige nicht mehr Nüsse hervorbringen, sondern schneidet sie in der Mitte ab[53] und bringt mit dem Messer eine Kerbe an; danach stellt man ein Gefäß oder eine Flasche darunter, in das dann eine bestimmte Flüssigkeit tropft. Zwischen Morgen und Abend wird ein halber Krug gesammelt, den man dann austrinkt; einige Leute stellen sie aufs Feuer und kochen sie ein-, zwei- oder dreimal auf, so daß daraus ein Schnaps wird, der schon beim bloßen Riechen, ganz zu schweigen vom Trinken, einem den Kopf verdreht. Von dieser Art ist der Wein, den man in diesen Ländern trinkt. Von einem anderen Zweig dieses Baumes gewinnt man auf gleiche Weise den Saft und kocht auf dem Feuer den Zucker heraus; er ist aber nicht besonders gut[54]. Dieser Baum trägt ständig grüne oder trokkene Früchte, und dies über fünf Jahre hinweg; unzählige davon findet man auf einer Strecke von zweihundert Meilen, und alle haben sie ihre Besitzer. Da dieser Baum so viele Vorzüge besitzt, gilt folgendes: Wenn die Könige einander bekriegen und wenn es dabei so grausam zugeht, daß sie einander die

---

52 1510: »vier oder fünf«.
53 Die Ausgabe von 1510 hat hier zusätzlich: »... und gibt ihnen eine bestimmte Neigung«.
54 Palmwein (»Toddy«), Arrak und Palmzucker (»Jaggery«; vgl. YULE/ BURNELL, S. 927 f., 36 f., 446).

Abbildung 39: Baumarten in Südindien

die Kinder töten, so werden sie doch am Ende Frieden schließen; aber ließe ein König dem anderen diese Bäume abholzen, so würde ihm auf ewig nicht mehr Frieden gewährt. Dieser Baum bleibt dreißig, vierzig oder mehr Jahre am Leben und wächst an sandigem Ort; man pflanzt die Nuß dort ein, und sobald sie zu keimen und zu wachsen beginnt, müssen die Leute jeden Abend hinausgehen und sie aufdecken, damit der Tau der Nacht sich auf sie legt, und am Morgen zu früher Stunde kehren sie zurück, um sie wieder zu bedecken, damit die Sonne sie nicht ungeschützt antrifft; auf diese Weise kann sie gedeihen und wächst der Baum heran. Im Lande Calicut findet man große Mengen Sesam, aus dem die Leute ein ausgezeichnetes Öl herstellen[55].

---

55 Sesam (*Sesamum Indicum*) wurde zwar schon im antiken Italien in begrenzten Mengen angebaut, blieb aber während des Mittelalters im Abendland unbekannt. Im Orient wurden die in den Fruchtkapseln enthaltenen (roten, weißen oder schwarzen) Sesamkörner zu Öl gepreßt oder dienten zur Würzung von Brot, Kuchen und Süßspeisen. Sesamöl zeichnet sich durch seine lange Haltbarkeit aus.

178

Abbildung 40: Reisbau in Calicut

Wie man Reis aussät

Wenn die Leute von Calicut den Reis aussäen wollen, befolgen sie folgenden Brauch: Zuerst pflügen sie mit ihren Ochsen die Erde, ganz wie wir es tun; wenn dann der Reis ins Feld gesät wird, haben sie sämtliche Musikinstrumente aus der Stadt bei sich, machen ständig damit Lärm und sind fröhlich; außerdem sind zehn oder zwölf als Teufel gekleidete Männer dabei, die zusammen mit den Musikanten ein großes Fest veranstalten, damit der Teufel recht viel Reis aus der Saat wachsen läßt.

Von den Ärzten, die in Calicut die Kranken besuchen

Wenn von den Heiden ein Kaufmann krank wird und vor den letzten Dingen steht, kommen einige Männer [die eigens dazu bestimmt sind] mit den oben erwähnten Instrumenten und als Teufel verkleidet, um den Kranken zu besuchen; sie [werden »Ärzte« geheißen und] kommen um zwei oder drei Uhr in der Nacht. Dabei tragen sie Feuer im Mund und in jeder Hand und unter den Füßen zwei Krücken aus Holz, die einen Schritt hoch sind; damit laufen sie herum, schreien und spielen auf ihren Instrumenten, so daß der Betreffende, wäre er nicht schon krank, auf der Stelle tot[56] zu Boden fiele, wenn er diese wilden Tiere sieht. Das sind also die Ärzte, die nach den Kranken sehen und sie besuchen. Und auch wenn einer den Magen voll hat bis zum Hals, zerreibt man drei Ingwerwurzeln, braut daraus eine Tasse mit Saft und gibt ihn dem Kranken zu trinken; drei Tage später verspürt er keine Beschwerden mehr. So also führen sie ein Leben wie die Tiere.

Von den Bankiers und den Geldwechslern

Die Geldwechsler und Bankbesitzer in Calicut haben Gewichte zum Wiegen an der Waage, die so klein sind, daß sie zusammen mit der Schachtel, in der sie aufbewahrt werden, keine halbe Unze wiegen, und doch sind sie so präzise, daß man ein Haupthaar damit wiegen kann. Und wenn sie ein Stück Gold prüfen wollen, verwenden sie Karatgewichte wie wir, kennen auch den Prüfstein[57] wie wir und führen den Test auf unsere Weise durch. Wenn der Prüfstein voll mit Gold ist, nimmt man einen Ball von bestimmter Beschaffenheit, der ausschaut, wie wenn er aus Wachs wäre, und diesen Ball drückt man auf den Prüfstein, um zu sehen, ob es sich um gutes oder schlechtes Gold handelt; dann nämlich kann man

---

56 In der Ausgabe von 1510 heißt es hier: »... aus lauter Angst«.
57 Schwarzer Kieselschiefer, Basalt oder auch Jaspis zur Prüfung von Gold- und Silberlegierungen.

an dem Ball die Qualität des Goldes erkennen und ein Urteil fällen:»Dieses ist gutes und dieses ist schlechtes Gold.« Und wenn der Ball voll mit Gold ist, schmelzen sie ihn ein und nehmen das Gold heraus, das sie mit dem Prüfstein getestet haben. Diese Geldhändler verstehen sich sehr gut auf ihr Geschäft.

Die Kaufleute haben einen bestimmten Brauch, wenn sie ihre Waren en gros kaufen oder verkaufen wollen; dies geschieht nämlich immer durch die Hand eines Vermittlers. Wenn also der Käufer und der Verkäufer ein Geschäft abschließen wollen, stehen alle in einem Kreis zusammen; der Vermittler nimmt ein Tuch und hält es mit einer Hand hoch; mit der anderen ergreift er die Hand des Verkäufers, genauer: die beiden Finger neben dem Daumen; danach bedeckt er mit dem Tuch die eigene Hand und die des Verkäufers; indem sie einander die Finger berühren, zählen sie heimlich und ohne zu sagen:»Ich will soviel oder soviel« von einem Dukaten bis 100 000, und allein durch die Berührung der Finger verstehen sie den Preis, sagt man ja oder nein und antwortet der Vermittler ja oder nein. Wenn nun dieser den Willen des Verkäufers in Erfahrung gebracht hat, geht er mitsamt dem Tuch zum Käufer, ergreift dessen Hand auf die gleiche Weise wie zuvor beschrieben und sagt ihm durch die Berührung:»Er möchte soundsoviel bekommen«; der Käufer sagt darauf in die Finger des Vermittlers:»Ich will soundsoviel geben«; und auf diese Weise machen sie den Preis untereinander aus.[58] Wenn es sich

---

58 Der Handel über den Indischen Ozean, zwischen Gujarat, Malabar und dem Vorderen Orient, bedurfte der Unterstützung durch lokale Vermittler (Geldwechsler, Dolmetscher, Makler). Sie waren Muslime, die sich in Indien niedergelassen hatten, muslimische Inder oder auch Hindus und spielten eine entscheidende Rolle im Austausch von Gütern, Dienstleistungen und Informationen. Die neuere Forschung spricht von »cross-cultural brokers«. Das von Varthema beobachtete Verfahren, die Preise durch Zählen in die Hand auszuhandeln, geht wahrscheinlich auf die Sprachprobleme zurück, die dabei auftraten (PEARSON, Brokers, S. 462). Es wird heute noch geübt.

bei der Ware um Gewürze handelt, verhandelt man in *bahar*[59]; ein *bahar* wiegt 640 venezianische Pfund, und eine *farazola*[60] 32 venezianische Pfund; zwanzig *farazole* ergeben also einen *bahar*.

Wie die Poliar und Hitava ihre Kinder ernähren

Die Frauen dieser beiden Kasten, der Poliar und Hitava[61], stillen ihre Kinder drei Monate lang, und danach geben sie ihnen Kuh- oder Ziegenmilch zu trinken. Wenn sie sie mit Gewalt vollgestopft haben, werfen sie sie, ohne ihnen Gesicht oder Leib zu waschen, in den Sand, in dem sie völlig eingehüllt von morgens bis abends bleiben. Und da sie schwärzer sind als von sonst einer Farbe, kann man nicht erkennen, ob es sich um einen kleinen Büffel oder Bären handelt, so daß man glaubt, es handle sich um eine Mißgeburt; auch scheint es, der Teufel ernähre sie. Am Abend dann gibt ihnen die Mutter ihr Essen. Auf diese Weise [ernährt und großgezogen] sind sie die besten Springer und Läufer in der Welt.

---

59 Ursprünglich arabisches, dann auch indisches Gewichtsmaß, das nach Ware und Region erheblich variieren konnte (YULE/BURNELL, S. 47 f.; SCHURHAMMER, 2,2, S. 563 f.).- In der Ausgabe von 1510 lautet der Schluß des Abschnitts: »Der Bahar aber wiegt drei Cantari [= Gewichtsmaß in Sizilien, 79,3 kg] nach unserem Gewicht. Wenn es um Stoffe geht, verhandelt man in Curia, und desgleichen bei Edelsteinen. Unter einer Curia versteht man zwanzig Pfund, oder man handelt in Farasila, was 25 Pfund in unserem Gewicht entspricht«.

60 Farsala/Farasila, arabisches Gewichtsmaß.

61 Pulayan und Vettuvan (siehe oben S. 156 Anm. 13, 14).

Von den Tieren und Vögeln,
die man in Calicut antrifft

Ich denke, ich sollte nicht versäumen, euch die vielen Tier-
und Vogelarten zu erklären, die man in Calicut antrifft; vor
allem gibt es Löwen, Wildschweine, Rehe, Wölfe, Kühe, Büffel, Ziegen und Elefanten (die aber nicht hier geboren werden, sondern von anderen Orten kommen), große Mengen
von wildlebenden Pfauen, Papageien in übergroßer Zahl,
grüne und auch einige rot gescheckte; von den Papageien gibt
es dort so viele, daß es nötig ist, den Reis zu bewachen, damit
sie ihn nicht auffressen; einer von ihnen ist zwei Quattrini
wert, und sie singen vorzüglich. Ich sah dort auch eine weitere
Vogelart, die man *saru* nennt; sie singen noch besser als die
Papageien, sind aber kleiner[62]. Es gibt hier noch viele andere
Spezies von Vögeln, die sich von den unseren unterscheiden,
und wahrhaftig: während einer Stunde des Morgens und einer
am Abend gibt es nichts Angenehmeres auf Erden, als dem
Gesang dieser Vögel zu lauschen, so daß man meint, im Paradies zu sein; dies auch wegen der großen Zahl immergrüner
Bäume, was von der guten Luft dort kommt, die so mild ist,
daß man weder große Kälte noch übermäßige Hitze kennt[63].

In diesem Land wächst eine große Zahl von Meerkatzen
auf; eine von ihnen kostet vier *cas* (ein *cas* ist einen Quattrino
wert)[64]; sie fügen jenen armen Leuten immensen Schaden zu,
die auf die beschriebene Weise Wein [von jenem Baum]
gewinnen [der dem Dattelbaum gleicht und eine Flüssigkeit
hervorbringt, die wie Wein schmeckt]; denn sie klettern hinauf zu den Nüssen, trinken von der Flüssigkeit, drehen dann
das Gefäß um und schütten aus, was sie nicht trinken können.

---

62 Beo (*Gracula religiosa*; pers. *sar*).
63 Varthema nennt hier einige Elemente der tradierten abendländischen Paradiesvorstellung; denn Indien wurde von jeher in der Nähe
   des Irdischen Paradieses vermutet.
64 Siehe oben S. 68 Anm. 32, S. 146 Anm. 46.

Von den Schlangen in Calicut

Im Lande Calicut findet man eine Art von Schlangen, die so groß und so dick sind wie ein ausgewachsenes Schwein; der Kopf aber ist viel größer und häßlicher als beim Schwein; sie haben vier Füße, sind vier Ellen lang und wachsen in bestimmten sumpfigen Gegenden auf[65]. Im Lande sagt man, daß sie kein Gift haben, aber bösartige Tiere sind und den Menschen mit ihren Zähnen Leid antun. Außerdem findet man noch drei andere Schlangenarten, bei deren Biß (wenn also Blut fließt) man sofort tot zu Boden fällt; zu meiner Zeit ist dergleichen mehrmals und vielen Personen geschehen, daß sie von diesen Tieren gebissen wurden. Davon gibt es drei Arten: Die erste sieht aus wie taube Nattern, die von der zweiten sind giftige Vipern, die von der dritten Art sind dreimal so groß wie die Vipern. Von allen dreien findet man dort eine riesige Zahl; der Grund dafür ist folgender: Wann immer der König erfährt, wo sich ein Nest dieser greulichen Tiere befindet, läßt er [aus einem törichten Aberglauben heraus] ein Häuschen [mit einem Dach darüber] bauen, damit steigendes Wasser sie nicht ertränke. Und wenn jemand eines dieser Tiere töten würde, ließe ihn der König sogleich hinrichten [wie wenn er einen Menschen getötet hätte]; auch wenn jemand eine Kuh töten würde, ließe er ihn hinrichten. Die Leute sagen, diese Schlangen seien Geister von Gott, und wenn sie nicht seine Geister wären, hätte er ihnen nicht die Fähigkeit gegeben, mit einem einzigen kleinen Biß einen Menschen auf der Stelle zu töten[66]. Deshalb gibt es eine solche Menge von ihnen, daß sie [überall in der Stadt herumkriechen und] genau wissen, daß sie sich vor den Heiden nicht zu fürchten brauchen und diese ihnen nichts tun. Zu meiner Zeit drang eines Nachts eine dieser Schlangen in ein Haus ein und

---

65 Krokodile.

66 Mehr noch als in anderen Teilen Indiens wird in Kerala die Kobra verehrt. Viele Familien halten eine Hauskobra im Garten, die mit Milch gefüttert wird. Eine Kobra zu töten, gilt als Sünde, die mit Milchopfern gesühnt werden muß (HAUSSIG, S. 929 f.)

biß neun Personen; am Morgen fand man sie alle tot und aufgedunsen. Wenn die Heiden auf Reisen gehen und unterwegs eines von diesen Tieren treffen, dann halten sie es für ein gutes Vorzeichen [und glauben, daß ihnen ihre Geschäfte gut gelingen müssen].

Von den Lampen und Lichtern des Königs von Calicut und von den Feierlichkeiten, die man den Toten bereitet

Im Palast des Königs von Calicut gibt es viele Räume und Kammern, in denen [unzählige Lichter brennen; aber in dem vornehmsten Saal, in dem der König thront] werden, sobald der Abend kommt, zehn oder zwölf gußeiserne Gefäße aufgestellt, die wie Springbrunnen aussehen und die Höhe eines Mannes erreichen. An jedem dieser Gefäße befinden sich in einer Höhe von zwei Spannen drei Behälter, um Öl aufzunehmen: Zuerst kommt ein Gefäß voll mit Öl und Dochten aus Baumwolle, die ringsum brennen; darüber befindet sich ein zweites, schmaleres, aber mit ebensolchen Lichtern, und zuoberst sitzt ein weiteres, noch kleineres mit Öl und brennenden Leuchten. Der Sockel des ganzen Behältnisses ist in der Form eines Dreiecks gestaltet, und am Fuß einer jeden Seite befinden sich drei plastisch herausgearbeitete Teufel, gräßlich anzuschauen; sie sind sozusagen die Knappen, die dem König die Lampen vorantragen.

Der König befolgt noch einen anderen Brauch: Wenn etwa sein Vater stirbt, dann läßt er nach Ablauf des Trauerjahres alle bedeutenden Brahmanen einladen, die sich in seinem Reich befinden, und dazu noch einige aus anderen Ländern, und sobald sie eingetroffen sind, werden drei Tage lang üppige Gastmähler gegeben. Die Speisen, die man ihnen vorsetzt, bestehen aus verschiedenen Reisgerichten und reichlich Fleisch von Wildschwein und Hirsch; denn es gibt dort große und leidenschaftliche Jäger. Zum Abschluß dieser drei Tage

Abbildung 41: Die Feuerschalen des »Königs« von Calicut

gibt der König einem jeden der vornehmsten Brahmanen drei, vier oder fünf Pardao; danach kehrt ein jeder zu seinem Haus zurück, und alle Untertanen des Königs rasieren sich vor Freude den Bart.

Wie am 25. Dezember eine große Zahl von Leuten
nach Calicut kommt, um Ablaß zu erhalten

Nahe bei Calicut liegt inmitten eines Teichs, inmitten eines Grabens mit stehendem Wasser, ein Tempel, der nach Art der Alten mit zwei Säulenreihen versehen ist (so wie dies bei San Giovanni in Fonte zu Rom[67] der Fall ist); im Innern des Tem-

---

67 Baptisterium bei San Giovanni in Laterano mit acht Porphyrsäulen im Innenraum und einer zweiten Reihe weißer Marmorsäulen über dem Architrav.

Abbildung 42: Götzendienst am 25. Dezember

pels befindet sich ein steinerner Altar, auf dem das Opfer ver-
richtet wird, und zwischen den Säulen des unteren Umgangs
stehen kleine Schiffe aus Stein, die zwei Schritt lang und mit
einem Öl gefüllt sind, das *enna*[68] genannt wird. Ringsum am
Ufer des Teichs steht eine große Zahl von Bäumen, und zwar
alle von einer Sorte; an ihnen sind unzählige Lichter entzündet, und auch rings um den Tempel hängen Öllampen in großer Zahl. Wenn der 25. Tag im Monat Dezember naht, macht
sich alles Volk im Umkreis von fünfzehn Tagen, Naër, Brahmanen [und die anderen], auf den Weg, um ein Opfer zu bringen [und Ablaß zu erhalten]. Aber bevor sie zum Opfer schrei-
ten, baden sie alle im Teich.

Danach setzen sich die königlichen Oberbrahmanen rittl-
lings auf die beschriebenen Steinbarken, in denen sich das Öl
befindet; alles Volk tritt zu ihnen hin, und die Brahmanen sal-

---

68 Henna, aus den Blättern und Stengeln des Hennastrauches gewonnen.

ben einem jeden das Haupt mit Öl; danach legen sie ihre Opfergaben auf den Altar. Am Ende einer Seite dieses Altars befindet sich ein riesiges Satansbild mit grauenvoller Fratze, vor dem sich alle in den Staub werfen, um es anzubeten; danach kehrt ein jeder nach Hause zurück. Zu dieser Zeit aber ist das Land frank und frei für drei Tage[69]: [Banditen und Verbrecher können in aller Ruhe ihren Ablaß abholen, und] man darf keine Rache üben. In der Tat: noch niemals habe ich auf einen Schlag so viele Menschen beieinander gesehen, ausgenommen freilich, als ich in Mekka gewesen bin.

Ich glaube, euch zur Genüge die Sitten und das Leben, Religion und Opferbrauchtum in Calicut erklärt zu haben; daher möchte ich euch, ausgehend von meiner Weiterreise, Schritt für Schritt den Rest meiner Fahrt und die Dinge beschreiben, die mir dabei zugestoßen sind.

---

69 Pangol, die dreitägige Feier der Wintersonnenwende.

Drittes Buch von Indien

Von der Stadt Caicolon, von Colon und Chail

Mein Gefährte Cozazionor mußte einsehen, daß er seine Ware nicht würde verkaufen können, weil Calicut durch den König von Portugal zugrunde gerichtet worden war[1]; denn es waren keine Kaufleute da und kamen weniger von ihnen, als es früher üblich war, und der Grund dafür war der, daß der König den Mauren erlaubt hatte, 46[2] Portugiesen umzubringen, die ich tot dort liegen sah; und aus diesem Grund führt der König von Portugal dort ständig Krieg, er hat getötet und tötet täglich eine große Zahl, so daß die Stadt großen Schaden nimmt [und viele Leute, die dort wohnen, haben sie verlassen, um anderswo zu leben]. Daher machten wir uns auf den Weg, befuhren einen Fluß[3], der der schönste ist, den ich jemals sah, und gelangten zu einer Stadt namens Caicolon[4], fünfzig Meilen von Calicut entfernt. Der König dieser Stadt ist ein Heide und nicht sehr reich; Lebensweise, Kleidung und Bräuche sind die gleichen wie in Calicut. Hierher kommen viele Kaufleute, weil in dieser Gegend Pfeffer von ausgezeichneter

---

1 Bereits Vasco da Gama hatte auf seiner zweiten Indienfahrt Calicut beschießen lassen (1502). Als drei Jahre später Lopo Soares de Albergaria mit einer Flotte von dreizehn Schiffen an der Malabarküste aufkreuzte, ergriff ein Großteil der muslimischen Kaufleute die Flucht, wurde aber auf See abgefangen. Calicut selbst wurde neuerlich bombardiert und teilweise zerstört. Auch später wurde die Stadt nach einem »Ritual der Einschüchterung« (DAUS, S. 39) mehrfach beschossen.
2 In der Ausgabe von 1510: 48 Portugiesen.
3 Die Lagune nahe der Küste bei Cochin. Auch sonst ist Kerala von zahlreichen Wasserwegen und Kanälen durchzogen.
4 Kayankulam, ca. 280 km südlich von Calicut und 40 km vor Quilon.

Qualität wächst. In der Stadt fanden wir einige Thomas-Christen[5], die als Kaufleute dort leben und wie wir an Christus glauben, und sie sagen, daß alle drei Jahre ein Priester aus Babylon komme, um sie zu taufen. Diese Christen beachten die Fastenzeit und feiern Ostern wie wir und haben auch dieselben Feierlichkeiten und Heiligenfeste, wie wir sie haben, aber die Messe feiern sie wie die Griechen und verehren vier Heilige mehr als alle anderen: die heiligen Johannes, Jacobus, Matthias und Thomas. In der Stadt selbst ist es ganz wie in Calicut, und zwar in bezug auf das milde Klima, die Landschaft und die Sitten der Bewohner.

Nach drei Tagen brachen wir wieder auf und reisten zu einer anderen Stadt namens Colon[6], die von der vorigen zwanzig Meilen entfernt liegt. Der König dieser Stadt ist Heide und sehr mächtig; er verfügt über 20 000 Reiter und zahlreiche Armbrustschützen, und ständig liegt er im Krieg mit anderen Herrschern. Das Land hat einen guten Hafen an der Meeresküste; es wachsen dort keine Getreidearten, aber so gut wie alle Früchte, die in Calicut gedeihen, und Pfeffer in großer Menge. Die Hautfarbe der Menschen, Kleidung, Lebensart und Sitten sind ganz so wie in Calicut. In jener Zeit war der König dieser Stadt mit dem König von Portugal befreundet[7], und als wir sahen, daß er gegen andere Könige Krieg führte, schien es uns nicht die rechte Zeit zu sein, dort zu verweilen; daher reisten wir übers Meer weiter und gelangten zu einer

---

5 Die indischen Thomas-Christen gehörten der ostsyrischen (»nestorianischen«) Kirche an und unterstanden dem Katholikos in Bagdad (»Babylon«). Von dort erhielten sie ihre geistlichen Leiter. Zentren bestanden in Goa, Cranganore, Quilon, Trivandrum sowie beim angeblichen Grab des Apostels Thomas in Mylapore bei Madras. Die Portugiesen zweifelten zunächst nicht an der Rechtgläubigkeit der Thomas-Christen. Erst die Synode von Diamper 1599 wandte sich gegen die »häretischen« Glaubenslehren der Nestorianer. Die Zwangsunion mit der römischen Kirche wurde 1653 wieder rückgängig gemacht.
6 Quilon an der südlichen Malabarküste.
7 Wie die Rajas von Cannanore und Cochin suchten auch die Herrscher von Quilon Anschluß an die Portugiesen, um die Vorherrschaft des »Samorin« in Calicut loszuwerden.

Stadt namens Chail[8], die demselben König gehört. Gegenüber Colon sahen wir Männer, die im Meer nach Perlen fischten, wie ich es euch schon von Ormus beschrieben habe[9].

Cholmendel, eine Stadt in Indien

Auf der Weiterreise gelangten wir zu einer Stadt, die Cholmendel[10] heißt; sie liegt an der Küste und ist von Colon übers Meer sieben Tage entfernt, mehr oder weniger, je nachdem, wie der Wind weht. Sie ist sehr groß, nicht ummauert und untersteht dem König von Narsinga; wenn man das Kap Cumeri umfahren hat, liegt sie der Insel Zeilan gegenüber. Man erntet dort große Mengen Reis, und es ist ein Stapelplatz für bedeutende Reiche; zahlreiche maurische Kaufleute halten sich hier auf, die kommen und gehen, um Handel zu treiben. Dort wachsen keine Gewürze irgendeiner Sorte, aber reichlich Früchte, wie man sie in Calicut findet. Ich traf an diesem Ort einige Christen, die mir erklärten, der Leichnam des heiligen Thomas liege nur zwölf Meilen entfernt von da[11], und er werde von Christen behütet, die aber nach der Ankunft des Königs von Portugal nicht mehr in diesem Lande leben könnten; denn dieser König habe viele Mauren in dem Land töten lassen, das nun in Furcht vor den Portugiesen erbebe; diese Christen aber könnten hier nicht länger leben, sondern würden verjagt und heimlich massakriert, damit nichts davon dem König von Narsinga zu Ohren komme, der ein großer

---

8 (Alt-)Kayal, heute ein verlassener Ort im Delta des Tambraparni-Flusses an der Südspitze Indiens.
9 Siehe oben S. 115.
10 Koromandel (Colamandala:»Land der Cola«, d. i. der bis 1279 in Südostindien regierenden Dynastie) ist der Name der Region. Bei der beschriebenen Stadt handelt es sich vermutlich um Nagappattinam, die Hafenstadt der Cola.
11 In Wirklichkeit bei Madras (siehe oben S. 190 Anm. 5), also etwa 260 km entfernt.

Freund der Christen und besonders der Portugiesen sei. Außerdem erzählte man mir von einem großen Wunder, von dem ihre Vorfahren ihnen berichtet hätten, als schon vor fünfzig[12] Jahren die Mauren Streit mit den Christen hatten und auf der einen wie auf der anderen Seite viele verwundet wurden; einer von den Christen aber war am Arm schwer verletzt worden, und er begab sich zum Grab des heiligen Thomas, berührte mit dem getroffenen Arm das Grabmal des Heiligen und war sofort geheilt[13]. Seit dieser Zeit zeigte sich der König von Narsinga den Christen immer gnädig.

Mein Kamerad verkaufte hier einen Teil seiner Waren, und weil man sich im Krieg mit dem König von Tarnassari[14] befand, hielten wir uns nur wenige Tage hier auf und charterten mit einigen anderen Kaufleuten ein Boot von der Sorte, die man *ciampan*[15] nennt; diese haben einen flachen Boden, brauchen wenig Wasser und befördern dennoch reichlich Waren. Wir durchfuhren einen Golf von zwölf oder fünfzehn Meilen[16], wo wir große Gefahren durchstanden, denn dort gibt es Untiefen und zahlreiche Klippen; doch endlich erreichten wir eine Insel genannt Zeilan, die den Aussagen der Bewohner zufolge etwa tausend Meilen Umfang mißt.

Von Zeilan, wo die Edelsteine herkommen

Auf der Insel Zeilan[17] gibt es vier Könige, und alle vier sind Heiden. Ich kann euch nicht alles von der Insel beschreiben;

---

12 In der Ausgabe von 1510 heißt es: »... vor 45 Jahren«.
13 Marco Polo erzählt andere Wundergeschichten vom Thomasgrab (Kap. 177). In Europa war die Ansicht verbreitet, daß die Armreliquie des Apostels in Streitfragen über Recht und Unrecht entscheide (Johann von Mandeville, S. 124 f. nach Gervasius von Tilbury).
14 Siehe unten S. 198 ff.
15 Vgl. oben S. 169 Anm. 33.
16 Die Palk-Straße, die die Insel Ceylon vom Festland trennt, mißt an ihrer schmalsten Stelle nur wenig mehr als 50 km.
17 Ceylon (Sri Lanka) zerfiel seit 1467 in das tamilische Königreich Jaffna im Norden der Insel und die singhalesischen Königreiche

Abbildung 43: Rubingewinnung auf Ceylon

denn da die Könige einander heftig bekriegen, konnten wir
nicht lange dort bleiben und nur wenig von ihr sehen oder
hören. Dennoch: auch wenn wir nur einige Tage dort verbrachten, konnten wir mit eigenen Augen sehen, wovon ihr
hören werdet: Erstens gibt es dort eine riesige Menge von Elefanten[18], die dort geboren werden. Außerdem erfuhren wir,
daß Rubine gefunden werden, und zwar zwei Meilen von der

Kotte und Kandy. Die Portugiesen gelangten im Jahre 1505 zufällig
nach Ceylon und schlossen mit dem König von Kotte, Parakrama
Bahu VIII. (1484-1509), einen Bündnisvertrag, der dem Königreich
militärischen Schutz, den Portugiesen eine jährliche Zimtlieferung
garantierte. Jaffna wurde 1620 annektiert, während das Landesinnere mit dem Königreich Kandy von Portugal nicht unterworfen werden konnte (DOMRÖS, S. 29 ff.). Wenn Varthema von vier Königreichen auf Ceylon spricht, so mag die Erinnerung an die
Naturgeschichte des älteren Plinius eine Rolle gespielt haben. Dort
(VI 25, 92) ist von vier Satrapien die Rede.

18 Noch heute spielen Elefanten auf Ceylon als Arbeitstiere oder bei
den großen Tempelprozessionen, den Peraheras, eine Rolle. Wildle-
bende Elefanten finden sich nurmehr in den Nationalparks.

Küste entfernt, wo sich ein hoher und weitgestreckter Berg befindet, an dessen Fuß man die Rubine findet[19]. Und wenn ein Kaufmann nach diesen Edelsteinen suchen will, muß er zuerst beim König vorstellig werden und ein Stück Land erwerben, das eine Elle in jeder Richtung mißt; man nennt es einen *molan*[20], und es kostet fünf Dukaten. Wenn nun der Besitzer in der Erde gräbt, steht immer ein Beauftragter des Königs dabei, und wenn sich ein Stein findet, der mehr als zehn Karat wiegt, will ihn der König für sich haben, den Rest aber überläßt er ihm gratis[21].

Bei diesem Berg, wo ein mächtiger Fluß[22] vorbeifließt, gibt es außerdem eine große Menge an Granatsteinen, Saphiren, Hyazinthsteinen und Topasen. Auf der Insel wachsen die besten Früchte, die ich jemals gesehen habe, vor allem eine Art Artischocken, die viel besser sind als unsere[23], süße Pomeranzen[24], und zwar die besten auf Erden, außerdem jede Menge Früchte, wie man sie in Calicut findet, nur sind sie hier viel besser.

---

19 Wegen seiner reichen Vorkommen vor allem an Rubinen und Saphiren war Ceylon schon zu Zeiten der altsinghalesischen Könige als »Edelsteininsel« bekannt. Das Hauptschürfgebiet liegt von alters her im Distrikt mit den Zentren Ratnapura (»Stadt der Edelsteine«) und Pelmadulla Ratnapura. Neben Saphiren und Rubinen werden bis auf den heutigen Tag auch Aquamarine, Amethyste, Topase, Turmaline und Smaragde gefunden (DOMRÖS, S. 240).

20 Flächenmaß (*ammonan*).

21 Von der Förderung der Edelsteine und den Rechten des Königs an ihnen berichten schon frühere Reisende wie etwa Marco Polo (Kap. 174) oder Odorico da Pordenone (Kap 17, 2).

22 Das Schürfgebiet bei Ratnapura liegt zwischen den Flüssen Kalu Ganga und Amban Ganga.

23 Nicht identifiziert. Varthemas Beschreibung läßt am ehesten an den Rahmapfel (*Annona reticulata*) denken, der aber erst im Laufe des 16. Jahrhunderts von Südamerika in die Alte Welt verpflanzt wurde.

24 Pampelmuse (*Citrus paradisi*, tamil. *bambolmas*), Frucht des Pampelmusenbaumes in Südostasien (auch Pomelo).

Vom Zimtbaum und von dem Berg, wo Adam Buße tat,
sowie von den Königen von Zeilan,
ihren Bräuchen und Sitten

Der Zimtbaum[25] ist von derselben Art wie der Lorbeerbaum, besonders was die Blätter angeht, und er bringt auch Beeren wie der Lorbeerbaum hervor, aber sie sind kleiner und heller. Der Zimt (oder Zinnamom) kommt aus der Rinde dieses Baumes, und zwar auf folgende Weise: Alle drei Jahre werden die Zweige des Baumes abgeschnitten, danach löst man die Rinde von den Zweigen, aber der Stamm selbst wird in keinem Fall beschädigt. Von diesen Bäumen gibt es dort eine große Menge, und wenn der Zimt eingesammelt wird, ist er noch nicht so gut wie nach einem Monat.

Ein muslimischer Kaufmann erzählte uns, daß sich auf der Spitze jenes hohen Gebirges eine Höhle befindet, zu der einmal im Jahr alle Bewohner des Landes pilgern, um dort zu beten; denn man sagt, daß unser Urvater Adam sich dort aufhielt, um sein Leid zu klagen und Buße zu tun [nachdem er gesündigt hatte, damit Gott ihm vergebe]; heute noch könne man seine Fußspuren sehen, und sie seien ungefähr zwei Spannen lang[26].

In diesem Land wächst kein Reis, sondern er kommt vom Festland; die Könige der Insel sind dem König von Narsinga tributpflichtig, eben wegen der Reislieferungen vom Festland. Die Luft ist dort ausgezeichnet, und die Menschen haben eine

---

25 Der Zimtbaum gehört zur Gattung der Lorbeergewächse und wächst auf Ceylon und in China. Der ceylonesische gilt als der Echte Zimtbaum (*Cinnamomum verum*). Der Zimt wird aus den getrockneten und eingerollten inneren Partien der Zweigrinde gewonnen (*Canella*, Kaneel). Seit der Antike wurde Zimt über Zwischenhändler nach Europa gebracht und zur Herstellung von Salben und Ölen, als Weingewürz, für Süßspeisen und ähnliches mehr verwendet. Noch heute ist Ceylon der führende Weltmarktlieferant für Zimt.

26 Der Adam's Peak (2243 m) mit einem übergroßen Fußabdruck auf dem Gipfel, der von Buddhisten als die Fußspur Buddhas, von Hindus als Hinterlassenschaft Shivas oder Vishnus, von Muslimen als Fußabdruck Adams nach der Vertreibung aus dem Paradies, von Christen als Zeugnis des Apostels Thomas angesehen wird.

dunkelbraune Hautfarbe; es gibt weder übergroße Hitze noch zuviel Kälte. Die Leute kleiden sich nach Art der Apostel[27], tragen bestimmte Stoffe aus Baumwolle oder Seide und nichts an den Füßen. Die Insel liegt [zwischen sieben und acht Grad] vom Äquator entfernt[28], und die Bewohner sind nicht sehr kriegerisch. Man kennt hier keine Artillerie, sondern gebraucht Schwerter und Lanzen aus Rohr, und damit be-kämpfen sie einander; es werden aber nicht sehr viele von ihnen getötet; denn es sind Feiglinge[29]. Das ganze Jahr über gibt es dort Rosen und Blumen von jeder Art, und die Leute leben länger als wir.

Eines Abends, als wir in unserem Schiff saßen, kam ein Bote des Königs zu meinem Kameraden und forderte ihn auf, diesem seine Korallen und seinen Safran vorzulegen; denn von beidem führte er eine große Menge mit sich[30]. Als ein Kaufmann von der Insel, ein Maure, diese Worte hörte, sagte er ihm heimlich:»Geht nicht zum König; denn er wird euch eure Waren auf seine Weise bezahlen.« Und dies sagte er voller Arglist, damit mein Gefährte sich aus dem Staub mache; denn er selbst hatte die gleichen Waren. Dennoch erhielt der Gesandte des Königs zur Antwort, daß man am folgenden Tag zu seinem Herrn aufbrechen wolle; am Morgen nahmen wir ein Schiff und ruderten zum Festland.

---

27 Vgl. oben S. 129 Anm. 17.
28 Ceylon liegt zwischen 6° und 10° nördlicher Breite.
29 Feuerwaffen wurden erst durch die Portugiesen eingeführt und erregten zunächst einiges Aufsehen bei der Inselbevölkerung. Auch Marco Polo hielt die Ceylonesen für wenig kriegstauglich (Kap. 174).
30 Rote Korallen aus dem Mittelmeer und schwarze aus Rotem Meer und Indischem Ozean wurden das ganze Mittelalter hindurch – meist von arabischen Kaufleuten – nach Ost- und Südostasien verkauft (HEYD 2, S. 611 f.). Safran (getrocknete Blütennarben von *Crocus sativus*) wurde zunächst in den arabischen Ländern, seit dem 10. Jahrhundert auch in Europa kultiviert. Der orientalische galt aber immer als höherwertig (ebd. 2, S. 645 f.).

Paleachate, eine Gegend in Indien

Nach drei Tagen gelangten wir in eine Gegend, die Paleachate[31] heißt und dem König von Narsinga untersteht. Hier gibt es einen lebhaften Austausch von Waren, ganz besonders von Edelsteinen, die hierher aus Zeilan und Pegu geliefert werden; außerdem leben dort zahlreiche maurische Kaufleute, die mit jeder Art von Gewürzen handeln. Wir wohnten im Hause eines dieser Händler und sagten ihm, woher wir kämen und daß wir viele Korallen zu verkaufen hätten, Safran, verzierten Samt und Messer; hoch erfreut zeigte er sich, als er von all diesen Waren hörte. Dieses Land hat Überfluß an allen Dingen, die man in Indien bekommen kann, aber es wächst kein Korn dort; vom Reis [den man dort erntet] gibt es rauhe Mengen. Öffentliche Ordnung, Lebensweise, Kleidung und Brauchtum gleichen denen in Calicut, und die Bewohner sind kriegstüchtig, auch wenn sie keine Geschütze besitzen. Und da dieses Land mit dem König von Tarnassari im Krieg lag, schien es uns nicht ratsam, uns lange dort aufzuhalten, sondern wir nahmen nach wenigen Tagen unsere Reise wieder auf und fuhren zu der Stadt Tarnassari, die hundert Meilen entfernt liegt; dort trafen wir nach vierzehn Tagen ein.

---

31 Pulicat, Hafenstadt nördlich von Madras, in der nach Duarte Barbosa Edelsteine aus Burma, Kupfer, Quecksilber und Zinnober aus Cambay sowie aus Mekka Scharlach, Korallen, Safran und Samt gehandelt wurden (RAMUSIO 2, S. 671). Wichtiger war der Handel mit Textilien und Garn aus Südindien, der Pulicat mit Pegu, Martaban, Mergui und Melaka verband (SUBRAHMANYAM, The Political Economy, S. 94 ff.).

Tarnassari, eine Stadt in Indien

Die Stadt Tarnassari[32] liegt direkt am Meer; es ist ein flaches Land und gut befestigt; sie besitzt einen guten Hafen (eigentlich ein Flußlauf) an ihrer nördlichen Seite. Der König in der Stadt ist Heide und ein mächtiger Herr, dauernd führt er Kriege mit den Königen von Narsinga und Banghalla[33]. Er besitzt hundert Kriegselefanten, die größer sind als alle, die ich jemals sah, und hält ständig 100 000 Krieger in Waffen, zum Teil Fußsoldaten, zum Teil Berittene. Ihre Rüstung besteht aus kurzen Schwertern und verschiedenen Arten von Schilden, von denen manche aus den Panzern von Schildkröten, manche wie in Calicut gefertigt sind; sie besitzen eine große Zahl von Bögen und Lanzen aus Rohr, einige auch aus Holz, und wenn sie in den Krieg ziehen, tragen sie auf dem Leib ein Wams, vollgestopft mit Baumwolle und dadurch gut wattiert. Die Häuser in der Stadt sind ordentlich gemauert; nach den Maßstäben der Christen ist die Lage des Ortes ganz ausgezeichnet, und es gedeihen auch gutes Getreide und Baumwolle. Außerdem wird dort Seide in großen Mengen hergestellt; Brasilholz[34] findet sich reichlich und Obst in Hülle und Fülle; manches davon gleicht unseren Äpfeln und Birnen; Orangen, Limonen, Zitronen und Melonen gibt es im Überfluß. Man sieht hier die schönsten Gärten, mit vielen feinen Dingen darin.

---

32 Mergui auf der Halbinsel Tenasserim (im heutigen Burma) nahe der Mündung des Tenasserim-Flusses (Ngawun Chaung), seit den sechziger Jahren des 15. Jahrhunderts vom siamesischen Königreich Ayutthaya abhängig.

33 Siehe unten S. 208.

34 Farbholz (*Caesalpina Sappan*) asiatischer Herkunft, das den roten Textilfarbstoffe Sappan liefert. Als in Südamerika das rote Bahiaholz (*Caesalpina echinata*) gefunden wurde, erhielt das Land den Namen »Rotholzland« – Brasilien.

Von Haustieren und Wildtieren in Tarnassari

Im Lande Tarnassari leben Ochsen, Kühe, Schafe und Ziegen in großer Zahl, Wildschweine, Hirsche, Rehe, Wölfe, Katzen, die Zibet[35] hervorbringen, Löwen, Pfauen in großer Menge, Falken, Habichte, weiße Papageien und eine andere Art mit sieben verschiedenen herrlichen Farben. Es gibt Hasen und Rebhühner, die aber den unseren nicht gleichen, ferner eine Sorte von Raubvögeln, viel größer als ein Adler, aus deren Schnäbeln, nämlich aus dem oberen Teil davon, die Griffe von Schwertern und Messern hergestellt werden; dieser Schnabel ist rot und gelb gefärbt und köstlich anzusehen; die Farbe des Vogels ist schwarz und rot, und einige weiße Federn sind auch dabei[36]. Außerdem leben hier die fettesten Hennen und auch Hähne, die ich jemals sah: Eine der Hennen ist größer als drei von den unsrigen.

In diesem Land hatten wir in wenigen Tagen großes Vergnügen an den Dingen, die wir sahen; ganz besonders daran, daß man jeden Tag auf der Straße, wo die maurischen Kaufleute wohnen, einige Hähne gegeneinander kämpfen läßt, und die Halter der Hähne verwetten hundert Dukaten auf den, der als Sieger aus dem Kampf hervorgehen wird. Zwei davon sahen wir fünf Stunden lang in einem fort miteinander kämpfen, so daß am Ende alle beide tot liegenblieben[37]. Dort findet man auch eine Art von Ziegen, viel größer als unsere und sehr hübsch anzusehen, die auf einen Wurf immer vier Zicklein gebären. Man verkauft dort zehn oder zwölf große, stattliche Hammel für einen Dukaten; zudem gibt es eine weitere Sorte

---

35 Moschusartig riechendes Sekret aus den Zibetdrüsen der Zibetkatze (siehe oben S. 129 Anm. 16), das als Duftstoff oder zur Herstellung von Heilmitteln verwendet wurde.

36 Sunda-Marabu (*Leptoptilus iavanicus*) mit einem Verbreitungsgebiet von Indien bis Java und Borneo.

37 Hahnenkämpfe (auch in ihrer blutigsten Form) und das Wetten auf die Tiere sind in ganz Südostasien verbreitet.

davon, die Hörner tragen wie ein Damhirsch[38]; sie sind größer als unsere und können schrecklich kämpfen. Aber die Büffel sind viel häßlicher als bei uns, und es gibt dort eine große Zahl von guten Fischen, wie wir sie kennen; ich sah sogar das Skelett eines Fischs, das mehr als zehn Cantari wog[39].

Was das Leben in dieser Stadt angeht, so essen die Heiden jede Art Fleisch, ausgenommen Rindfleisch, und sie speisen auf der Erde sitzend ohne ein Tischtuch, aber aus sehr ansehnlichen hölzernen Gefäßen; ihr Getränk ist Wasser, das mit Zucker versetzt ist, wenn man es sich leisten kann. Ihre Schlafstatt ist höher als die Erde, auf guten Betten aus Baumwolle und bedeckt mit Seide oder Baumwolle. Ihre Kleidung sieht folgendermaßen aus: Sie gehen nach Art der Apostel und tragen ein Tuch, das mit Baumwolle oder Seide gefüttert ist; einige Kaufleute haben feine Hemden aus Seide oder Baumwolle. Im allgemeinen tragen sie keine Kopfbedeckung, mit Ausnahme der Brahmanen, die eine Mütze aus Seide oder Kamelot[40] aufhaben, die zwei Spannen lang ist. Oben auf der Mütze tragen sie so etwas wie eine Quaste, die ringsum mit Gold durchwirkt ist; außerdem haben sie zwei seidene Schnüre, mehr als zwei Finger dick, die sie sich um den Hals hängen, und die Ohren voll mit Edelsteinen, an den Fingern tragen sie davon aber gar nichts.

Die Hautfarbe dieses Volkes ist annähernd weiß, da das Klima hier etwas kühler ist als in Calicut; Jahreszeiten gibt es wie bei uns und desgleichen auch die Erntezeiten.

---

38 Riesenwildschaf (*Ovis ammon*), das aber (heute) nur in Tibet und den benachbarten Regionen vorkommt.
39 Zum Gewichtsmaß vgl. oben S. 182 Anm. 59. Möglicherweise spricht Varthema von den Knochen eines Wals.
40 Halbwollener Kleiderstoff. Varthema spricht hier von einer Kopfbedeckung (*Gaumbaung*), die aus einem Stirnband hervorgeht und auch heute noch in Burma getragen wird.

Abbildung 44: Die Hochzeit des Königs in Tenasserim

Wie der König seine Ehefrau entjungfern läßt und
wie es die anderen Heiden in der Stadt ihm nachmachen

Der König dieser Stadt läßt seine Ehefrau nicht durch die
Brahmanen deflorieren, wie es der König von Calicut tut, sondern überläßt sie weißen Männern, sei es Mauren oder Christen; nur Heiden dürfen es nicht sein. Desgleichen wenn die
Heiden, bevor sie die Braut nach Hause führen, einen Weißen
finden, ganz gleich welche Sprache er spricht, dann bringen
sie ihn allein zu dem Zweck zu ihrem Haus, daß er der Ehefrau die Jungfräulichkeit nehme[41]. Und das geschah auch uns,

---

41 Von der angeblichen Vorliebe burmesischer Frauen für weiße Männer hörte auch der Russe Afanassij Nikitin (S. 29). Doch daß es jenseits von Indien Völker gebe, die ihre Frauen vor der Hochzeit deflorieren ließen, haben europäische Autoren schon immer behauptet
(zum Beispiel Vincenz von Beauvais und Johann von Mandeville).

als wir in dieser Stadt eintrafen. Durch [glückliche] Fügung trafen wir drei oder vier Kaufleute, die meinen Gefährten folgendermaßen in ein Gespräch verwickelten[42]: »Mein Freund, seid ihr fremd hier?« Er antwortete: »Ja.« Die Kaufleute: »Wieviele Tage seid ihr schon in der Gegend?« Wir antworteten: »Es sind jetzt vier Tage, daß wir ankamen.« Und also sagte einer der Kaufleute: »Kommt mit in mein Haus, denn wir sind große Freunde der Fremden«; wir hörten dies und gingen mit ihm. Als wir bei ihm zu Hause angekommen waren, ließ er uns ein Essen richten, und dann sagte er: »Meine Freunde, in zwanzig Tagen will ich meine Braut heimführen, und einer von euch soll mit ihr die erste Nacht verbringen und ihr die Magdschaft nehmen.« Als wir das hörten, versanken wir alle in Scham; daraufhin erklärte unser Dolmetscher: »Ihr müßt euch nicht schämen; denn das ist so üblich in diesem Land.« Als er dies hörte, meinte mein Kamerad: »Wenn sie uns nichts Schlimmeres antun, als daß wir unser Vergnügen haben!« Jedoch glaubten wir, zum besten gehalten zu werden. Der Kaufmann sah, daß wir unschlüssig herumstanden, und sagte: »Meine Freunde, habt keine Sorge; denn in diesem Lande macht man das so.« Als wir schließlich einsahen, daß dergleichen landesüblich war, wie uns auch einer aus unserer Gruppe bestätigte, und als dieser sagte, daß wir uns nicht fürchten sollten, da erklärte mein Kamerad dem Kaufmann, er sei willig, diese beschwerliche Aufgabe auf sich zu nehmen. Dieser sprach zu ihm: »Ich möchte, daß ihr in meinem Hause bleibt und daß ihr und eure Gefährten und eure Waren hier bei mir untergebracht seid, bis ich die Braut heimführen werde.« Nachdem wir uns zunächst noch geweigert hatten, wurden wir am Ende durch zahllose Schmeicheleien, die er uns machte, genötigt, alle fünf, die wir waren, zusammen mit unseren Waren in seinem Haus Quartier zu nehmen. Nach fünfzehn Tagen holte der Kaufmann seine Braut, und mein Kamerad verbrachte die erste Nacht mit ihr, einem [entzückenden] Mädchen von fünf-

---

42 Das folgende Gespräch ist in der Erstausgabe teilweise in Malayalam wiedergeben.

zehn Jahren, und er tat dem Kaufmann jenen Dienst, um den er ihn gebeten hatte. Aber wenn er nach der ersten Nacht noch einmal zurückgekehrt wäre, wäre dies sowohl für ihn als auch für sie lebensgefährlich gewesen, obschon sie gewünscht hätte, daß die erste Nacht einen ganzen Monat dauere. Nachdem sie einen solchen Freundschaftsdienst von uns erfahren hatten, hätten die Kaufleute uns gerne noch vier oder fünf Monate auf ihre Kosten bei sich behalten, weil ja alle Waren nur wenig Geld kosten, aber auch, weil sie äußerst freigebige und sehr liebenswürdige Leute sind. [Doch wurden wir noch mehrmals um ähnliche Dienste gebeten.]

Wie in dieser Stadt die Toten aufgebahrt werden

Alle Brahmanen[43] und die Könige werden nach ihrem Tod verbrannt, und bei dieser Gelegenheit bereitet man dem Teufel ein feierliches Opfer; die Asche wird in zierlichen Vasen aus glasiertem Ton aufbewahrt, die eine schmale Öffnung haben wie eine kleine Schüssel; und diese Vase mit der Asche des verbrannten Leichnams vergräbt man unter dem Haus des Verstorbenen. Und wenn sie das erwähnte Opfer bringen, tun sie es unter Bäumen wie in Calicut, und um den Leichnam zu verbrennen, entzünden sie ein Feuer aus den stärksten Duftstoffen, die man finden kann, aus Aloëholz, Benzoë, Sandelholz, Brasilholz, Storax, Amber[44], Weihrauch und einigen hüb-

---

43 Burmanen, Merguesen und Thais waren auch im 16. Jahrhundert gläubige Buddhisten. Was Varthema von Brahmanen, Begräbnisritualen und Witwenverbrennung berichtet, paßt besser zu Indien und ist offenkundig an falschem Ort erzählt.

44 Aloëholz: als Räuchermittel geschätztes aromatisches Holz von Aquilaria-Arten (vgl. HEYD 2, S. 559 ff.).- Sandelholz: duftendes Kernholz des Weißen Sandelbaumes (HEYD 2, S. 646 ff.).- Brasilholz: siehe oben S. 198 Anm. 34.- Storax: Sammelbezeichnung für verschiedene

schen Korallenzweigen; dies alles legt man auf den Leichnam; während dieser dann verbrennt, spielen alle Musikanten aus der Stadt auf verschiedenen Instrumenten, und dazu kommen noch fünfzehn oder zwanzig Leute, die wie der Teufel gekleidet sind und ein riesiges Fest veranstalten. Dabei ist seine Gattin immer zugegen (und keine andere Frau), stößt innige Seufzer aus und schlägt sich an die Brust. Dies geschieht um ein oder zwei Uhr in der Nacht.

Wie man die Gemahlin nach dem Tode ihres
Mannes bei lebendigem Leib verbrennt,
außerdem von der Probe, die ein junger Mann gibt
um zu zeigen, daß er seine Angebetete wirklich liebt

Wenn in Tarnassari fünfzehn Tage nach dem Tod eines verheirateten Mannes verstrichen sind, gibt die Ehefrau ein Gastmahl für alle eigenen Verwandten und die ihres Mannes; danach begibt sie sich mit der ganzen Verwandtschaft zu dem Ort, wo dieser verbrannt wurde, und zwar zur selben Stunde in der Nacht. Dazu legt sie all ihre Juwelen und anderen Goldschmuck an, eben alles, was sie besitzt. Sodann läßt die Familie eine Grube graben, so tief, wie die Person groß ist; ringsum stecken sie vier oder fünf Stangen, an denen sie ein Tuch aus Seide befestigen; sodann wird in der Grube mit denselben Materialien, wie sie für den Ehemann verwendet wurden, ein Feuer entfacht. Wenn nun das Gastmahl bereitet ist, nimmt die Frau reichlich Betel zu sich; soviel ißt sie davon, daß sie die Empfindung verliert. Anwesend sind dabei die Musikanten aus

---

Balsame, die durch Anzapfen der Stammrinde von Arten des Amberbaumes gewonnen wurden (Liquidamber). – Amber (*Ambra*): wachsartige graue bis schwarze Masse aus dem Darm der Pottwale (bis zu 400 kg), die an den Küsten angeschwemmt wird und in frischem Zustand übel, dann angenehm süßlich riecht. In Europa wurden aus ihr Knöpfe, Rosenkränze, Kruzifixe und ähnliches mehr hergestellt (HEYD 2, S. 562 ff.).

Abbildung 45: Witwenverbrennung in Tenasserim

der Stadt, die auf allen ihren Instrumenten spielen, und auch
die oben erwähnten Männer, die sich als Teufel verkleiden
und Feuer im Mund tragen, wie ich es euch schon in Calicut
beschrieben habe[45]. Auf ähnliche Weise bringen sie dem
Deumo[46] ein Opfer. Die Frau geht oftmals zu jenem Platz hinauf und wieder herunter, tanzt dabei mit den anderen Frauen,
und immer wieder nähert sie sich den verkleideten Teufeln,
um sie um Fürsprache beim Deumo zu bitten, er möge sie als
die seine annehmen; dabei steht ihr eine große Zahl von
Frauen zur Seite, die zu ihrer Verwandtschaft zählen. Ihr sollt
aber nicht glauben, daß sie unwillig sei, vielmehr scheint ihr,
sie werde sogleich in den Himmel getragen. Daher läuft sie
ganz aus freien Stücken voller Ungestüm umher, ergreift mit
den Händen das Tuch und wirft sich mitten in das Feuer.
Sogleich fallen die nächsten Verwandten mit Stöcken und

---

45 Siehe oben S. 179 f.
46 Vgl. oben S. 151 ff.

Pechbehältern über sie her; dies tun sie allein zu dem Zweck, daß sie umso schneller sterbe. Wenn sie dies aber nicht täte, würde sie dort so angesehen werden wie bei uns eine öffentliche Hure, und ihre Verwandten würden sie umbringen. Und wenn dies geschieht, ist der König immer zugegen; denn es sind die vornehmsten Leute im Lande, die ein solches Ritual vollführen; nicht alle verhalten sich so[47].

Einen anderen, etwas weniger abscheulichen Brauch habe ich in Tarnassari beobachtet. Gesetzt den Fall, ein junger Mann unterhält sich mit der Dame seines Herzens, und er möchte ihr zu erkennen geben, daß er ihr mit ganzem Herzen zugetan ist und es nichts gibt auf der Welt, was er nicht für sie täte, dann holt er mitten im Gespräch einen mit Öl getränkten Lappen hervor, hält ihn ins Feuer und legt ihn sich auf die nackte Haut des Armes, und während dieser verbrennt, fährt er [seelenruhig] fort, mit seiner Dame zu sprechen, [ohne eine Regung des Gemütes und] ohne sich darum zu sorgen, daß ihm der Arm verbrenne; dies tut er, um ihr zu zeigen, daß er sie liebe und bereit sei, alles für sie zu tun.

Von der Rechtspflege in Tarnassari und vielen anderen Bräuchen

Wer in diesem Land jemanden tötet, muß wie in Calicut den Tod erleiden. Schenkungen und Besitz sind schriftlich oder durch Zeugen zu erweisen, und man schreibt auf Papier wie

---

47 Satî, die »freiwillige« Selbstverbrennung der Ehefrau nach dem Tode des Mannes, wurde in Indien bei den oberen Kasten seit vorchristlicher Zeit, besonders aber in den mittelalterlichen Hindustaaten Vijayanagar und Rajasthan und exzessiv während des 18. Jahrhunderts praktiziert. Zweck war die rituelle Reinigung der beteiligten Familien, der Nachweis der ehelichen Treue und die Vereinigung der Ehepartner im Jenseits. Der Witwe wurde das Opfer mit der Aussicht auf geistlichen Lohn vergolten, seine Verweigerung mit sozialer Ächtung (bis hin zur Vertreibung) bestraft.

bei uns, nicht auf die Blätter eines Baumes wie in Calicut[48]; danach begibt man sich zum Gouverneur der Stadt, der das Ergebnis festhalten läßt. Wenn aber ein Kaufmann aus dem Ausland verstirbt, der weder Frau noch Kinder hat, dann kann er seinen Besitz nicht vermachen, wem er möchte, weil nämlich der König das Erbe für sich beansprucht. Unter den Einheimischen im Lande, beim König angefangen, tritt nach einem Todesfall jeweils der Sohn das Erbe an. Wenn ein maurischer Kaufmann das Zeitliche segnet, treibt man großen Aufwand mit Duftstoffen, um den Leichnam zu konservieren; man legt ihn in einen hölzernen Sarg und begräbt ihn danach mit dem Haupt nach Mekka, das von hier im Westen[49] liegt. Und wenn der Tote Söhne hatte, bleiben sie die Erben.

Von den Booten, die in Tarnassari gebräuchlich sind

Die Leute dort benutzen verschiedene große Bootsarten; zum Teil haben sie einen flachen Kiel, weil die Boote dieser Art an Orte fahren, wo es wenig Wasser gibt; ein anderer Bootstyp ist gebaut mit je einem Schiffsschnabel vorn und hinten, hat zwei Ruder und zwei Masten, aber kein Deck. Daneben gibt es einen weiteren Typ großer Schiffe, die man Dschunken heißt[50]; eine jede von ihnen hat ein Fassungsvermögen von tausend Faß und trägt noch einige kleine Boote, um zu einer Stadt namens Malacca[51] zu fahren, und von dort segeln jene kleinen Schiffe weiter, um die kleinen Gewürze zu erwerben, wie ihr noch hören werdet, wenn es Zeit dazu ist.

---

48 Palmblätter.
49 Ausgabe 1510: »im Norden«.
50 Ursprünglich chinesisches Segelschiff mit Deckaufbauten.
51 Siehe unten S. 216 ff.

Die Stadt Banghalla,
wie weit sie von Tarnassari entfernt ist, und von den Waren, die man dort findet

Kehren wir zu meinem Kameraden zurück; denn er und ich hatten durchaus Lust, noch mehr zu sehen. Nachdem wir uns einige Tage in jener Stadt aufgehalten hatten, bereits ermüdet waren von solchen Dienstleistungen, von denen ihr soeben gehört habt, und auch einiges von unseren Waren verkauft hatten, schlugen wir den Weg zu der Stadt Banghalla[52] ein; sie liegt von Tarnassari siebenhundert Meilen weit weg, und wir benötigten, um dorthin zu kommen, elf Tage übers Meer. Die Stadt ist eine von den besten, die ich jemals sah, und gebietet über ein großes Reich. Der Sultan an diesem Ort ist Maure und kann 200 000 Soldaten aufbieten, Fußsoldaten und Berittene, alle Mohammedaner, und er liegt ständig mit dem König von Narsinga im Streit[53]. Dieses Reich hat mehr Überschuß an Getreide, Fleisch jeder Art, Zucker, Ingwer und Baumwolle als sonst ein Land in der Welt, und dort leben die reichsten Kaufleute, die ich jemals traf. Jedes Jahr werden dort fünfzig Schiffe mit Baumwoll- und Seidenstoffen beladen, deren Namen folgende sind: *bairami, namone, lizar, ciantar, doazar* und *sinabaff*[54]; diese Stoffe gehen in die ganze Türkei, nach Syrien und Persien, ins Glückliche Arabien[55] und überallhin in Indien. Außerdem gibt es dort bedeutende Händler mit Edelsteinen, die aus anderen Ländern eingeführt werden.

---

52 Varthema nennt den Namen des Landes, meint aber die Hauptstadt Gaur (am Ganges bei English Bazar).

53 Ala-ud-din Husain (1493–1518), der sich aber nicht mit Vijayanagar, sondern mit den Rajas von Assam und Orissa auseinanderzusetzen hatte (GOETZ, S. 146).

54 Diese Begriffe sollen arabische Bezeichnungen wiedergeben (Kommentar SCHEFER 1888, S. 219 Anm. 3).

55 In der Ausgabe von 1510 wird auch Äthiopien genannt.

Von einigen christlichen Kaufleuten in Banghalla

Außerdem trafen wir hier einige christliche Kaufleute, die erklärten, sie kämen aus einer Stadt namens Sarnau; sie hatten Seidentücher, Aloëholz, Brasilholz und Moschus zum Verkauf herbeigebracht und erzählten, in ihrem Lande gebe es viele christliche Herren, aber es seien Untertanen des Großkhans von Cathay. Die Kleidung dieser Christen bestand aus einem gefältelten Überwurf aus Kamelot, und die Ärmel daran waren mit Baumwolle gefüttert; auf dem Kopf trugen sie eine Mütze aus rotem Tuch von eineinhalb Spannen Länge. Diese Leute sind so weiß wie wir und bekennen sich zum Christentum; sie glauben an die Dreifaltigkeit und desgleichen an die zwölf Apostel, die Evangelisten und kennen auch die Taufe mit Wasser; aber sie schreiben anders als wir, nämlich so wie in Armenien. Und sie erklärten, Geburt und Passion Christi zu beachten, und befolgten auch die vierzigtägige Fastenzeit sowie viele andere Fasttage im Ablauf des Jahres. Diese Christen haben keine Schuhe, aber tragen seidene Beinkleider, wie sie die Matrosen anhaben; diese Hosen sind besetzt mit Juwelen, und auch an den Händen tragen sie viele Edelsteine. Sie speisen am Tisch, wie es bei uns üblich ist, und essen alle Fleischsorten. Sie sagten auch, daß es in der Nachbarschaft von Rum, also beim Großtürken, mächtige christliche Könige gebe[56].

Nachdem wir lange und ausführlich mit ihnen gesprochen hatten, zeigte ihnen mein Gefährte schließlich seine Waren,

---

56 Es spricht einiges dafür, daß Varthema von nestorianischen Christen berichtet. Sarnau erscheint auf Karten und bei anderen Autoren des 16. Jahrhunderts (zum Beispiel bei Giovanni da Empoli oder Fernão Mendez Pinto) als die Hauptstadt Siams, Ayutthaya (Kommentar TEMPLE 1928, S. LVII f.). Auch dort gab es eine nestorianische Gemeinde. Andere Christen, die in Ayutthaya lebten, kamen offenbar aus China, das Varthema mit europäischen Begriffen als das Reich des Großkhans von Cathay bezeichnet. Was es mit den christlichen Reichen bei Rum (d. i. Rom/Konstantinopel/Istanbul) auf sich hat, bleibt unklar.

und darunter waren wunderschöne Korallenzweige. Als sie diese gesehen hatten, erklärten sie: Wenn wir zu einer Stadt reisen wollten, zu der sie uns mitnehmen würden, dann würden sie sich zutrauen, dafür zu sorgen, daß wir für jene Korallen 10 000 Dukaten bekämen oder Rubine, die in der Türkei 100 000 Dukaten wert seien. Darauf antwortete mein Kamerad, daß er dies gerne tun wolle, aber man müsse bald von hier aufbrechen. Da meinten die Christen: »In zwei Tagen geht ein Schiff ab, das nach Pegu fährt, und wir müssen mit ihm fahren. Wenn ihr dorthin fahren wollt, leisten wir euch gerne Gesellschaft.« Als wir das hörten, brachten wir unsere Sachen in Ordnung und schifften uns zusammen mit diesen Christen und einigen persischen Kaufleuten ein. Und weil wir in dieser Stadt erfahren hatten, daß jene Christen aufrechte und vertrauenswürdige Leute waren, schlossen wir Freundschaft mit ihnen; aber noch vor unserer Abfahrt von Banghalla verkauften wir den ganzen Rest unserer Waren, mit Ausnahme der Korallen, des Safrans und zweier Ballen von rosafarbenem Tuch aus Florenz.

Wir verließen diese Stadt, von der ich meine, sie sei zum Leben die angenehmste und beste in der Welt. Die Tücher, von denen ihr zuvor gehört habt, spinnen und weben dort nicht die Frauen, sondern die Männer. Zusammen mit jenen Christen brachen wir von dort auf und fuhren zu der Stadt, die Pegu genannt wird und von Banghalla etwa tausend Meilen entfernt ist; auf unserem Weg überquerten wir im Süden einen Golf[57], und so trafen wir schließlich in Pegu ein.

---

57 Der Golf von Martaban vor den Mündungen von Irawaddy, Sittang und Salween (Burma).

Pegu, eine Stadt in Indien

Die Stadt Pegu[58] liegt auf dem Festland und nahe beim Meer; links von ihr, also im Osten, fließt ein herrlicher Strom, auf dem zahlreiche Boote kommen und gehen. Der König ist Heide. Glaube, Sitten, Lebensart und Kleidung sind ähnlich wie in Tarnassari, aber die Hautfarbe der Menschen ist etwas heller, und auch das Klima ist etwas kühler; die Jahreszeiten gleichen den unseren. Die Stadt ist ummauert und besitzt feste Häuser und Paläste aus Stein mit Mörtel. Der König gebietet über zahlreiche Fußsoldaten und Reiter und hat bei sich auch mehr als tausend Christen aus jenem Land, das oben erwähnt wurde[59]; jedem von ihnen gibt er monatlich sechs Pardao in Gold Besoldung und kommt für ihren Unterhalt auf. Dieses Land ist überreich an Getreide, Fleisch und Früchten wie in Calicut. Sie haben nicht allzu viele Elefanten, aber alle anderen Tiere sind reichlich vorhanden; es gibt auch alle Vogelarten, die sich in Calicut finden, aber hier leben die schönsten und besten Papageien, die ich jemals sah. In großen Mengen findet man lange Hölzer und dazu die dicksten, die man auftreiben kann; ich weiß auch nicht, ob es irgendwo größeres Rohr gibt als hier[60]; ich sah eines, das dick wie ein Faß war. In diesem Land findet man riesige Mengen von Zibetkatzen, von denen drei oder vier einen Dukaten kosten. Waren, die sie ausführen, sind ausschließlich Edelsteine, und zwar Rubine, die von einer Stadt im Osten namens Capellan kommen, die dreißig Tage entfernt liegt; nicht daß ich sie gesehen hätte, sondern ich weiß von ihr nur aus den Berichten von Kaufleu-

---

58 Nach der Zerstörung Pagans 1287 durch die Mongolen fiel Burma in die Teilreiche Ava, Toungoo, Prome und Pegu auseinander. In Pegu regierte zu Varthemas Zeit König Binya Rân (1481-1526).
59 Unklar. Möglicherweise spricht Varthema von buddhistischen Söldnern aus Siam.
60 Bambus.

ten[61]. Ihr müßt wissen, daß in dieser Stadt ein Diamant und
große Perlen mehr wert sind als bei uns, und ähnliches gilt
auch für Smaragde. Als wir dort ankamen, war der König fünfzehn Tagereisen
entfernt, um einen anderen zu bekriegen, der sich König von
Ava[62] nennt. Als wir dessen gewahr wurden, beschlossen wir,
uns auf den Weg zu machen und herauszubekommen, wo der
König sich aufhielt, um ihm jene Korallen zu übergeben, und
deshalb fuhren wir von dort mit einem Schiff los, das ganz aus
einem Stück gefertigt und mehr als fünfzehn oder sechzehn
Schritte lang war; die Ruder am Boot bestanden [alle] aus
Rohr. [Tatsächlich] werden sie folgendermaßen hergestellt:
Wo das Ruder ins Wasser taucht, ist es gespalten, und dort
wird ein Brett mit einer Schnur befestigt; die Folge ist, daß
dieses Schiff schneller fährt als eine Brigantine; der Schiffs-
mast besteht aus einem Rohr, dick wie ein Faß, und dort werden die Lebensmittel untergebracht. Nach drei Tagen kamen
wir zu einem Dorf, wo wir Kaufleute trafen, die wegen des
Krieges nicht in die Stadt Ava gelangen konnten. Als wir dies
hörten, kehrten wir mit ihnen zusammen nach Pegu zurück.
Fünf Tage später kam auch der König, der einen großen Sieg
über seinen Feind errungen hatte, in seine Stadt zurück. Am
zweiten Tag nach der Heimkehr des Königs nahmen uns
unsere christlichen Reisegefährten mit, um mit ihm zu sprechen.

---

61 Burma war immer reich an Edelsteinen, und in neuerer Zeit hat die
   Gewinnung von Rubinen, Jade und Saphiren wieder einen bedeutenden Aufschwung genommen. Rubine werden vor allem in der
   Gegend von Mogok nördlich von Mandalay (Oberburma) gefunden.
   Der Name Capellan (zuerst auf der Fra Mauro-Karte von 1459!)
   bezieht sich bei anderen Autoren auf das Gebirge, von dem die
   Steine kamen (YULE/BURNELL, S. 159).
62 Das Königreich Ava mit der gleichnamigen, 1783 (endgültig 1837)
   verlassenen Hauptstadt (beim heutigen Amarapura in Oberburma).

Die Kleidung des Königs von Pegu und die Großzügigkeit, mit der er einige Korallen erwarb

Ihr dürft nicht meinen, daß der König von Pegu die gleiche Reputation genießt wie der König von Calicut, obgleich er so freundlich und mild ist, daß auch ein kleines Kind mit ihm sprechen könnte. Er trägt mehr wertvolle Steine am Leib (ganz besonders Rubine), als eine sehr große Stadt wert ist; denn an allen Zehen trägt er welche und an den Beinen schwere goldene Reifen, besetzt mit herrlichen Rubinen und Perlen. Auch die Arme und alle Finger an den Händen sind voll davon, die Ohrläppchen hängen durch das Gewicht der Juwelen, die an ihnen befestigt sind, eine halbe Spanne nach unten; wenn daher jemand die Gestalt des Königs im Mondlicht sieht, leuchtet er, wie wenn er eine Sonne wäre.

Die besagten Christen sprachen mit ihm und erzählten von unseren Waren; der König antwortete ihnen, wir sollten nach Ablauf des folgenden Tages wiederkommen, da er dem Teufel für den eben errungenen Sieg ein Opfer bringen müsse. Als die Zeit verstrichen war und sogleich nachdem er gespeist hatte, schickte der König nach den Christen und nach meinem Kameraden, damit er ihm seine Waren vorlege. Sowie er die Schönheit der Korallen gesehen hatte, zeigte er sich aufs höchste erstaunt und war sehr zufrieden; denn in der Tat befanden sich unter den anderen Korallen auch zwei Zweige, wie dergleichen noch nie nach Indien gelangt waren. Da fragte der König, was für Leute wir seien; die Christen antworteten:»Herr, es sind Perser.« Da sprach der König zu unserem Dolmetscher:»Frag sie, ob sie diese Sachen verkaufen wollen.« Mein Kamerad antwortete, daß all dies seiner Majestät zur Verfügung stehe. Darauf begann der König zu erzählen, daß er zwei Jahre lang gegen den König von Ava im Feld gestanden und deshalb kein Geld mehr zur Verfügung habe, aber wenn wir bereit seien, unsere Ware gegen Rubine zu tauschen, wolle er uns reichlich davon geben. Durch jene Christen ließen wir ihm ausrichten, daß wir nichts anderes von ihm begehrten als nur seine Freundschaft und daß er die Wa-

213

Abbildung 46: Korallenhandel mit dem König von Pegu

ren nehmen und damit machen könne, was ihm beliebe. Unsere Christen berichteten ihm, was mein Gefährte ihnen aufgetragen hatte, und erklärten dem König, er könne die Korallen ohne Geld und ohne Juwelen behalten. Als er solche Großzügigkeit sah, erwiderte er:»Ich weiß recht gut, daß die Perser sehr freigebige Leute sind, aber noch nie habe ich einen solch großzügigen Mann gesehen wie diesen.« Bei Gott und dem Teufel schwor er, daß er sehen wolle, wer von ihnen der Freigebigere sei, er oder der Perser, und sofort befahl er einem Sklaven[63], ein Kästchen herbeizubringen, das der Länge wie der Breite nach zwei Spannen maß, ringsum mit Gold beschlagen und innen wie außen ganz mit Rubinen besetzt war. Und als er es geöffnet hatte, sah man darin drei voneinander getrennte Fächer, alle drei gefüllt mit verschiedenen [großen und kleinen hochwertigen] Rubinen; er stellte das Kästchen vor uns hin und sagte, wir sollten davon neh-

---

63 In der Ausgabe von 1510:»... einem Vertrauten«.

men, wonach wir begehrten. Da antwortete mein Kamerad: »Gütiger Herr, du erweist mir so viel Freundlichkeit, daß ich, bei meinem Glauben an Mohammed, dir diese meine ganzen Waren zum Geschenk machen möchte; und wisse, Herr, daß ich nicht durch die Welt reise, um Geschäfte zu machen, sondern um die Vielfalt der Völker und Sitten zu erfahren.« Da antwortete der König: »Deinen Großmut kann ich nicht übertreffen; so nimm denn das, was ich dir gebe.« Und damit nahm er eine Handvoll Rubine aus jedem der Fächer in der Kassette und schenkte sie ihm; insgesamt dürften es etwa zweihundert gewesen sein, und indem er sie überreichte, sprach er zu ihm: »Nimm dies für die Großzügigkeit, die du mir erwiesen hast.« Desgleichen gab er auch jedem der Christen zwei Rubine, die auf tausend Dukaten geschätzt wurden; was aber mein Kamerad erhielt, wurde auf etwa 100 000 Dukaten geschätzt; allein daran kann man sehen, daß dieser König der freigebigste Herrscher ist, den man in der Welt finden kann. Jedes Jahr bezieht er ungefähr eine Million in Gold an Einkünften, weil in seinem Reich viel Lack[64] und Sandelholz, reichlich Brasilholz, Baumwolle und Seide in großer Menge zu finden ist; all seine Einkünfte gibt er an die Soldaten. Die Bewohner des Landes aber sind sehr lasterhaft[65].

Nachdem einige Tage vergangen waren, erwirkten unsere Christen eine Abreiseerlaubnis für sich selbst und für uns. Der König befahl, daß uns, solange wir bleiben wollten, eine Wohnung eingerichtet werde mit allem, was wir benötigten; und so geschah es. Wir blieben fünf Tage in dieser Wohnung. In der Zwischenzeit traf die Nachricht ein, daß der König von Ava mit einem großen Heer gekommen sei, um einen Krieg zu beginnen. Als der König davon hörte, brach er auf, um ihn auf

---

64 Anders als in China und Japan wird burmesischer Lack aus dem Sekret der Gummilackschildlaus (*Coccus lacca*) gewonnen.

65 Was Varthema hier gemeint haben könnte, geht vielleicht aus dem hervor, was Niccolò de' Conti, Giovanni da Empoli, Duarte Barbosa, Ralph Fitch und Jan Huygen van Linschoten von befremdlichen Sexualbräuchen in Pegu und Ava berichteten (vgl. Poggio Bracciolini, S. 158 f., 233; RAMUSIO 2, S. 677).

der Hälfte des Weges mit viel Kriegsvolk, mit Reitern und Infanterie, zu stellen. Am Tag danach sahen wir, wie sich zwei Frauen bei lebendigem Leib aus freien Stücken verbrannten, und zwar auf jene Weise, wie ich sie euch in Tarnassari beschrieben habe[66].

Die Stadt Malacha und der Fluß Gaza, von dem manche glauben, es sei der Ganges, sowie von der Unmenschlichkeit der Leute, die dort leben

Am nächsten Tag bestiegen wir ein Schiff und fuhren zu einer Stadt namens Malacha[67], die in südöstlicher Richtung gelegen ist; dort trafen wir nach acht Tagen ein. Nahe bei ihr fanden wir einen mächtigen Strom, wie wir noch keinen größeren gesehen haben; er heißt Gaza und ist offensichtlich mehr als fünfzehn Meilen breit[68]. Und auf der anderen Seite des Flusses

---

66 Siehe oben S. 204 ff. Wenn Varthema behauptet, einer Witwenverbrennung persönlich beigewohnt zu haben, dann hat er sich entweder unter Hindu-Immigranten aufgehalten oder nur eine gewöhnliche Leichenverbrennung beobachtet (Kommentar TEMPLE 1928, S. LXX) – oder er war gar nicht in Burma.

67 Melaka (Malakka) an der Westküste der Malaiischen Halbinsel (ca. 120 km südöstlich von Kuala Lumpur) wurde von dem javanischen Hindu-Prinzen Paramesvara aus Palembang (Sumatra) um 1400 als Handelshafen und Herrschaftsmittelpunkt begründet. Um 1414 trat er zum Islam über und nannte sich seitdem Sultan Megat Iskandar Shah. Außenpolitisch suchte er Anschluß an das China der Ming-Dynastie. Seine Nachfolger dehnten ihren Herrschaftsbereich auf die ganze Halbinsel und Teile Sumatras aus. Die Stadt selbst diente als Umschlagplatz für die Waren Indiens, des Mittleren und Vorderen Orients einerseits, Chinas und des Malaiischen Archipels andererseits. Tomé Pires nannte sie »geschaffen für den Handel« (Suma oriental, S. 286). 1511 wurde Melaka von Afonso de Albuquerque erobert und blieb bis 1641 in portugiesischer Hand (WHEATLEY, S. 306 ff.; EI² 6, S. 207 ff.).

68 Die Straße von Melaka, von Varthema irrtümlich für einen Fluß gehalten. In der Ausgabe von 1510 heißt es, sie sei 25 Meilen breit.

216

Abbildung 47: Melaka

liegt eine große Insel, genannt Sumatra; die Einwohner dieser
Insel behaupten, sie habe einen Umfang von 4500 Meilen; von
den dortigen Verhältnissen will ich erzählen, wenn es Zeit
dazu ist[69].
In Malacha angekommen, wurden wir sofort dem Sultan
vorgeführt; er ist Maure[70], und ähnlich verhält es sich mit seinem ganzen Reich. Die Stadt liegt auf dem Festland und entrichtet Tribut an den König von Cini[71], der diesen Ort vor etwa
siebzig Jahren errichten ließ; denn hier befindet sich ein vor-

Tatsächlich mißt sie an ihrer schmalsten Stelle nur 67 km. Der angegebene Name wird mit türk. und arab. *boghaz*:»Meerenge« in Verbindung gebracht.
69 Siehe unten S. 219 ff.
70 Sultan Mahmud regierte seit 1488 in Melaka und zog sich nach dem
Fall der Stadt 1511 nach Johor zurück.
71 Siam. Zu Beginn des 15. Jahrhunderts und wieder nach dem Rück-
zug Ming-Chinas aus Südostasien (1433) befanden sich die Sultane
von Melaka in mehr oder weniger loser Abhängigkeit von den Königen von Ayutthaya. Als die Portugiesen Melaka erobert hatten, sand-
ten sie sogleich eine Gesandtschaft nach Ayutthaya (WYATT, S. 86 ff.).

züglicher Hafen, der wichtigste am Ozean; in der Tat glaube ich, daß hier mehr Schiffe einlaufen als sonstwo auf der Erde, vor allem weil hier alle Arten von Gewürzen und unglaubliche Mengen anderer Waren eintreffen. Das Land selbst ist nicht sehr fruchtbar; doch gibt es Getreide, Fleisch, wenig Hölzer, Vögel wie in Calicut[72]. Man findet eine große Menge Sandelholz und Zinn[73], ferner sehr viele Elefanten, Pferde, Schafe, Kühe und Büffel, Leoparden und Pfauen in großer Zahl, aber nur wenige Früchte, wie man sie auf Zeilan kennt. Es ist nicht nötig, hier mit irgend etwas Handel zu treiben, außer mit Gewürzen und Stoffen aus Seide. Die Bevölkerung hat eine olivfarbene Haut und läßt die Haare lang wachsen; Kleidung trägt man wie in Kairo. Sie haben breite Gesichter, runde Augen und Stupsnasen. Man kann hier des Nachts nicht durch den Ort gehen, denn sie bringen einander um wie die Hunde, und alle Kaufleute, die hierher kommen, ziehen sich zum Schlafen auf ihre Schiffe zurück. Die Einwohner dieser Stadt gehören dem gleichen Volk an [und haben die gleiche Herkunft] wie die von Java[74]. Der König hat einen Gouverneur eingesetzt, um die Ausländer zu ihrem Recht kommen zu lassen, aber die Einheimischen nehmen sich, was ihnen beliebt; es sind die schlimmsten Leute mit den schlechtesten Sitten, die man meiner Meinung nach auf der Welt findet; [sie sind so hochmütig und grausam] daß sie, wenn der König sie einmal bestrafen möchte, einfach sagen, sie würden das Land verlassen, denn sie seien Männer des Meeres[75] [und könnten leicht zu irgendeiner Insel verschwinden]. Aber das Klima hier ist recht angenehm.

---

72 In der Ausgabe von 1510 heißt es an dieser Stelle: »... ausgenommen die Papageien, die hier viel schöner sind als in Calicut«.

73 Zinn wird seit frühesten Zeiten auf der Halbinsel und seit dem 15. Jahrhundert in Melaka abgebaut.

74 Entweder eine Anspielung auf die Herkunft des Gründers Paramesvara (siehe oben S. 216 Anm. 67) oder ein Hinweis auf die Anwesenheit javanischer Kaufleute in Melaka.

75 Malaiisch *Orang Laut*: Seenomaden, die schon vor der Gründung des Sultanats einen Ankerplatz bei Melaka besaßen.

Abbildung 48: Bewohner von Sumatra

Die Christen in unserer Gruppe ließen uns wissen, daß man hier nicht lange bleiben solle, eben wegen der schlimmen Leute hier; wir nahmen deshalb eine Dschunke und fuhren hinüber nach Sumatra zu einer Stadt namens Pedir, die vom Festland ungefähr achtzig Meilen entfernt liegt.

Von der Insel Sumatra,
die in der Antike Taprobana hieß,
und von Pedir, einer Hafenstadt auf Sumatra

Man sagt, in dieser Gegend sei der beste Hafen auf der ganzen Insel, die, wie ich schon sagte, 4500 Meilen im Umfang mißt. Nach meinem Dafürhalten (und wie auch viele andere sagen) handelt es sich dabei um die Insel Taprobana[76]; auf ihr regie-

---

76 Sumatra wurde im frühen 16. Jahrhundert öfters mit Taprobane, dem Ceylon der antiken Geographen, verwechselt.

ren drei gekrönte Könige, und sie sind Heiden; ihr Glaube, ihre Lebensweisen, Bräuche und Kleidung sind die gleichen wie in Tarnassari; die Frauen werden daher bei lebendigem Leibe verbrannt[77]. Die Bewohner dieser Insel sind von beinahe weißer Hautfarbe, haben ein breites Gesicht, runde grüne Augen, lange Haare, eine breite, eingedrückte Nase und sind klein von Gestalt. Das Recht wird so streng gehandhabt wie in Calicut. Als Münzen gebraucht man geprägtes Gold, Silber und Zinn; die Goldmünzen zeigen auf einer Seite einen Teufel, auf der anderen ist ein Wagen zu sehen, der von Elefanten gezogen wird; ähnlich sehen die Münzen aus Silber und Zinn aus. Von den Silbermünzen entsprechen zehn, von den Zinnmünzen 25 einem Dukaten. Hier wächst eine große Zahl von Elefanten auf; es sind die größten, die ich jemals sah. Die Leute sind nicht kriegerisch, sondern achten mehr auf den Handel; außerdem sind sie große Freunde der Fremden.

Von einer zweiten Pfeffersorte, von Seide und Gummiharz, was alles bei der Stadt Pedir zu finden ist

Im Lande Pedir wachsen große Mengen von einer Pfeffersorte, die von länglicher Form ist und *molaga* genannt wird[78]. Diese

---

77 Die Ausgabe von 1510 spricht von vier miteinander rivalisierenden Königreichen auf Sumatra. In Wirklichkeit waren es weit mehr. Pires zählt neunzehn, João de Barros sogar 29 Reiche auf (darunter Aceh, Pasei, Kampar und Minangkabau); Barbosa spricht von zahlreichen Reichen, von denen Pedir das bedeutendste sei (RAMUSIO 2, S. 686). Die Mehrzahl der Fürsten bekannte sich zum Islam, während die Bevölkerung noch in größerem Umfang an Buddhismus und Hinduismus festhielt (deshalb Varthemas – allerdings nur bedingt zutreffender – Vergleich mit Tenasserim; vgl. oben S. 203 mit Anm. 43). Die Bedeutung Pedirs und seines Hafens ging in den Kriegen mit Aceh (Einnahme der Stadt 1525) zurück. Heute erinnern nurmehr die Ruinen eines portugiesischen Forts und der Name eines Dorfes an die einstige Blüte.

78 Langer Pfeffer (*Piper longum*), dessen Körner so dicht beieinander stehen, daß sie wie ein einziges langes Gebilde aussehen.

Art Pfeffer ist dicker als jene, die zu uns gelangt, und auch deutlich heller; innen ist sie hohl und ebenso scharf[79] wie unser Pfeffer und wiegt sehr wenig; man verkauft sie mit dem Hohlmaß so wie bei uns das Getreide. Man muß dazu wissen, daß in diesem Hafen jedes Jahr achtzehn oder zwanzig Schiffe mit Pfeffer beladen werden, die alle nach Cathay[80] fahren [wo er sich ausgezeichnet verkauft]; denn man sagt, daß es von dort an sehr kalt ist. Der Baum, der den langen Pfeffer hervorbringt, hat einen dickeren Stamm und breitere, weichere Blätter als jener, der in Calicut wächst. In diesem Lande wird sehr viel Seide produziert, und zwar auch durch die Würmer draußen in den Wäldern auf den Bäumen, ohne daß jemand sie nährte; man muß allerdings zugeben, daß diese Seide nicht hochwertig ist[81]. Außerdem finden sich große Mengen von Benzoë, einer Art Baumharz[82], und manche sagen (selbst habe ich es nicht gesehen), es werde auf festem Land, von der Küste weit entfernt, gewonnen.

Die drei Sorten von Aloëholz

Weil die Wahrheit der beschriebenen Sachverhalte das ist, was am meisten erfreut und dazu einlädt, sowohl zu lesen als auch zu verstehen, scheint es mir sinnvoll, das noch auszuführen, wovon ich aus eigener Erfahrung genaue Kenntnis besitze: So wißt also, daß weder Benzoë noch [wirklich gutes] Aloëholz[83] in großen Mengen in die christlichen Länder gelangt; es gibt nämlich drei Sorten Aloëholz. Die erste ist die beste und wird *calampat* geheißen; sie wächst nicht auf dieser Insel, sondern kommt von einer anderen namens Sarnau,

---

79 Ausgabe 1510: »... nicht so scharf«.
80 (Nord-)China.
81 Wildseide von wildlebenden Schmetterlingsarten.
82 Vgl. oben S. 70 Anm. 38.
83 Vgl. oben S. 203 Anm. 44.

die nach Aussage der Christen in unserer Reisegesellschaft nahe bei ihrer Stadt liegt; und dort gedeiht diese erste Sorte. Die zweite heißt *loban* und kommt von einem Fluß; der Name der dritten lautet *bochor*[84]. Jene Christen verrieten uns auch den Grund, weshalb der erwähnte *calampat* nicht zu uns gelangt: Im Großreich Cathay und im Königtum Cin und Macin[85] sowie auf Sarnau und Java gibt es viel mehr Gold als bei uns, und desgleichen gibt es dort viel größere Herren als bei uns, die sich viel mehr als wir an den beiden Duftstoffen erfreuen, so daß man – nach deren Tod – Unsummen in Gold für Räucherwerk aufwendet; aus diesem Grund kommen gerade die besten Sorten nicht in unsere Länder. Ein Pfund davon kostet in Sarnau zehn Dukaten, weil man dort nur wenig davon findet.

Versuche mit Aloëholz und Gummiharz

Die besagten Christen ließen uns beide Duftstoffe erproben: Einer von ihnen besaß ein wenig von der einen und von der anderen Sorte. Der *calampat* wog etwa zwei Unzen; er überreichte ihn meinem Gefährten, und dieser hielt ihn so lange fest in der geschlossenen Hand, wie man braucht, um viermal das Miserere zu beten; danach ließ er ihn die Hand wieder öffnen: In der Tat habe ich noch nie einen ähnlich starken Geruch verspürt wie diesen, der alle unsere Parfüms weit übertrifft. Danach nahm er ein Stück Gummiharz so groß wie eine Nuß und ein halbes Pfund von jenem, das von Sarnau kommt, und ließ es in zwei Räumen in zwei Gefäße mit Feuer darinnen tun; und ich sage euch, daß jenes bißchen stärker roch und mehr süße, schwere Luft erzeugte als zwei Pfund von

---

84 Begriffe arabischer Herkunft (Kommentar BADGER 1864, S. 235 f. Anm. 1; SCHEFER 1888, S. 237 Anm. 1).
85 Bei arabischen Autoren Bezeichnung für Nordchina und Südchina, zu dem aber auch Burma gerechnet werden konnte.

der anderen Sorte. Die Güte jener beiden duftenden Essenzen läßt sich eigentlich gar nicht beschreiben. Aber ihr kennt nun den Grund, weshalb diese Dinge ihren Weg nicht in unsere Länder finden. Außerdem wird hier eine große Menge Lack erzeugt, um rote Farbe herzustellen, und der Lackbaum sieht aus wie bei uns die Bäume, an denen Nüsse wachsen[86].

Vom Kunsthandwerk, das in Sumatra hergestellt wird, von den Sitten der Einwohner und von ihren Schiffen

In diesem Lande sah ich das herrlichste Kunsthandwerk, das ich jemals bemerkte, zum Beispiel aus Gold gearbeitete Kästen, die für zwei Dukaten pro Stück abgegeben werden, bei uns aber auf hundert Dukaten geschätzt würden. Ich erblickte dort auch in einer Straße etwa fünfhundert Geldwechsler, da nämlich eine große Zahl von Kaufleuten in dieser Stadt eintrifft, wo sie umfangreiche Geschäfte tätigen. Zur Schlafstatt gebraucht die Bevölkerung feine Betten aus Baumwolle, seidene Bettdecken und Laken aus Baumwolle. Auf der Insel gibt es Überfluß an Hölzern, und man baut hier große Schiffe, die man Dschunken nennt; sie besitzen drei Masten, einen Bug vorne und hinten, zwei Ruder vorne und zwei hinten[87]. Und wenn sie durch einen Archipel hindurchfahren (denn es gibt dort ein großes Meer in der Form eines Kanals[88]), kann es passieren, daß ihnen der Wind von vorn in die Segel bläst; sofort lassen sie die Segel herab und setzen sie, ohne zu wenden, an einen anderen Mast und kehren um. Denn wißt: Es sind die flinksten Menschen, die ich jemals gesehen habe, und außerdem die besten Schwimmer und Meister darin, ein Feuerwerk zu zünden.

---

86 Lackbaum, insbesondere *Aleurites laccifera*, auf dem sich die Schildlaus *Coccus lacca* niederläßt und Gummilack erzeugt (vgl. oben S. 215 Anm. 64).
87 Vgl. oben S. 207 Anm. 50.
88 Die Straße von Melaka.

Wie man auf Sumatra die Häuser deckt,
und von den beiden Schiffen, die sie hier erwarben,
um zu den Gewürzinseln zu fahren,
und von verschiedenen Gesprächen,
die sie miteinander führten

Die Wohnhäuser an diesem Ort sind aus Stein gemauert und nicht sehr hoch; ein Großteil von ihnen ist mit den Panzern von Meeresschildkröten gedeckt[89]; denn es gibt hier eine große Menge davon, und als ich dort war, sah ich, wie man eine wog: Sie hatte 103 Pfund. Auch sah ich zwei Elefantenzähne, die 325 Pfund wogen[90], und Schlangen, viel größer als jene in Calicut.

Doch kehren wir zu unseren christlichen Gefährten zurück, die Sehnsucht hatten, in ihre Heimat zurückzukehren; daher fragten sie, was denn unsere Absicht sei, ob wir noch hier bleiben oder weiterfahren oder aber zurückkehren wollten. Mein Kamerad gab ihnen zur Antwort:»Jetzt, wo ich dorthin gekommen bin, wo die Gewürze gedeihen, möchte ich auch einige Sorten sehen, bevor ich wieder umkehre.« Da sagte man zu ihm:»Hier wachsen keine anderen Gewürze als jene, die ihr bereits gesehen habt.« Er fragte:»Aber wo wachsen denn die Muskatnüsse und die Gewürznelken?« Man antwortete ihm, daß Muskatnüsse und -blüten auf einer Insel gediehen, die noch dreihundert Meilen entfernt liege. Darauf fragten wir, ob man denn sicher zu jener Insel gelangen könne, unbehelligt von Räubern und Piraten; da meinten die Christen, man könne wohl sicher vor Räubern reisen, nicht aber vor den Unbilden des Meeres, und sie sagten auch, daß man mit jenen großen Schiffen nicht zu der Insel fahren könne.»Welches Mittel gibt es denn«, wandte mein Kompa-

---

89 Unklar; vielleicht eine literarische Erinnerung eher an Plinius (Naturgeschichte IX 10, 35) als Aelian (De natura animalium XVI 17), die beide von Riesenschildkröten nahe Taprobane (Ceylon) bzw. im Indischen Ozean wissen, mit deren Panzern Häuser gedeckt werden könnten (vgl. Kommentar BADGER 1864, S. 241 Anm. 1).
90 Ausgabe von 1510: 335 Pfund.

X. Guillaume Le Testu, Cosmographie universelle (1556): Java

XI. Antonio Pigafetta, Notizie del mondo nuovo: Banda-Inseln

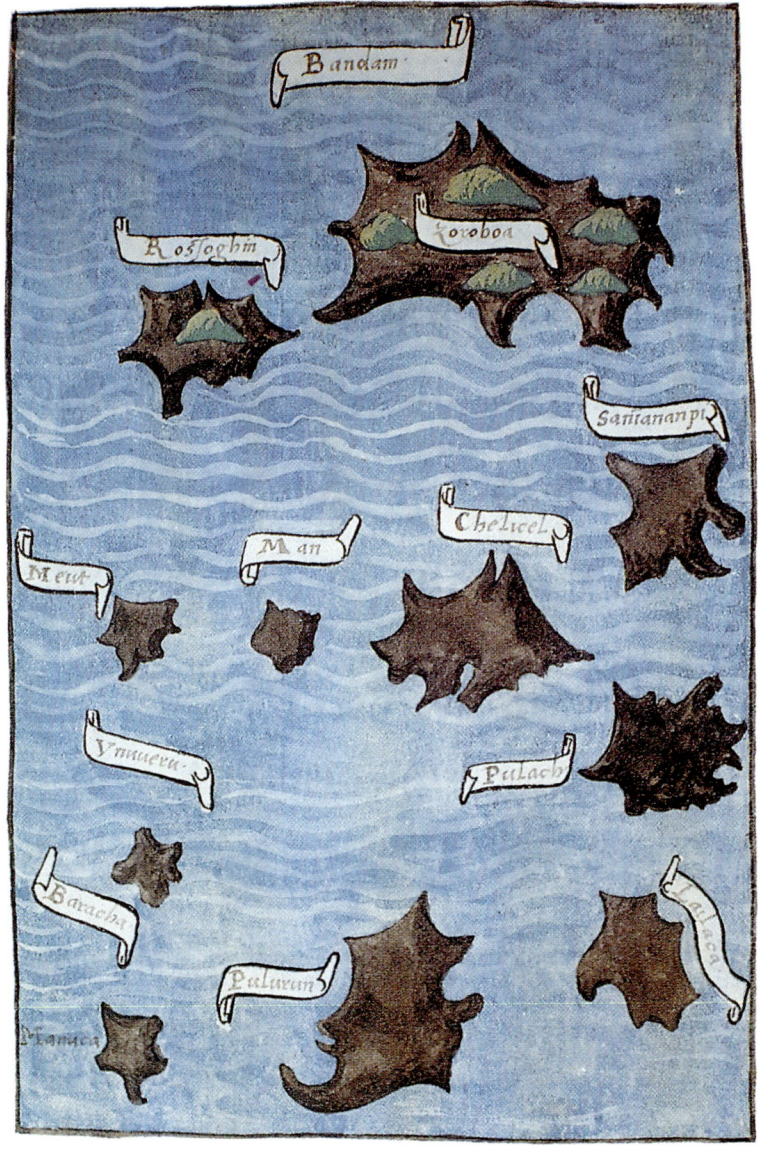

XII. Antonio Pigafetta, Notizie del mondo nuovo: Molukken

XIII. Joan Martines, Atlas (1587): Südostasien (Ausschnitt)

gnon ein,»um zu dieser Insel zu gelangen?« Sie erwiderten, daß man einen Sampan kaufen müsse, das sind kleine Boote, von denen man hier eine Menge findet[91]. Mein Gefährte bat, man solle ihm zwei davon kommen lassen, damit er sie kaufe. Umgehend trieben die Christen zwei Boote mit ihrer Besatzung auf, die sie steuern konnten, und dazu alle nötigen und nützlichen Dinge, um eine solche Reise zu unternehmen; und sie handelten für beide Boote mit Besatzung und Ausrüstung einen Preis von 400 Pardao aus, die dann von meinem Gefährten ausbezahlt wurden. Danach hob er zu folgender Ansprache an:»O meine liebsten Freunde, auch wenn ich nicht aus eurem Volk stamme, so sind wir doch alle die Kinder von Adam und Eva; so wollt ihr denn mich und meinen Freund hier verlassen, der in eurem Glauben geboren wurde?«»Was heißt in unserem Glauben«, sagten die Christen,»ist Euer Kamerad denn kein Perser?« Darauf erwiderte er:»Gegenwärtig ist er schon ein Perser, da er in der Stadt Jerusalem käuflich erworben wurde.« Als die Christen den Namen Jerusalem hörten, hoben sie sofort die Hände gen Himmel, küßten dreimal die Erde und fragten dann, zu welcher Zeit es war, als ich in Jerusalem verkauft wurde. Ich erwiderte, ich sei etwa fünfzehn Jahre alt gewesen.»Dann«, so meinten sie,»muß er sich doch noch an die Heimat erinnern.«»Und wie gern er sich daran erinnert!« sagte mein Kamerad,»ich hatte kein anderes Vergnügen – und es geht schon viele Monate so zu –, als von seiner Heimat zu hören, und er lehrte mich, wie man bei den Christen alle Glieder des Körpers bezeichnet und wie die Speisen genannt werden.« Als sie dies hörten, sprachen die Christen:»Es war unser Wille, in unsere Heimat zurückzukehren, die 3000 Meilen weit weg von hier liegt; aber aus Zuneigung zu Euch und zu Eurem Gefährten wollen wir mitkommen, wohin Ihr geht, und wenn Euer Gefährte bei uns bleiben möchte, wollen wir ihn reich machen, und wenn er weiterhin das Gesetz der Perser befolgen will, so mag er dies tun, wie ihm beliebt.« Da antwortete mein Kamerad:»Ich freue mich

---

91 Vgl. oben S. 169 Anm. 33.

sehr über eure Gesellschaft; aber es geht nicht an, daß dieser hier mit euch kommt; denn aus Zuneigung zu ihm habe ich ihm eine meiner Nichten zur Frau gegeben; wenn ihr dennoch uns begleiten wollt, so möchte ich zuerst, daß ihr dieses Präsent von mir nehmt; andernfalls könnte ich keine Ruhe finden.« Die guten Christen antworteten, daß er tun möge, was ihm gefalle, und daß sie mit allem zufrieden seien; und so schenkte er ihnen eine halbe *curia*[92] [das ist eine halbe Unze] Rubine, von denen zehn 500 Pardao wert waren. Zwei Tage später waren die besagten Sampans hergerichtet, und wir verstauten in ihnen einen ordentlichen Vorrat an Lebensmitteln, darunter die besten Früchte, die ich jemals gekostet habe, und so ausgerüstet machten wir uns auf den Weg nach Osten zu der Insel namens Bandan[93].

Von der Insel Bandan, wo Muskatnüsse und Muskatblüten gedeihen

Auf dem Weg dorthin stießen wir auf etwa zwanzig Eilande, die teils bewohnt, teils menschenleer waren, und nach Ablauf von fünfzehn Tagen gelangten wir zu der Insel, die sehr rauh und elend wirkt; sie hat einen Umfang von etwa hundert Meilen und ist ein niedriges und flaches Land. Es gibt dort weder einen König noch sonst einen Regenten, sondern nur einige Bauern, die wie die wilden Tiere leben und kein bißchen Verstand besitzen. Die Hütten auf der Insel bestehen aus Holz, sind kümmerlich und niedrig. Die Kleidung der Leute sieht so aus: Sie tragen einen Überwurf, keine Schuhe und nichts auf dem Kopf; die Haare lassen sie lang herabhängen, das Gesicht ist breit und rund, die Hautfarbe weiß, und von Gestalt sind sie

---

92 Vgl. oben S. 182 Anm. 59.
93 Die Banda-Inseln mit der Hauptinsel Bandaneira südlich von Seram (Ceram) in der Banda-See.

kleingewachsen. Ihr Glaube ist heidnisch, aber sie gehören zu jener Schicht, die in Calicut die untersten Ränge besetzt, zu Poliar und Hitava; an Geist und Körperkraft sind sie sehr schwach, sie besitzen keine Tugenden, sondern leben wie die Tiere. Hier wächst nichts anderes als Muskatnüsse[94]: Der Stamm des Muskatnußstrauchs sieht aus wie ein Pfirsichbaum und treibt auch Blätter wie jener hervor, aber sie sind dichter, und bevor die Nuß völlig ausgereift ist, stehen die Muskatblüten um sie wie eine offene Rose, und wenn die Nuß reif ist, wird sie von der Blüte verschlossen[95]. Man pflückt sie im September; denn auf dieser Insel liegen die Jahreszeiten wie bei uns; und jedermann erntet dann so viel, wie er kann; denn alles gehört allen, und bei diesen Bäumen bedarf es keiner Arbeit, sondern man läßt der Natur ihren Lauf. Die Nüsse werden nach einem Hohlmaß verkauft, dessen Inhalt einem Gewicht von 26 Pfund entspricht, und man bezahlt einen halben Carlino dafür: Geld ist hier im Umlauf wie in Calicut. Recht muß man hier nicht sprechen; denn die Leute sind so blöd, daß sie niemandem etwas Böses antun könnten, auch wenn sie es wollten.

Nach zwei Tagen fragte mein Gefährte die Christen: »Und wo wachsen nun die Gewürznelken?« Da antworteten sie ihm, daß diese an einem Ort gediehen, sechs Tage weit von hier entfernt, auf einer Insel genannt Maluch, und daß die Einwohner noch wilder, gemeiner und fauler seien als die von Bandan.

---

94 In der Ausgabe von 1510 folgt: »... und ein paar Früchte«.

95 Der zehn bis zwölf Meter hohe Muskatbaum (*Myristica fragrans*) wächst wild auf den Banda-Inseln und den südlichen Molukken (Ambon, Seram, Buru und andere kleinere Inseln). Der Steinkern der pfirsichgroßen Beerenfrüchte enthält die Muskatnuß, die zu Pulver, Butter oder Öl verarbeitet wird; aus dem roten, getrockneten Samenmantel, irrtümlich als »Muskatblüte« (*Macis*) gedeutet, wird ein ätherisches Öl (*Oleum Macidis*) gewonnen. Muskat und Muskatblüte waren in Europa seit dem frühen Mittelalter als Gewürz und die Verdauung wie die Sinne stimulierendes Medikament bekannt. Das Muskat-Monopol der Gewürzinseln wurde 1727 durchbrochen und 1873 auch förmlich aufgegeben, aber noch heute kommen die besten Früchte von Banda und den Molukken (KÜSTER, S. 158 ff.).

Abbildung 49: Muskatnüsse

Pianta delli Garofani.

Abbildung 50: Gewürznelken

Am Ende beschlossen wir, zu jenem Eiland zu fahren, ganz gleich, wie die Leute dort seien, setzten Segel und gelangten nach zwölf Tagen[96] zu dieser Insel.

Die Insel Maluch, wo die Gewürznelken wachsen

Auf der Insel Maluch[97] verließen wir das Schiff. Sie ist viel kleiner als Bandan, aber die Einwohner sind noch übler und leben auf die gleiche Weise; sie sind weißer, und das Klima ist ein wenig kälter. Die Gewürznelken[98] wachsen hier und auf zahlreichen Inseln in der Nachbarschaft; aber sie sind klein und unbewohnt. Der Nelkenbaum sieht gerade so aus wie ein Buchsbaum, ist er doch ebenso dick, und die Blätter ähneln denen des Zimtbaums, nur sind sie runder, und sie haben auch jene Farbe, die, wie ich euch schon bei Zeilan erklärt habe, der des Lorbeerblattes gleicht. Wenn die Nelken reif sind, schlagen sie die Leute mit Stangen herunter und legen Matten unter den Baum, um sie aufzufangen. Die Erde, auf der

---

96 Ausgaben 1510: »... nach sieben Tagen«.
97 Eine der Molukken-Inseln (Maluku) im äußersten Osten des Indonesischen Archipels (Halmahera, Ternate, Tidore, Moti, Makian, Bacan und andere mehr). Auf Ternate errichteten die Portugiesen 1522-1524 ein Fort, um den Handel mit den Gewürznelken zu kontrollieren (SCHURHAMMER, 2,1, S. 740 ff.). Die Beschreibung Varthemas enthält zahlreiche Ungenauigkeiten und Fehler (WARBURG, S. 111 ff.).
98 Die Blütenknospen des über zehn Meter hohen Gewürznelkenbaums (*Syzygium aromaticum*), der ursprünglich nur auf den Gewürzinseln (Molukken) gedieh. Geräuchert und getrocknet, glichen sie »Nägelein « (daher im Deutschen ihr Name; die gleichnamige Blume wird wegen des ähnlichen Duftes so bezeichnet). Seit der Antike gelangten Gewürznelken über malaiische, indische und arabische Zwischenhändler auch nach Europa und wurden hier vor allem zum Würzen von Speisen und Wein, aber auch zu medizinischen Zwekken verwendet. Die europäischen Kolonialmächte Portugal und Holland vermochten das Nelkenmonopol bis zum späten 18. Jahrhundert aufrechtzuerhalten, als erstmals Schößlinge nach Mauritius und Sansibar geschmuggelt wurden (KÜSTER, S. 166 ff.).

Abbildung 51: Nelkenernte auf den Molukken

die Bäume stehen, sieht aus wie Sand, nämlich was die Farbe angeht; es ist aber kein Sand. Das Land liegt in südlicher Richtung, und man sieht dort den Polarstern nicht[99].

Als wir Insel und Einwohnerschaft kennengelernt hatten, fragten wir die Christen, ob es noch etwas anderes zu sehen gäbe. Sie antworteten uns: »Laßt uns zuschauen, wie die Gewürznelken zum Verkauf gebracht werden.« Wir fanden, daß von ihnen doppelt soviel verkauft wird wie von den Muskatnüssen, allein mit dem Hohlmaß, denn die Leute dort verstehen nichts von Gewichten.

---

99 Die Molukken liegen auf dem Äquator zwischen 2° (mit Ambon, Seram und Buru 4°) südlicher und 3° nördlicher Breite.

Willig waren wir, das Land zu wechseln, um fortwährend Neues zu lernen. Also sprachen die Christen: »Mein lieber Kamerad! Nachdem Gott uns bis hierher sicher geleitet hat, wollen wir, wenn es euch gefällt, die größte und reichste Insel der Welt besuchen, und ihr werdet etwas zu sehen bekommen, was ihr noch nie zuvor gesehen habt. Es ist aber erforderlich, daß wir zunächst zu einer anderen Insel, genannt Borneo[100], hinüberfahren, wo man ein großes Schiff nehmen muß, da die See rauher ist.« Er aber antwortete: »Gerne will ich tun, was ihr möchtet.« Und so brachen wir zu dieser Insel auf, zu der man immer in Richtung Süden fährt. Unterwegs hatten die besagten Christen fortwährend, bei Tag und bei Nacht, kein anderes Vergnügen, als mit mir über christliche Dinge und unseren Glauben zu sprechen. Als ich ihnen vom Heiligen Antlitz erzählte, das sich in Sankt Peter befindet[101], und von den Häuptern des heiligen Petrus und des heiligen Paulus sowie von anderen Heiligen, versprachen sie mir heimlich, daß ich, wenn ich mit ihnen kommen wolle, ein großer Herr sein würde, da ich diese Dinge gesehen habe. Ich zweifelte, jemals in meine Heimat zurückkehren zu können, wenn sie mich einmal dorthin gebracht hätten, und deshalb unterließ ich es, an jenen Ort zu gehen.

Auf der Insel Borneo angekommen – von Maluch liegt sie ungefähr zweihundert Meilen entfernt –, fanden wir, daß sie etwas größer und auch viel niedriger als die zuvor genannte ist. Ihre Einwohner sind Heiden und wohlhabende Leute; ihre Hautfarbe ist eher weiß als eine andere Farbe, ihre Kleidung

---

100 Auch nachdem Spanier und Portugiesen nach Borneo gelangt waren (1521, regelmäßig seit ungefähr 1530), herrschte über die genaue Lage der Insel, ihre Größe und den Küstenverlauf noch lange Unklarheit in Europa (LACH I, S. 579 ff.). Über die Handelsgüter und Handelsverbindungen berichteten aber auch schon Tomé Pires (Suma oriental, S. 132 f.) und Duarte Barbosa (RAMUSIO 2, S. 692 f.).

101 Angebliches Schweißtuch der Veronica im Reliquienschatz der Peterskirche in Rom.

besteht aus einem baumwollenen Gewand, und einige kleiden sich in Kamelot; manche tragen rote Mützen. Auf dieser Insel herrscht ein strenges Recht. Und jedes Jahr werden große Mengen Kampfer[102] verschifft, von dem man sagt, daß er dort wachse und ein Baumharz sei: Ob es sich so verhält, habe ich nicht gesehen, deshalb will ich es nicht bestätigen. Mein Gefährte mietete dort ein Boot für hundert Dukaten.

Wie sich die Seeleute orientieren,
wenn sie zu der Insel Java fahren

Als das gemietete Boot mit Lebensmitteln ausgerüstet war, machten wir uns auf den Weg zu der schönen Insel namens Java, auf der wir nach fünf Tagen eintrafen, wobei wir immer in Richtung Süden gefahren waren. Der Kapitän des Schiffes führte einen Kompaß mit Magnetstein mit sich, wie wir es kennen, und besaß eine Karte, die mit waagrechten und senkrechten Linien überzogen war. Da fragte mein Kamerad die Christen:»Jetzt, wo wir den Polarstern aus den Augen verloren haben, wie kann er da noch navigieren? Gibt es denn noch einen anderen Stern als den, an dem wir uns orientieren?« Die Christen fragten in dieser Sache beim Schiffskommandanten nach, und er zeigte uns vier oder fünf [hell strahlende] Sterne[103], unter denen sich einer befand, von dem er erklärte, er liege unserem Polarstern gegenüber, und daß er beim Navigieren diesem folge, weil der Magnetstein auf unseren Polarstern eingestellt sei und dorthin ziele. Er sagte uns auch, daß auf der anderen Seite der Insel gen Süden hin einige Völker lebten, die sich an jenen vier oder fünf Sternen orientierten,

---

102 Harz des Kampferbaums (vorkommend in Indien, auf Borneo und Sumatra), in Europa zu medizinischen und magischen Zwecken verwendet.
103 Das Kreuz des Südens.

die unserem Nordstern gegenüberliegen; außerdem erklärte ·
er uns, daß man jenseits der Insel so weit fahren könne, bis
man feststelle, daß der Tag nicht länger als vier Stunden
dauere und es dort kälter sei als sonstwo in der Welt. Als wir
dies hörten, waren wir sehr angetan und in allem zufrieden-
gestellt.

Von der Insel Java,
von ihrem Glauben, Lebensstil und Brauchtum
sowie von den Dingen, die dort wachsen

Indem wir nun unsere Reise fortsetzten, gelangten wir in fünf
Tagen zu der Insel Java, auf der zahllose Reiche liegen, deren
Könige Heiden sind[104]. Mit ihrem Glauben ist es folgendermaßen bestellt: Einige beten die Götzen an, wie es in Calicut
geschieht, und andere gibt es, die die Sonne, wieder andere,
die den Mond verehren; viele beten Ochsen an, und ein großer
Teil verehrt das, was ihnen des Morgens als erstes begegnet;
andere schließlich verehren den Teufel auf jene Weise, die ich
euch bereits beschrieben habe[105]. Die Insel bringt eine große
Menge Seide hervor, teils auf unsere Art, teils [in den Wäldern]
auf wildwachsenden Bäumen. Dort finden sich die besten und
feinsten Smaragde in der Welt, außerdem Gold und Kupfer in
großen Mengen, reichlich Getreide, wie wir es kennen, und

---

104 Zu Anfang des 16. Jahrhunderts bestanden noch die hinduistischen
Reiche Majapahit in Ost- und Pajajaran in West-Java. Aber im
Süden Zentral-Javas war bereits Kediri abgefallen, und um die
Jahrhundertwende machten sich zahlreiche Küstenfürstentümer
selbständig, deren Herrscher (*patih*) sich – unter dem Einfluß
Melakas – mehrheitlich zum Islam bekannten (SCHURHAMMER, 2,1,
S. 611 f., 653 ff.). Was Varthema von den religiösen Bräuchen und
Haltungen berichtet, bezieht sich eher auf die Masse der Bevölkerung, die noch lange am Hinduismus festhielt und sich dem Islam
nur allmählich aufschloß (VILLIERS, S. 270 ff.).
105 Vgl. oben S. 151 ff. – Daß die »Götzendiener« anbeten, was ihnen
morgens als erstes über den Weg läuft, ist ein Topos der antik-mit-
telalterlichen Weltsicht und Literatur.

Abbildung 52: Javaner

ausgezeichnete Früchte wie in Calicut. In diesem Land erhält
man Fleisch von jeder Sorte ganz wie bei uns. Ich glaube, daß
die Einwohner die aufrechtesten Menschen in der Welt sind;
sie sind weiß und groß wie wir, aber haben ein breiteres
Gesicht, große grüne Augen, eine eingedrückte Nase und
lange Haare. Dort leben Vögel in riesiger Menge, und alle
unterscheiden sich von den unseren, ausgenommen die
Pfauen, Turteltauben und schwarzen Krähen, drei Arten, die
den unseren gleichen. Recht und Gerechtigkeit werden unter
den Einheimischen streng gehandhabt. Gekleidet sind sie
nach Art der Apostel[106] und tragen Gewänder aus Seide,
Kamelot und Baumwolle. Waffen gebrauchen sie nicht allzu
viele, da sie nicht miteinander kämpfen, ausgenommen jene,
die zur See fahren; einige von diesen führen Bogen, die meisten Geschosse aus Rohr mit sich. Sie sind auch gewohnt, mit
Blasrohren umzugehen, aus denen sie vergiftete Pfeile
abschießen; sie tun dies mit dem Mund, und wenn nur ein biß-

---

106 Vgl. oben S. 129 mit Anm. 17.

chen Blut fließt, muß die Person sterben[107]. Artillerie gebraucht man keine, und die Leute wissen nicht, wie man sie herstellt[108]. Sie essen Brot aus Getreide; die einen verzehren Hammel-, Hirsch- oder Wildschweinfleisch, die anderen Fische und Früchte.

Wie auf dieser Insel die Alten von den Kindern oder Verwandten verkauft und danach verspeist werden

Auf dieser Insel gibt es Leute, die Menschenfleisch essen. [Man hat folgenden Brauch:] Wenn der Vater alt ist, so daß er niemandem mehr nützen kann, stellen ihn die Kinder oder Verwandten auf dem Marktplatz zum Verkauf aus, und diejenigen, die ihn erworben haben, schlagen ihn tot und verspeisen ihn dann, nachdem er gekocht wurde. Auch wenn ein junger Mann schwer krank ist, so daß die Seinen[109] den Eindruck gewonnen haben, er werde daran sterben, bringt der Vater oder Bruder des Kranken diesen um, und man wartet nicht, bis er von selbst stirbt; nachdem sie ihn getötet haben, verkaufen sie sein Fleisch an andere Leute zum Verspeisen. Als wir uns über solche Dinge sehr verwunderten, wurde uns von einigen Kaufleuten aus dem Lande erklärt:»O ihr armen Perser, warum laßt ihr denn solch herrliches Fleisch den Würmern zur Nahrung?« Als er dies hörte, rief mein Kamerad jähings aus:»Schnell, schnell, laßt uns an Bord gehen, damit diese Leute mir an Land nicht mehr zu nahe kommen«[110].

---

107 Duarte Barbosa nennt die Javaner »große Piraten« (RAMUSIO 2, S. 688), und von den Blasrohren der Korsaren erzählte bereits Odorico da Pordenone (Memoriale toscano, S. 110).

108 Wenige Jahre später berichtet Barbosa das gerade Gegenteil (RAMUSIO 2, S. 688).

109 Die Ausgabe von 1510 hat hier: »... die Gelehrten«.

110 Die Kommentare verweisen hier auf rituellen Kannibalismus bei den Batak auf Sumatra (!), aber die Tötung (und der Verzehr) von

Abbildung 53: Menschenfresser auf Java

Wo auf der Insel Java im Monat Juni
zur Mittagszeit die Sonne einen Schatten wirft;
und wie man abreist

Da sprachen die Christen zu meinem Gefährten:»O mein Freund, bringt die Nachricht von so viel Grausamkeit zu eurem Heimatland und berichtet auch von dem anderen, das wir euch zeigen werden.« Und sie sagten:»Schaut nur dorthin; jetzt, da es Mittag ist, wendet den Blick dahin, wo die Sonne untergeht.« Und als wir die Augen hoben, sahen wir, daß die

Alten und Kranken ist seit der Antike ein Topos in der ethnographischen Literatur und wird aus verschiedenen Weltgegenden mit den gleichen oder ähnlichen Worten berichtet; auch die Begründung, man solle das Fleisch nicht den Würmern überlassen, kehrt regelmäßig wieder (vgl. Schurhammer, 2,1, S. 730 Anm. 632).

Sonne zur Linken einen Schatten von mehr als einer Spanne warf, und daraus ersahen wir, daß wir uns weit von der Heimat entfernt hatten, und wir waren sehr erstaunt darüber[111]. Nach dem, was mein Gefährte sagte, glaube ich, daß es der Monat Juni war; ich nämlich hatte unsere Monatszählung und manchmal auch den Namen des Wochentags vergessen. Außerdem muß man wissen, daß zwischen der Kälte bei uns und der dortigen wenig Unterschied zu spüren ist.

Als wir die Bräuche auf dieser Insel kennengelernt hatten, schien es uns nicht angebracht, noch lange dort zu verweilen, weil man die ganze Nacht über Wache halten mußte, aus Furcht nämlich, irgendein Kerl könnte kommen, uns zu verschleppen und zu verspeisen. Wir ließen daher die Christen herbeirufen und sagten ihnen, daß wir so schnell als möglich in die Heimat zurückkehren wollten. Aber bevor wir abfuhren, kaufte mein Gefährte zwei Smaragde für tausend Pardao und für zweihundert Pardao auch zwei Knaben, die weder Penis noch Hoden besaßen, da es nämlich auf dieser Insel Kaufleute gibt, die mit nichts anderem Handel treiben, als daß sie kleine Jungen erwerben, denen sie in früher Jugend alles abschneiden lassen und die dann so bleiben, wie die Frauen sind[112].

Wie der Autor von Java abfuhr
und übers Meer nach Malacha kam,
wo er von seinen christlichen Gefährten Abschied nahm,
und wie er dann, nach Aufenthalten an verschiedenen
Orten, am Ende in Calicut eintraf

Als wir insgesamt vierzehn Tage auf der Insel Java verbracht hatten und weil wir teils aus Furcht vor den grausamen Speisegewohnheiten der Einheimischen, teils auch wegen der

---

111 Java liegt 6°-9° unter dem Äquator.
112 Eine von drei Formen der Kastration.

großen Kälte nicht wagten, noch weiter vorzudringen, und weil außerdem unseren Gefährten kein weiterer Ort mehr bekannt war, beschlossen wir zurückzukehren. Wir mieteten daher ein großes Schiff, eine Dschunke, und wählten den Weg auf der äußeren Seite der Inseln gen Osten, weil es dort keinen Archipel gibt und man sicherer reist. Wir segelten fünfzehn Tage lang und gelangten zu der Stadt Malacha und hielten uns dort drei Tage auf; hier blieben unsere christlichen Reisegefährten zurück; ihr Klagen und Weinen könnte man in wenigen Worten gar nicht beschreiben, und wenn ich nicht Frau und Kinder gehabt hätte, wäre ich mit ihnen gegangen. Desgleichen erklärten sie uns, wenn sie sicher sein könnten, heil und gesund zurückzukehren, wären sie mit uns gezogen. Ich glaube aber, daß mein Gefährte sie darin bestärkt hat nicht mitzukommen, damit sie nicht den Christen von den vielen Herren in ihrem Lande erzählen, die ebenfalls Christen sind und unermeßliche Reichtümer besitzen. Daher blieben sie dort zurück und erklärten, nach Sarnau heimkehren zu wollen; wir aber fuhren mit unserem Schiff nach Coromandel[113].

Der Kapitän des Schiffes erzählte uns, daß um die Inseln Java und Sumatra mehr als achttausend Inseln lägen. In Malacha kaufte mein Kamerad kleine Gewürze, seidene Tücher und Duftstoffe für 5000 Pardao. Wir segelten fünfzehn Tage weiter und legten bei der Stadt Coromandel an; dort wurde die Dschunke entladen, die wir in Java gemietet hatten. An diesem Ort verbrachten wir etwa zwanzig Tage, nahmen schließlich einen Sampan und fuhren nach Colon[114], wo ich zwölf[115] portugiesische Christen traf. Unter diesen Umständen hätte ich große Lust zur Flucht gehabt, aber ich ließ es bleiben, da sie nur wenige waren und ich die Mauren fürchtete, zumal einige Kaufleute bei uns waren, die genau wußten, daß ich Mekka besucht hatte und auch dort gewesen war, wo der

---

113 Nagappattinam (vgl. oben S. 191 mit Anm. 10).
114 Quilon (vgl. oben S. 190 mit Anm. 6).
115 In der Ausgabe von 1510: 22.

Leichnam Mohammeds sich befindet; ich fürchtete, sie würden annehmen, daß ich ihre scheinheiligen Bräuche verriete; deshalb unterließ ich es zu fliehen. Zwölf Tage später machten wir uns auf den Weg nach Calicut und gelangten nach zehn Tagen dorthin.

Wie der Autor in Calicut zwei Mailänder traf,
die für den König Artilleriewaffen herstellten,
wie er sie zur Flucht überredete und
wie er vorgab, ein Heiliger zu sein

Nach diesem langen Vortrag über [so zahlreiche und] so verschiedenartige Länder, wie wir sie oben beschrieben haben, wird jeder wohlwollende Leser leicht verstehen können, daß es anfing, mir schwer zu werden, so weit gereist zu sein zu Land wie zur See, sowohl wegen der ungewohnten und wechselnden klimatischen Bedingungen als auch wegen der zahlreichen Unterschiede der Bräuche und Sitten, ganz besonders aber wegen jener gar zu grausamen und unmenschlichen Leute, die wahrhaft den Tieren ähnlich sind. Kurzum: mein Kamerad und ich waren des Reisens müde, und wir beschlossen, daß jeder [in seine Heimat] zurückkehre. Da mir aber auch auf dem Heimweg viele Dinge geschahen [die der Erinnerung wert sind], wird es nicht unangebracht sein, wenn ich sie in aller Kürze erzähle; ich denke, nein: ich halte es für sicher, daß der Bericht von meinen zahllosen Reisen nicht fruchtlos sein wird, sei es, um den Appetit jener vielen Leute zu zügeln, die, ohne gründlich nachzudenken, sich von ihrem Begehren mitreißen lassen, die mannigfaltigen Länder der Welt zu sehen, sei es, daß sie in unvermuteten Umständen oder Gefahren, wenn es nottut, den Verstand arbeiten zu lassen, mit Umsicht sich zu beherrschen wissen [und heil der Gefahr zu entrinnen].

240

Abbildung 54: Einwohner von Calicut

Als wir, wie soeben beschrieben, auf unserem Heimweg in
Calicut angekommen waren, trafen wir zwei Christen, die aus
Mailand stammten: Der eine nannte sich Giovanmaria, der
andere Pietroantonio; sie waren mit einem Schiff der Portugiesen aus Portugal gekommen, um im Auftrag des Königs[116]
Edelsteine zu kaufen, und in Cochin[117] angekommen, waren
sie nach Calicut geflohen. Als ich diese beiden Christen sah,
hätte ich wahrlich keine größere Freude empfinden können.
Sie beide und ich gingen nackt, wie es im Lande üblich ist. Ich
fragte sie, ob sie Christen seien; Giovanmaria antwortete: »Ja,

---

116 Manuel I. von Portugal.
117 Cochin an der südlichen Malabarküste. Der Raja unterstand dem
    »Samorin« in Calicut, ging aber (wie die Herrscher von Cannanore
    und Quilon) mit den Portugiesen ein Bündnis ein. 1503 kam Afonso
    de Albuquerque dem Raja gegen einen Angriff aus Calicut zu Hilfe
    und durfte daraufhin ein portugiesisches Fort in Cochin errichten –
    das erste auf indischem Boden (DIFFIE/WINIUS, S. 221 ff.; SALENTINY,
    S. 122 f., 126; REINHARD, S. 54 ff.; AUBIN, L' apprentissage de l'Inde).

wahrlich, wir sind 's«, und darauf fragte mich Pietroantonio, ob ich denn Christ sei. Ich antwortete mit ja und »Gelobt sei Gott«; da nahm er mich bei der Hand und führte mich in sein Haus, wo wir beisammensaßen, einander umarmten, küßten und weinten. Wahrlich, ich konnte nicht mehr die christliche Sprache sprechen, die Zunge schien mir schwer und unbeholfen, da es vier Jahre her war, daß ich mit Christenmenschen geredet hatte. Jene Nacht verbrachte ich bei ihnen, und keiner von uns vermochte etwas zu essen oder noch weniger zu schlafen, allein wegen der großen Freude, die wir empfanden; ihr könnt euch denken, daß wir es am liebsten gesehen hätten, wenn jene Nacht ein Jahr gedauert hätte, um miteinander über alle möglichen Dinge zu plaudern. Dabei fragte ich sie, ob sie Freunde des Königs von Calicut seien; sie antworteten, daß sie zu den wichtigsten Leuten gehörten, die er um sich habe, und daß sie jeden Tag mit ihm sprächen. Auch fragte ich sie, welches ihre Absichten seien; sie erklärten mir, daß sie gerne wieder heimgekehrt wären, aber sie wußten nicht, auf welchem Wege. Ich erwiderte: »So kehrt doch auf dem Weg zurück, den ihr gekommen seid.« Sie meinten, daß dies nicht möglich sei, weil sie von den Portugiesen geflohen seien, und daß der König von Calicut sie gegen ihren Willen gezwungen habe, eine große Menge von Artilleriewaffen herzustellen, und aus diesem Grund wollten sie nicht auf jenem Wege zurückkehren; auch sagten sie, daß man bald die Armada des Königs von Portugal erwarte. Darauf erwiderte ich: Wenn Gott mir die Gnade erweise, mich nach Canonor[118] entweichen zu lassen, wolle ich, wenn die Armada eingetroffen sei, mich darum bemühen, daß der Kapitän des Königs ihnen vergebe; und ich erklärte ihnen, daß ihnen kein anderer Fluchtweg offenstehe, da man in vielen Reichen wisse, daß sie Geschütze herstellen könnten, und es viele Könige danach gelüste, mit Hilfe ihrer Fertigkeiten einige davon in die Hände zu bekommen; und deshalb sei es nicht möglich, auf einem anderen Weg zu entkommen. Sie sagten mir, daß sie ungefähr vierhun-

---

118 Cannanore (vgl. oben S. 138 Anm. 33).

dert bis fünfhundert[119] Geschützrohre, große und kleine, angefertigt hätten, so daß sie annahmen, große Angst vor den Portugiesen haben zu müssen; und tatsächlich gab es gute Gründe dafür, weil sie, ganz abgesehen von der Herstellung der Geschütze, außerdem die Heiden darin unterrichtet hatten, diese zu bauen; zudem gestanden sie mir, 25[120] Dienern des Königs gezeigt zu haben, wie man mit Mauerbrechern umgeht. Und in der Zeit, die ich dort verbrachte, übergaben sie einem Heiden Entwurf und Muster, um einen Mörser herzustellen, der 150 Cantari[121] wog und aus Metall gegossen war. Es gab da auch einen Juden, der eine sehr schöne Galee[122] hatte bauen und mit vier eisernen Bombarden ausrüsten lassen; dieser Jude ertrank, als er zum Baden in einen Wassergraben gestiegen war.

Doch kehren wir zu den beiden Mailändern zurück. Gott weiß, was ich sagte und wie ich auf sie einredete, nichts derartiges gegen die Christen zu unternehmen. Pietroantonio weinte in einem fort, und Giovanmaria sagte, daß es ihm einerlei sei, in Calicut oder in Rom zu sterben, und daß Gott es so eingerichtet habe, wie es geschehen müsse. Den folgenden Morgen ging ich zurück, um meinen Gefährten aufzusuchen; dieser machte ein großes Lamento, weil er befürchtet hatte, ich könnte tot sein. Ich sagte ihm, ich sei zum Schlafen in einer Moschee der Mauren gewesen, um Gott und Mohammed dafür zu danken, daß wir heil zurückgekehrt waren; damit war er sehr zufrieden. Um zu erfahren, was im Lande los sei, sagte ich ihm, daß ich weiterhin in der Moschee übernachten wolle und auch keine Güter begehre, sondern allwegs arm sein wolle. Und da ich ihnen entfliehen wollte, dachte ich, sie nicht anders übers Ohr hauen zu können als mit ihrem eigenen Aberglauben; denn die Mauren sind die dümmsten Menschen auf der Erde. Auch damit war er zufrie-

---

119 In der Ausgabe von 1510: 300-400.
120 Ausgabe von 1510: 15.
121 Vgl. oben S. 182 Anm. 59.
122 Mediterraner Schiffstyp mit Ruderbänken, zwei oder drei Lateinsegeln und einem Rammsporn am Bug.

den. Dies alles tat ich, um häufig mit den Christen sprechen zu können; denn sie wußten tagtäglich alles, was am Hof des Königs geschah. Ich begann also, mir den Aberglauben zunutze zu machen: Ich gab vor, ein heiliger Maure zu sein und kein Fleisch essen zu wollen, es sei denn im Hause Giovanmarias, wo wir jede Nacht zwei Paar Hühner verschlangen; ich lehnte es ab, noch irgend etwas mit Kaufleuten zu tun zu haben, und kein Mensch sah mich mehr lachen. Den ganzen Tag blieb ich in der Moschee, außer wenn mein Kamerad nach mir schickte, damit ich zum Essen komme, und er mich schalt, weil ich kein Fleisch zu mir nehmen wollte. Ich gab ihm zur Antwort, daß der übermäßige Genuß von Speisen den Menschen zu zahlreichen Sünden verführe. Auf diese Weise fing ich an, als ein Heiliger bei den Mauren zu gelten, und glücklich war, wer mir die Hand küssen durfte und mancher auch die Knie.

Wie er vorgab, ein Arzt zu sein, und einen Mauren heilte

Es geschah aber, daß ein maurischer Kaufmann schwer erkrankte, und da er auf keine Weise mehr Stuhlgang haben konnte, schickte er nach meinem Gefährten, mit dem er eng befreundet war, um zu hören, ob er oder jemand anderer aus seinem Haus ihm ein Heilmittel verschaffen könne; dieser aber antwortete ihm, daß er ihn besuchen komme [und mich mitnehmen werde]. Und so gingen er und ich zusammen zum Haus des Kranken, und als er nach dessen Krankheit fragte, sagte dieser: »Ich fühle mich übel im Magen und am ganzen Körper.« Ich fragte ihn, ob er sich verkühlt habe, wodurch diese Krankheit vielleicht verursacht worden sei; er antwortete, daß er sich nicht erkältet haben könne, denn er wisse überhaupt nicht, was das sei. Da wandte sich mein Gefährte zu mir und sagte: »O Ludovico, weißt du irgendein Mittel für diesen meinen Freund?«Ich erwiderte, daß mein Vater in meiner Heimat Arzt gewesen sei und daß ich das, was ich wisse, aus der Praxis wisse, die er mir vermittelt habe. Da sagte mein Kamerad:»Nun denn, wir wollen sehen, ob man mit irgendeinem Mittel diesem Kaufmann helfen kann, der doch mein geliebter Freund ist.« Darauf[123] nahm ich ihn bei der Hand, fühlte ihm den Puls und stellte fest, daß er hohes Fieber hatte; ich fragte ihn, ob ihn der Kopf schmerze; er antwortete:»O ja, ganz arg tut er mir weh.« Danach fragte ich ihn, ob er schon Stuhlgang gehabt habe; er gab mir zur Auskunft, daß schon seit drei Tagen nichts abgegangen sei. Sofort dachte ich:»Der Mann hat seinen Magen mit zuviel Essen belastet; um ihm zu helfen, muß man ihm ein Klistier verabreichen«; und als ich das meinem Kameraden eröffnete, erwiderte er nur:»Tu, was dir gefällt; wenn er nur gesund wird.« Da gab ich Anweisung für ein Klistier auf folgende Art: Ich nahm Zucker, Eier und Salz und für den Absud bestimmte Kräuter, die eher weh tun, als daß sie angenehm wirken; und diese Kräuter sahen aus wie die Blätter von Nüssen. Mit all diesen Substanzen verpaßte ich ihm an einem Tag und in einer Nacht fünf Klistiere, und keines half, und zwar wegen der Kräuter, die das gerade Gegenteil bewirkten, so daß ich froh gewesen wäre, nicht in ein solches Geschäft verwickelt zu sein.

Schließlich, als ich sah, daß er wegen der elenden Kräuter nichts ausscheiden konnte, nahm ich ein ordentliches Bündel Burzelkraut, machte daraus etwa einen halben Krug Saft und tat dazu die gleiche Menge Öl sowie reichlich Salz und Zucker; das Ganze ließ ich dann durch ein Sieb laufen. Dabei beging ich einen weiteren Fehler, indem ich vergaß, die Flüssigkeit zu erhitzen, sondern sie ihm kalt, wie sie war, eingab. Nachdem ihm das Klistier verabreicht war, band ich eine Schnur um seine Füße, und wir beide zogen ihn nach oben, bis er mit Händen und Kopf die Erde berührte, und in

---

123 In der Erstausgabe steht hier eine Anrufung Gottes in arabischer Sprache.

Abbildung 55: Varthema als Arzt

dieser Höhe hielten wir ihn die Hälfte einer Viertelstunde lang. Da sagte mein Kamerad: »O Ludovico, ist das in eurem Lande so üblich?« Ich antwortete: »Wenn der Patient im Sterben liegt.« Da meinte er, das sei schon richtig so; denn in dieser Lage könne sich der Stuhl besser lösen. Der arme Kranke aber schrie: »Nicht mehr, nicht mehr oder ich sterbe.« Und siehe da, gerade als wir ihn aufmunterten, sei es durch Gottes Hilfe oder durch die Natur, schoß es aus seinem Leib wie aus einem Springbrunnen. Sogleich ließen wir ihn herunter; tatsächlich machte er ein halbes Faß voll und fühlte sich rundum gesund und zufrieden. Am folgenden Tag hatte er weder Fieber, noch verspürte er Schmerzen in Kopf oder Magen, und er hatte auch mehrmals Stuhlgang. Am nächsten Morgen sagte er, die Lenden schmerzten ein wenig; ich ließ Butter von einer Kuh oder einem Büffel holen und ihn damit einsalben; außerdem ließ ich ihn in Werg aus Hanf einwickeln. Danach erklärte ich ihm: Wenn er wieder gesund werden wolle, dürfe er nur noch zweimal am Tag speisen, und vorher solle er eine

Meile zu Fuß gehen. Er entgegnete mir: »Wenn Ihr nicht erlaubt, daß ich öfter als zweimal am Tag esse, werde ich ganz schnell ein toter Mann sein«; denn man ißt dort acht- oder zehnmal am Tag. Meine Anordnung schien ihm daher sehr hart zu sein, doch schließlich genas er völlig, und dies ließ meine Verstellung glaubwürdig erscheinen: Es hieß, ich sei ein Freund Gottes. Jener Kaufmann wollte mir zehn Dukaten geben, aber ich wollte keinen einzigen, vielmehr gab ich drei Dukaten, die ich bei mir hatte, den Armen; und dies tat ich in aller Öffentlichkeit, damit man wisse, daß ich weder Waren noch Geld begehrte.

Nach jenen Vorgängen wurde jeder für glücklich gehalten, der mich nach Hause zum Essen mitnehmen durfte und mir die Hände und Füße küssen konnte. Und wenn mir jemand die Hände küßte, bewahrte ich eine unerschütterliche Haltung, um ihm zu verstehen zu geben, daß er mir etwas zukommen lasse, was ich verdiente, weil ich ein Heiliger war. Aber vor allem anderen war es mein Gefährte, der mir Glaubwürdigkeit verschaffte; denn auch er vertraute mir und erzählte herum, daß ich kein Fleisch esse und daß er mich in Mekka und beim Leichnam Mohammeds getroffen habe; ich sei immer mit ihm zusammengewesen, und er kenne meine Lebensführung; ich sei wahrhaftig ein heiliger Mann, und da er meine vorbildliche und heiligmäßige Lebensweise kennenlernen konnte, habe er mir eine seiner Nichten zur Frau gegeben; und so kam es, daß jedermann mir wohlgesonnen war. Jede Nacht zog ich los, um heimlich mit den Mailändern zu sprechen; eines Tages berichteten sie mir, daß zwölf Schiffe der Portugiesen in Canonor eingetroffen seien. Da rief ich aus: »Nun endlich ist der Zeitpunkt gekommen, da ich aus den Händen dieser Hunde entkomme«, und wir dachten acht Tage lang gemeinsam nach, wie ich entfliehen könne. Sie gaben mir den Rat, auf dem Landweg zu fliehen; ich aber hatte nicht den Mut dazu; denn ich fürchtete, von den Mauren umgebracht zu werden, da ich weiß bin und sie schwarz.

Von der Nachricht, daß zwölf Schiffe
der Portugiesen nach Calicut kämen

Eines Tages, als ich mit meinem Gefährten beim Essen saß, trafen zwei persische Kaufleute aus Canonor ein; sogleich lud er sie ein, mit ihm zusammen zu speisen. Sie aber erwiderten: »Wir haben keine Lust zu essen und bringen schlechte Nachricht.« Er fragte: »Was sind das für Worte, die ihr da sprecht?« Da erklärten sie: »Zwölf Schiffe der Portugiesen sind eingetroffen, und wir haben sie mit unseren eigenen Augen gesehen.« Mein Kamerad fragte: »Was sind das für Leute?« Die Perser antworteten: »Es sind Christen; sie sind alle mit Schwertern bewaffnet und haben angefangen, in Canonor ein gewaltiges Kastell zu errichten.« Da wandte sich mein Kamerad zu mir und fragte mich: »O Ludovico, was für Menschen sind diese Portugiesen?« Ich aber gab zur Antwort: »Sprich mir nicht von diesem Volk, es sind alles Räuber und Piraten; am liebsten würde ich sie alle zu unserem mohammedanischen Glauben bekehrt sehen.« Als er dies hörte, bekam er schlechte Laune, ich aber freute mich in der Tiefe meines Herzens.

Wie die Mauren das Volk in die Moschee zum Gebet rufen
und wie der Autor nach Canonor gelangte

Am folgenden Tag, als sie die Neuigkeit erfahren hatten, begaben sich alle Mauren zur Moschee, um zu beten. Zuvor aber liefen einige, die dazu bestimmt waren, auf den Turm ihrer Moschee, so wie es bei ihnen drei- oder viermal am Tag üblich ist, und fingen an, mit lauter Stimme und an Stelle von Glocken die anderen Gläubigen zum Gebet zu rufen; dabei hielten sie ständig einen Finger im Ohr und sprachen: *Alla u eccubar alla u eccubar aia lassale aia lalfale aia lalfale alla u eccubar alla u eccubar leilla illala esciadu ana Mahometh resullala*[124]:

---

124 Der Gebetsruf der Muslime (*adan*), bei dem der Muezzin die Fingerspitzen an die Ohren hält.

»Gott ist groß, Gott ist groß, kommt zur Moschee, kommt zur Moschee[125], um Gott zu preisen, kommt, um Gott zu preisen. Gott ist groß, Gott ist groß. Gott war, Gott wird sein, und Mohammed, Gottes Bote, wird auferstehen.« Und sie nahmen auch mich mit und sagten, ich solle bei Gott für die Mauren bitten; ich stellte mich daher öffentlich hin, um jenes Gebet zu sprechen, das bei ihnen so gebräuchlich ist wie bei uns das Vaterunser und das Avemaria. Die Mauren stehen dabei alle in Reih und Glied, aber es sind viele Reihen, und sie haben einen Geistlichen, vergleichbar unserem Priester, und wenn sie gründlich gewaschen sind, beginnen sie mit dem Gebet nach ihrer Gewohnheit: *Un gibilei nimi saithane reginbizimilei erachman erachinal hamdulile ara blaharami erachman eachin malichi laum edmi iachie nabudu hiachie: nesta himi edina sarathel mostachina ledina ana antha alyhin gayril magdubim aleyhim u ualla da lim amin alla u eccubar*[126]. Und ebenso hielt auch ich es, in Gegenwart von allem Volk, und ging danach mit meinem Kameraden nach Hause.

Am folgenden Tag gab ich vor, schwer erkrankt zu sein, und ungefähr acht Tage lang blieb ich dabei, nicht mit ihm essen zu wollen, aber jede Nacht ging ich zu den Mailändern essen. Er aber wunderte sich sehr und fragte mich, weshalb ich nicht essen wolle; ich gab ihm zur Antwort, daß ich mich sehr schlecht fühle und daß mir der Kopf dick und schwer vorkomme, und ich erklärte ihm, daß dies meiner Meinung nach von dem Klima herrühre, das mir nicht gut bekomme. Wegen der besonderen Zuneigung, die er mir gegenüber hegte, hätte er alles getan, um mir gefällig zu sein; als er daher hörte, daß mir das Klima in Calicut Übelkeit bereite, sprach er zu mir: »Geht nach Canonor und bleibt dort, bis wir nach Persien heimkehren, und ich will dich zu einem meiner Freunde schicken, der dir alles geben wird, was ihr braucht.« Ich antwortete ihm, daß ich gerne nach Canonor ginge, aber daß ich

---

125 In der Ausgabe von 1510 heißt es hier : »... kommt zur Kirche«!
126 Rezitation der Fātiḥa, der ersten Sure im Koran (von Ramusio ausgelassen).

wegen jener Christen Bedenken hätte. Er aber meinte:»Laßt euch nicht aufhalten und habt keine Furcht vor ihnen, denn ihr werdet die ganze Zeit in der Stadt bleiben.« Als ich schließlich die ganze Flotte sah, die in Calicut zusammenkam, sowie die Geschütze und das Heer, das sich gegen die Christen vorbereitete, machte ich mich auf die Reise, um sie zu informieren und mich selbst aus der Hand der Hunde zu befreien.

Unter welchen Gefahren der Autor von Calicut abreiste und wie er in Canonor an Land ging

Am Tag, bevor ich abreiste, richtete ich alles, was ich mit den beiden Mailändern zu tun hatte; danach brachte mich mein Gefährte mit jenen beiden Persern zusammen, die die Nachricht von den Portugiesen gebracht hatten, und wir mieteten eine kleine Barke. Nun hört, in welche Gefahr ich mich begab; denn da waren 24 persische, syrische und türkische Kaufleute, die mich alle kannten, Zuneigung zu mir gefaßt hatten und genau wußten, wozu ein Christ fähig war. Ich fürchtete, sie könnten meinen, wenn ich Abschied nähme, ich wolle zu den Portugiesen fliehen, und daß sie, wenn ich verschwände, ohne mit ihnen zu sprechen, und dann zufällig entdeckt würde, zu mir sagen würden:»Warum hast du nicht mit uns gesprochen?« Diese Gedanken trug ich mit mir herum. Doch endlich beschloß ich abzufahren, ohne mit irgend jemandem zu sprechen, ausgenommen nur meinen Gefährten.

Am Donnerstagmorgen, dem 3. Dezember, fuhr ich mit den beiden Persern aufs Meer; und als wir einen Bogenschuß weit hinausgefahren waren, kamen vier Naër[127] ans Ufer, riefen nach dem Patron des Schiffes, und sogleich kehrten wir an Land zurück. Die Naër sagten zum Kommandanten:»Warum nehmt ihr ohne Erlaubnis des Königs diesen Mann mit?« Die

---

127 Vgl. oben S. 155 Anm. 10.

Abbildung 56: Varthemas Flucht von Calicut

Perser erwiderten: »Er ist ein heiliger Mann, und wir fahren nach Canonor.« »Wir wissen sehr wohl«, sagten die Naër, »daß er ein heiliger Moslem ist, aber er spricht die Sprache der Portugiesen und wird ihnen alles erzählen, was wir hier tun«; denn es wurde eine große Streitmacht zusammengezogen. Sie befahlen dem Schiffsherrn, mich unter keinen Umständen zu befördern, und so geschah es. Wir blieben am Meeresstrand, und die Naër kehrten zum Palast des Königs zurück. Da sagte einer der Perser: »Laßt uns nach Hause gehen«, also nach Calicut. Ich aber erwiderte: »Geht nicht, denn ihr werdet jene fünf *sinabaf* (das sind Stoffe, die sie mit sich trugen)[128] verlieren, weil ihr dem König keinen Zoll gezahlt habt.« Da sagte der andere Perser: »Herr, was sollen wir tun?« Ich antwortete: »Laßt uns am Strand entlanggehen, bis wir eine Prau finden«; das ist ein kleines Boot[129]. Sie waren es zufrieden, und wir gin-

128 Vgl. oben S. 208.
129 Vgl. oben S. 169 Anm 34.

gen zwölf Meilen Wegs, immer über Land, beladen mit den genannten Waren; ihr könnt euch denken, wie mir in solch einer Gefahr zumute war. Schließlich fanden wir eine Prau, die uns nach Canonor brachte.

Am Samstagabend gingen wir in Canonor an Land und brachten sogleich einen Brief, den mir mein Kamerad geschrieben hatte, zu einem Kaufmann, seinem Freund; der Inhalt des Schreibens besagte, daß dieser für mich alles tun solle, was er für ihn tun würde, bis er selbst dorthin komme, und er berichtete ihm, daß ich ein Heiliger sei, und er erzählte auch von den verwandtschaftlichen Bindungen zwischen ihm und mir. Sobald der Kaufmann den Brief gelesen hatte, legte er ihn sich aufs Haupt und sagte, daß ich auf seinem Kopf völlig sicher sei; und sofort ließ er reiche Speisen auftischen, mit vielen Hühnern und Tauben. Als die Perser die Hühner kommen sahen, riefen sie: »O weh, was macht ihr? Dieser Mann ißt kein Fleisch«, und sofort wurden andere Sachen gebracht. Nach dem Essen sagten die Perser zu mir: »Laß uns noch ein wenig am Strand spazierengehen«, und so gingen wir dorthin, wo die Schiffe der Portugiesen vor Anker lagen. Denkt doch, ihr Leser, welche Freude ich im Innersten verspürte: Als ich noch ein wenig weiterging, sah ich im Eingang eines niedrigen Hauses drei leere Fässer, woraus ich schloß, daß sich hier die Faktorei der Christen befinden müsse. Erfreut darüber, hatte ich gute Lust, mich hinter die Tür zu flüchten, aber ich hielt mir vor Augen, daß dann, wenn ich dergleichen in Gegenwart der Leute täte, die ganze Stadt in Aufruhr geriete; da ich also nicht gefahrlos entwischen konnte, merkte ich mir den Ort, wo das Fort der Christen gebaut wurde, und beschloß, den folgenden Tag abzuwarten.

Abbildung 57: Das portugiesische Fort in Cannanore

Wie der Autor von Canonor
in das Kastell der Portugiesen floh
und wie die beiden Mailänder in Calicut getötet wurden

Am Sonntagmorgen erhob ich mich zu früher Stunde und
sagte, ich wolle zum Zeitvertreib ein wenig spazierengehen.
Meine Reisegefährten sagten nur:»Geht, wohin Ihr mögt«, und
so schlug ich einen Weg ein nach meinem Geschmack, ging
dorthin, wo das Kastell der Christen gebaut wurde. Und als ich
ein Stück weit von meinen Genossen entfernt war und über
den Meeresstrand schlenderte, begegnete ich zwei portugiesischen Christen und sprach zu ihnen[130]:»Ihr Herren, wo befindet sich das Fort der Portugiesen?« Die beiden Christen sag-

---

130 Das folgende Gespräch ist in der Ausgabe von 1510 in einer eigen-
     tümlichen Mischung aus Italienisch, Portugiesisch und Spanisch (!)
     wiedergegeben.

ten:»Bist du etwa Christ?« Ich erwiderte:»Ja, Herr, gelobt sei Gott«, und sie sagten:»Woher kommt Ihr?« Ich antwortete: »Von Calicut.« Da sprach der eine der beiden Kameraden zum anderen:»Geht Ihr zur Faktorei, während ich diesen Mann zu Don Lorenzo führe«, das ist der Sohn des Vizekönigs[131]. Und somit brachte er mich zu jenem Kastell, das eine halbe Meile von der Stadt entfernt liegt, und als wir dort ankamen, saß Don Lorenzo gerade beim Essen. Sogleich kniete ich zu Füßen Seiner Herrschaft nieder und sprach zu ihm:»Herr, ich übergebe mich Eurer Herrschaft, damit Ihr mich errettet; denn ich bin Christ.« Als ich so da kniete, vernahmen wir, daß in der Stadt sich ein Lärmen erhob, weil ich das Weite gesucht hatte, und umgehend wurden die Bombardiere gerufen, damit sie alle Geschütze luden; denn man fürchtete, daß die Leute in der Stadt zum Fort kämen, um sich mit den Christen zu schlagen. Als aber der Kommandant sah, daß sie sonst keine weiteren Anstalten unternehmen würden, nahm er mich bei der Hand und führte mich in einen Raum, allein um mich über die Verhältnisse in Calicut auszufragen, und er behielt mich dort drei Tage lang, damit ich mit ihm spräche; und ich meinerseits, begierig, die Christen siegen zu sehen, gab ihm jedwede Auskunft über die Flotte, die in Calicut gerüstet wurde. Als schließlich die Gespräche beendet waren, schickte er mich mit einer Galee zum Vizekönig in Cochin, seinem Vater; ihr Kommandant war ein Edelmann namens Ioan Serrano[132].

Als ich dort an Land ging, zeigte sich der Vizekönig[133] hocherfreut und erwies mir große Ehre, weil ich ihm Auskunft gab über die Dinge, die in Calicut vor sich gingen, und außerdem sagte ich ihm, daß ich, wenn er Giovanmaria und Pietroantonio, die in Calicut Geschütze gebaut hatten, verzeihen und mir sicheres Geleit für sie gewähren wolle, diese zur Rückkehr bewegen würde, daß sie dann den Christen nicht mehr in der

---

131 Lourenço de Almeida († 1507), Sohn des Vizekönigs Francisco de Almeida.
132 João Serrão.
133 Francisco de Almeida (um 1450-1510), Vizekönig in Portugiesisch-Indien 1505-1509.

Weise schaden würden, wie sie es – wenn auch gegen ihren Willen – getan hatten, und daß sie ohne Geleitbrief Angst hätten zurückzukehren. Der Vizekönig freute sich darüber über die Maßen, war mit allem einverstanden und ließ mir den Geleitbrief ausstellen; der Kapitän der Galee[134], mit der ich gekommen war, haftete dem Vizekönig, und nach drei Tagen schickte er mich mit der Galee nach Canonor zurück; einen Brief an seinen Sohn gab er mir mit, daß er mir so viel Geld aushändige, wie ich benötige, um die Kundschafter zu bezahlen, die nach Calicut gehen sollten.

In Canonor angekommen, fand ich einen Heiden, der mir Frau und Kinder in Obhut gab, und ihn selbst schickte ich mit meinen Briefen nach Calicut zu Giovanmaria und Pietroantonio, mit denen ich ihnen mitteilte, daß der Vizekönig ihnen verziehen hatte und daß sie ohne Sorge nachkommen könnten. Nun wißt, daß ich den Kundschafter fünfmal hin- und herschickte und daß ich ihnen jedesmal schrieb, sie sollten auf der Hut sein und weder ihren Frauen noch den Sklaven vertrauen; denn jeder von ihnen hatte eine Frau und Giovanmaria einen Sohn und einen Sklaven; und jedesmal antworteten sie, daß sie gerne kommen wollten. In ihrem letzten Brief teilten sie mir schließlich folgendes mit:»Ludovico, alle unsere Sachen haben wir dem Kundschafter ausgehändigt; komm in der bewußten Nacht mit einer Galee oder einer Brigantine an den Ort, wo die Fischer wohnen und wo es nie eine Wache gibt, und wenn es Gott gefällt, werden wir beide mit all den Unseren dorthin kommen.« Ihr müßt wissen, daß ich ihnen schrieb, sie sollten allein kommen und Frauen, Kinder, die Habe und den Sklaven zurücklassen, sondern nur die Edelsteine und das Geld mitnehmen; sie besaßen nämlich einen Diamanten, der 32 Karat wog und von dem sie sagten, daß er 15 000[135] Dukaten wert sei, außerdem eine Perle, die 24 Karat wog, und zweitausend Rubine, von denen jeder ein oder

---

134 Im Druck von 1510 ist außerdem von »unserem Vikar« als Bürgen
      die Rede.
135 Im Druck von 1510: 35 000.

anderthalb Karat wog, sowie 64 Ringe mit Edelsteinen daran und 1400 Pardao. Darüber hinaus wollten sie auch sieben Sperber, drei Meerkatzen und zwei Zibetkatzen retten sowie das Rad, um die Edelsteine zu bearbeiten; ihre Habgier aber war die Ursache ihres Todes, weil nämlich ihr Sklave, der aus Calicut kam, bemerkte, daß sie zu fliehen beabsichtigten, und sich umgehend zum König begab und ihm alles erzählte. Der König glaubte ihm nicht; trotzdem schickte er fünf Naër zu ihrem Haus, damit sie bei ihnen blieben. Als der Sklave sah, daß der König nicht die Absicht hatte, sie hinrichten zu lassen, ging er zum Kadi der Mauren, sagte ihm dasselbe, was er dem König gesagt hatte, und außerdem, daß sie all das, was in Calicut geschehen sei, den Christen erzählt hätten.

Der Kadi rief eine Versammlung aller maurischen Kaufleute zusammen; von ihnen wurde ein Betrag von hundert Dukaten gesammelt, die sie zum König von Yoga[136] trugen, der sich zu der Zeit mit dreitausend Yogis in Calicut aufhielt. Zu ihm sprachen die Mauren:»Herr, du weißt, daß wir dich in früheren Jahren, wenn du hier warst, immer gut behandelt und dir mehr Ehre erwiesen haben, als wir jetzt in diesem Augenblick tun. Der Grund dafür ist folgender: Es gibt zwei Christen hier, Feinde unseres und eures Glaubens, die den Portugiesen alles mitteilen, was hier an diesem Ort geschieht. Deshalb bitten wir dich, daß du sie umbringen läßt, und nimm dafür diese hundert Dukaten.« Sofort schickte der König von Yoga zweihundert Leute aus, die die beiden Mailänder töten sollten; und als sie zu deren Haus kamen, begannen sie zu je zehn ihre Hörner zu blasen und um Almosen zu bitten. Als die Mailänder sahen, daß diese Leute immer mehr wurden, sprachen sie:»Die da wollen etwas anderes als Almosen«, und begannen zu kämpfen, so daß diese beiden sechs von jenen erschlugen und mehr als vierzig verwundeten. Schließlich aber zogen die Yogis eine besondere Waffe hervor, die aus einem [zwei Finger dicken] Eisenring besteht [der außen eine

---

136 Vgl. oben S. 128 ff. mit Anm. 15.

Schneide hat, scharf wie ein Rasiermesser][137], und sie trafen Giovanmaria damit am Kopf, Pietroantonio an der Hüfte, so daß sie alle beide zu Boden stürzten; dann fielen sie über sie her, schnitten ihnen eigenhändig die Kehle durch und tranken ihr Blut.

Giovanmarias Frau suchte mit ihrem Sohn Zuflucht in Canonor, und ich kaufte den Sohn für acht Golddukaten, ließ ihn am Tag des heiligen Laurentius[138] taufen und gab ihm den Namen Lorenzo, weil ich ihn eben an diesem Tag taufen ließ. Ein Jahr später, genau am selben Tag, starb er an der Franzosenkrankheit; ihr müßt nämlich wissen, daß ich Patienten, die an dieser Krankheit leiden, mehr als dreitausend Meilen jenseits von Calicut gesehen habe; man nennt sie *pua*, und es heißt, sie habe vor ungefähr siebzehn Jahren zu wüten begonnen, und ihre Folgen sind in jenen Ländern noch viel grauenvoller als bei uns[139].

Von der Flotte aus Calicut,
die gegen jene der Portugiesen fuhr,
und von der grausamen Schlacht,
die sie einander lieferten

Am 12. März 1506 traf die Nachricht vom Tod der Christen ein; am selben Tag brach die gewaltige Armada von Pannani, Calicut, Capogat, Pandarane und Tromapatan[140] auf. Insgesamt

---

137 Im Druck von 1510 heißt es zusätzlich: »... und warfen sie mit einer Schleuder«. Zur Waffe vgl. oben S. 129.
138 10. August.
139 Die Syphilis (vgl. oben S. 170) wurde 1493 durch Spanier von Amerika nach Europa gebracht und 1495 durch das Heer Karls VIII. von Frankreich in Italien eingeschleppt; daher ihr populärer Name (die heutige medizinische Bezeichnung wurde erst durch Girolamo Fracastoro 1530 eingeführt). Verlauf und Krankheitsbild waren zu Beginn des 16. Jahrhunderts noch dramatischer als in späterer Zeit.
140 Ponnani, Calicut, Cotaport, Panthalayini Kollam, Dharmapatam (alle an der Malabarküste).

bestand sie aus 209 Schiffen, von denen 84 große Schiffe waren und der Rest Ruderboote, Praus; darinnen befanden sich bewaffnete Mauren ohne Zahl und trugen rote Wämser aus Stoff, gefüttert mit Baumwolle, dazu große wattierte Mützen zur Kopfbedeckung und desgleichen an den Armen Armschützer und Handschuhe, alle gefüttert, und eine Unmenge Bogen und Lanzen, Schwerter, Schilde sowie große und kleine Geschütze, wie wir sie haben.

Als wir die Flotte erblickten – es war der 16. Tag des genannten Monats –, schien es tatsächlich, bei so vielen Schiffen auf einem Fleck [und wegen der hohen Masten der Schiffe], als sähe man einen riesigen Wald vor sich. Wir Christen hofften unverzagt, daß Gott uns dabei helfen werde, das Heidentum zu vernichten. Und der tapfere Kommandeur der Flotte, der Sohn des Vizekönigs in Indien, Don Francesco de Almeida, nahm mit elf Schiffen teil, darunter waren zwei Galeen und eine Brigantine; wie er eine solche Menge von Schiffen sah [und als er sich die beherzten Taten seiner Vorgänger vor Augen hielt, wollte er keinesfalls hinter jenen zurückstehen], rief alle Noblen und Seeleute zu sich und begann, sie zu ermahnen und darum zu bitten, sie möchten bei ihrer Liebe zu Gott und zum christlichen Glauben bereit sein, den Tod zu erleiden; dabei sagte er folgendes: »Ihr Herren und Brüder, heute ist der Tag, da wir uns alle an die Passion Christi erinnern müssen und daran, welche Strafe er auf sich nahm, um uns Sünder zu erlösen[141]. Heute ist der Tag, an dem alle unsere Sünden getilgt sein werden [und Gott uns in seiner heiligen Glorie aufnehmen wird]. Deshalb bitte ich euch, daß ihr mit aller Kraft gegen diese Hunde vorgeht; denn ich hoffe, daß Gott uns den Sieg verleihen wird und nicht möchte, daß der Glaube an ihn Schaden nimmt.« [Unverzüglich] hob ein [ehrwürdiger] geistlicher Vater, der auf dem Heck des Kapitänsschiffes stand, mit beiden Händen [und in großer Ehrfurcht] ein Kruzifix [so daß alle Leute es sehen konnten] und hielt eine schöne Predigt, mit der er dazu aufrief, das zu

---

141 Im Jahr 1506 lag der Ostertermin auf dem 12. April!

tun, wozu wir [durch den christlichen Glauben] verpflichtet seien. Danach erteilte er die Absolution von Strafe und Schuld und sagte:»Wohlan, meine Söhne, laßt uns alle freudig [in den Kampf] ziehen, damit Gott mit uns ist.« Und er verstand, so schön [und in solch frommen und eindrucksvollen Worten] zu sprechen, daß wir alle weinten und zu Gott beteten, er möge uns in der Schlacht den Tod finden lassen.

Unterdessen kam die gewaltige Flotte der Mauren auf uns zugefahren um zu passieren, und unser Kommandant machte sich mit zwei Schiffen auf und fuhr auf sie los; er fuhr zwischen zwei Schiffen hindurch, die die größten in der Armada der Mauren waren, und als wir genau in der Mitte zwischen ihnen lagen, begrüßten sie uns von der einen und von der anderen Seite mit gewaltigen Böllerschüssen. Unser Kapitän tat das, um die Stärke der beiden Schiffe zu erfahren und wie sie sich verhielten; denn sie führten mächtige Banner und waren die Admiralsschiffe für die ganze Flotte. An jenem Tag geschah sonst nichts mehr. Am folgenden Morgen zu früher Stunde setzten die Mauren die Segel und fuhren in Richtung Canonor; und sie ließen unserem Kommandanten ausrichten, er solle sie durchfahren und ihres Weges ziehen lassen, weil sie sich mit den Christen nicht schlagen wollten. Der Kapitän ließ ihnen antworten, daß die Mauren in Calicut die Christen, die dort ihrem Glauben lebten, nicht hätten zurückkehren lassen, sondern 48 von ihnen hinterhältig umgebracht und ihnen [mehr als] 4000 Dukaten an Waren und Bargeld weggenommen hätten. Und dann erklärte er ihnen:»Fahrt vorbei, wenn ihr könnt. Aber zuvor werdet ihr die Kraft und den Mut kennenlernen, der den Christen innewohnt.« Die Mauren erwiderten:»[Da sich die Sache so verhält] wird uns unser Mohammed schon gegen euch Christen beschirmen.« Und so begannen sie drauflos zu segeln und mit aller Macht die Durchfahrt zu erzwingen, wobei sie immer in einem Abstand von acht oder zehn Meilen vom Festland navigierten. Unser Kapitän wollte sie bis vor die Stadt Canonor kommen lassen, weil der König von Canonor dort stand um zuzuschauen, und er wollte ihm vorführen, wie beherzt die Christen sind.

[Unterdessen befahl der Kommandant, daß alle eine Mahlzeit einnähmen] und als sie gegessen hatten, begann der Wind ein wenig aufzufrischen. Der Kommandant sprach zu ihnen: »Wohlan, ihr Brüder, jetzt ist der Zeitpunkt gekommen, daß wir alle rechte Ritter sind«, und er fuhr auf die beiden großen Schiffe los. Welchen Lärm die zahllosen Instrumente in der dort üblichen Weise machten, könnte ich euch nicht beschreiben; es schien, als sei die Welt an ihrem Ende angelangt. Der Kommandant ließ fest an eins der Schiffe der Mauren anlegen, an das größte nämlich, und dreimal warfen die Mauren unsere Kette herunter; aber beim vierten Mal blieben sie angekettet, und sofort sprangen die Christen auf das Schiff, auf dem sich sechshundert Mauren befanden. [Dort geriet im Handgemenge einer an den anderen, und] es gab ein grauenvolles Morden und großes Blutvergießen, so daß von diesem Schiff nicht einer entkam, sondern alle fanden den Tod. Danach fuhr unser Kapitän weiter, um das andere große Schiff der Mauren aufzuspüren; dieses lag schon angekettet an ein anderes unserer Schiffe, und auch hier wurde fürchterlich gefochten, und fünfhundert Mauren starben dabei. Als diese beiden großen Schiffe genommen waren, geriet der ganze Rest der Flotte in Verzweiflung und umzingelte unsere elf Schiffe, so daß eines der unseren gegen fünfzehn oder zwanzig der Mauren zu kämpfen hatte. Ein schöner Anblick war es, einen tapferen Kapitän namens Giovan Serrano[142] kämpfen zu sehen, der mit einer Galee den Mauren so viel Grausames antat, daß es nicht zu beschreiben ist; einmal kam es sogar dazu, daß rings um seine Galee fünfzig Ruder- und Segelboote versammelt waren, alle mit Geschützen ausgestattet, und mit der Gnade Gottes [behielt man die Oberhand, und mit Ausnahme nur ganz weniger, nämlich acht oder zehn] wurden keine Christen getötet, aber zahllose verwundet. Und das Schlachten hielt den ganzen Tag an [bis die Nacht hereinbrach].

---

142 João Serrão.

Abbildung 58: Die Seeschlacht bei Cannanore (16./17. März 1506)

Die Brigantine [auf der ich mich befand] entfernte sich ein wenig von den anderen Schiffen, und sogleich sahen wir uns umringt von vier Booten der Mauren, und es entstand ein zähes Ringen; auf einmal waren fünfzehn Mauren auf der Brigantine, so daß sich alle Christen auf das Heck zurückziehen mußten. Als der tapfere Kapitän namens Simon Martin so viele Mauren auf der Brigantine sah, sprang er mitten unter diese Hunde und rief:»O Jesus Christus, gib uns den Sieg, hilf deinem Glauben!« und mit dem Schwert in der Hand schlug er sechs oder sieben den Kopf ab; all die anderen aber warfen sich ins Meer und flohen hierhin und dorthin. Als die Mauren sahen, daß die Brigantine den Sieg davontrug, schickten sie vier andere Boote den Ihren zu Hilfe. Wie der Kapitän der Brigantine diese Schiffe nahen sah, ergriff er sogleich ein Faß, in dem sich Pulver befand, und stopfte in das Spundloch ein Stück Segeltuch, so daß es aussah, als sei dies der Stein in einem Mörser; dann streute er eine Handvoll Pulver auf das Faß, und mit dem Feuer in der Hand tat er so, als wolle er eine

Bombe abfeuern. Als die Mauren dessen gewahr wurden, glaubten sie, das Faß sei ein Geschütz, und machten sofort kehrt; der Kapitän aber zog sich mit seiner siegreichen Brigantine dorthin zurück, wo die Christen waren. Unser Kommandant warf sich daraufhin mitten unter diese Hunde, von denen er sieben Schiffe erbeutete, von denen ein Teil mit Gewürzen, ein Teil mit anderen Waren beladen war, und neun oder zehn wurden durch Artillerieschüsse auf den Meeresgrund versenkt; darunter befand sich auch eine Ladung Elefanten. Als die Mauren [das ganze Meer voller Blut und] viele der Ihren tot sahen und auch, daß die beiden Admiralsschiffe sowie weitere Boote geentert waren, warfen sie sich Hals über Kopf in die Flucht; die einen flohen schwimmend hierhin, die anderen dorthin an Land, die einen in den Hafen, die anderen an den Strand. Als schließlich unser Kommandant all unsere Schiffe unversehrt fand, rief er aus: »Gelobt sei Jesus Christus, wir wollen den Sieg über diese Hunde auskosten«, und alle zusammen machten sich auf, ihnen nachzusetzen. Und in der Tat: Wer sie hatte fliehen sehen, dem konnte scheinen, als sei ihnen eine Armada von hundert Schiffen auf den Fersen. Dieses Metzeln begann um die Essenszeit und dauerte bis zum Abend, und danach noch die ganze Nacht hindurch wurden sie gehetzt, so daß diese ganze Flotte bei nur wenigen Toten[143] auf unserer Seite in alle Winde zerstreut wurde. [Aber Unzählige waren verwundet.]

Am folgenden Tag verfolgten jene von unseren Schiffen, die geblieben waren, ein weiteres großes Schiff, das sie auf die hohe See hatten hinausfahren sehen; am Ende gelang es ihnen, dieses aufzuspüren, so daß sich alle Mauren ins Meer warfen und davonschwammen; wir verfolgten sie mit dem Boot bis zum Ufer und verwundeten und töteten sie mit Armbrüsten und Spießen. Aber einige konnten schwimmend ent-

---

143 Ausgabe von 1510: »... ohne daß ein einziger Christ gefallen wäre«. Nach portugiesischen Quellen kamen fünf oder sechs Leute ums Leben (Kommentar BADGER 1863, S. 280 Anm. 1; DANVERS 1, S. 123 f.).

kommen, etwa zweihundert an der Zahl, die mehr als fünf[144] Meilen schwammen, mal unter, mal oberhalb der Wasseroberfläche; einige Male glaubten wir, sie seien tot, und doch tauchten sie einen Schuß weit von uns wieder auf; als wir nahe genug an sie herangefahren waren, um sie zu töten, und glaubten, sie seien erschöpft, da tauchten sie aufs neue unter, so daß es uns ein großes Wunder schien, wie sie so lange schwimmend durchhalten konnten. Aber am Ende wurde doch der größte Teil von ihnen zur Strecke gebracht und das Schiff durch Artillerieschüsse versenkt.

Am nächsten Morgen schickte unser Kommandant die Galeen und die Brigantine mit einigen anderen Booten ans Ufer, um zu sehen, wie viele Leichen man zählen könne; von denen, die tot am Strand lagen und im Meer sowie in den erbeuteten Schiffen, zählte man 3600 Leichen; noch viel mehr waren getötet worden, als sie sich zur Flucht wandten und ins Meer sprangen. Der König von Canonor, der die ganze Schlacht beobachtet hatte, meinte: »Diese Christen sind äußerst mutige und tapfere Männer« [und er beschloß, sie respektvoll zu behandeln und sich gut mit ihnen zu stellen]. Und um der Wahrheit die Ehre zu geben: Ich habe in meinem Leben an manchem Kriegszug teilgenommen [und fürchterliche Schlachten erlebt], aber niemals sah ich mutigere Krieger als diese Portugiesen. Am folgenden Tag kehrten wir zu unserem Vizekönig zurück, der sich in Cochin aufhielt; dort konnte man, als er uns siegreich heimkehren sah, die große Freude des Königs von Cochin sehen, der ein wahrer Freund des Königs von Portugal war.

---

144 Ausgabe von 1510: 20.

Wie der Autor vom Vizekönig nach Canonor zurückgeschickt und zum Faktor befördert wurde

Lassen wir die Flotte des Königs von Calicut und kehren wir zu dem zurück, was mit mir geschah. Als drei Monate verstrichen waren, vertraute mir der Vizekönig in seiner Gnade ein Amt an, nämlich die Faktorei in dieser Gegend[145]; und dieses Amt übte ich eineinhalb Jahre aus. Einige Monate später schickte mich derselbe Herr mit einem Schiff nach Canonor, weil viele Kaufleute von Calicut nach Canonor gingen und von den Christen Geleitbriefe erhielten, indem sie diesen zu verstehen gaben, sie seien von Canonor und wollten mit Waren auf Schiffen aus Canonor passieren; dies aber war nicht wahr; der Vizekönig gab mir daher den Auftrag, diese Kaufleute ausfindig zu machen und den Schwindel aufzudecken. Zu der Zeit aber starb der König von Canonor, und der, der dann König wurde, war unser erbitterter Feind, weil der König von Calicut ihn mit Hilfe von Geld zum König machte und ihm 23 Geschützrohre borgte.

Von dem Krieg, der in Canonor ausbrach, wo sich das Fort der Portugiesen befand, und wie man am Ende Frieden schloß

Im Jahre 1507 brach am 27. April ein erbitterter Krieg aus und dauerte bis zum 27. August. Nun hört, was unser christlicher

---

145 In Portugal und seinen überseeischen Besitzungen war der Faktor nicht der Diener einer Handelsgesellschaft, sondern ein Funktionär der Handel treibenden Krone oder Beauftragter einer hochgestellten Persönlichkeit, deren Geschäftsinteressen er vertrat. Varthema war offenbar im Dienst Francisco de Almeidas tätig. Ramusio hatte die italienischen Verhältnisse vor Augen, als er den Text (*factoria delle parte*) nach seinem Verständnis redigierte (*fattoria delli mercatanti*).

Glaube bewirken kann und was für Leute die Portugiesen sind. Als eines Tages die Christen zum Wasserholen gingen, griffen die Mauren sie an, wegen des großen Hasses, den sie gegen uns hegten; die Unseren zogen sich in das Kastell zurück, dessen Bau schon weit gediehen war, und an diesem Tag tat man ihnen nichts Böses mehr an. Der Kommandant, er nannte sich Lorenzo de Britte[146], befahl, diese Neuigkeit dem Vizekönig zur Kenntnis zu bringen, der sich in Cochin aufhielt; und sofort kam Don Lorenzo mit einer Karavelle, die mit allem ausgestattet war, was benötigt wurde, und nach vier Tagen kehrte er nach Cochin zurück; wir aber blieben zurück, um uns mit diesen Hunden zu schlagen, und dabei waren wir nicht mehr als zweihundert Mann. Unsere Speise war nur Reis, Zucker und Nüsse, und im Kastell hatten wir kein Wasser zum Trinken, sondern wir mußten zweimal in der Woche Wasser von einem Brunnen holen, der vom Kastell einen Bogenschuß entfernt lag; und jedesmal, wenn wir Wasser holen gingen, mußten wir es uns mit Waffengewalt besorgen, und immer gab es ein Scharmützel; mindestens 24 000 Leute kamen dorthin, und einige Male waren es 30 000, 40 000 oder 50 000 Personen, ausgerüstet mit Bogen, Lanzen, Schwertern und Schilden, mit mehr als 140 Geschützen, großen und kleinen, und sie hatten die gleiche Rüstung am Leibe, wie ich sie euch bei der Flotte von Calicut beschrieben habe. Sie kämpften auf folgende Weise: Auf einen Schlag griffen zweitausend oder dreitausend an, und sie machten mit verschiedenen Instrumenten so viel Lärm, führten so viel Feuerwerk mit sich und stürmten mit solcher Heftigkeit heran, daß sie wahrhaftig zehntausend Menschen einen Schrecken hätten einjagen können. Aber die wackeren Christen rückten aus, um auf der anderen Seite der Quelle auf sie zu treffen, und niemals kamen jene dem Kastell auf zwei Bogenschuß nahe; dabei mußte man sich nach vorn und nach hinten in acht nehmen, denn einige Male kamen die Mauren über das Meer mit fünf-

---

146 Lourenço de Brito.

zig Prauen, um uns in der Mitte anzugreifen. Nichtsdestoweniger töteten wir jeden Tag im Kampf zehn, fünfzehn oder zwanzig von ihnen; nicht mehr, denn wenn sie einen der Ihren tot sahen, wandten sie sich sofort zur Flucht; einmal geschah es sogar, daß eine Bombarde, genannt die Schlange, mit einem Schuß siebzehn erschlug, sie aber konnten [mit Gottes Hilfe] niemals einen einzigen von uns töten; und sie sagten, wir stünden mit dem Teufel im Bunde, der uns beschütze.

Dieser Krieg dauerte vom 27. April bis zum 27. August, weil damals die Flotte der Portugiesen eintraf, die der tapfere Ritter Herr Tristan da Cugna[147] befehligte. Als sie in Canonor anlegte, gaben wir Zeichen, daß wir uns im Krieg befänden, und sofort ließ der kluge Mann alle Boote bei den Schiffen bewaffnen und dreihundert Ritter in voller Rüstung in ihnen Platz nehmen, so daß wir, wäre nicht unser Kommandant gewesen, der uns zurückhielt, sofort nach ihrer Landung aufbrechen wollten, um die Stadt Canonor niederzubrennen. Stellt euch nur, geneigte Leser, unsere Freude vor, als wir Hilfe kommen sahen; denn wir waren wirklich so erschöpft, daß wir nicht länger hätten aushalten können, und [beinahe] die Mehrzahl von uns war verwundet. Als die Mauren unsere Flotte solchermaßen gerüstet sahen, schickten sie unverzüglich einen Unterhändler, der sich Mamal Maricar[148] nannte

---

147 Tristão da Cunha († nach 1514), ursprünglich als Vizekönig in Portugiesisch-Ostindien vorgesehen, aber wegen einer Augenerkrankung in Portugal verblieben; 1506 Kommandant eines Geschwaders, das auf dem Weg nach Indien Madagaskar erkundete und mehrere Städte an der afrikanischen Ostküste eroberte (vgl. unten S. 272 mit Anm. 8).

148 Mamale (=Muḥammad ʻAlī) Marakkar (=Titel), bedeutender muslimisch-malabarischer Kaufmann in Cannanore und Herr über die Malediven, der wegen seiner konsequent feindseligen Haltung gegen Portugal im Januar 1525 verstümmelt und an den Mauern des portugiesischen Forts in Cannanore aufgehängt wurde. In der von Varthema geschilderten Szene bat er nicht um Frieden, sondern um die Herausgabe des Leichnams seines Sohnes. Dieser hatte sich an Bord eines Schiffes befunden, dessen Versenkung durch eine portugiesische Patrouille den Anlaß zu den Auseinandersetzungen gegeben hatte (DANVERS 1, S. 125 ff.; WHITEWAY, S. 110

und der reichste Mann in der Gegend war; er kam, um um Frieden zu bitten; deshalb wurde sogleich zum Vizekönig nach Cochin geschickt, um dort zu erfragen, was man zu tun habe. Der Vizekönig befahl, daß man Frieden schließe, und dies tat er allein aus dem Grund, damit man die Schiffe beladen und nach Portugal schicken könne. Nachdem vier Tage vergangen waren, kamen zwei Kaufleute aus Canonor, die vor dem Ausbruch des Krieges meine Freunde gewesen waren, und sie sprachen, wie ihr hören werdet, mit mir auf folgende Weise[149]: »Faktor, zeig uns den Mann, der eine Elle größer ist als jeder andere von euch und der täglich zehn, fünfzehn oder zwanzig von uns erschlagen hat; einige Male haben vierhundert und fünfhundert Naër auf ihn zu schießen versucht, aber kein einziges Mal haben sie ihn treffen können.« Ich gab zur Antwort: »Er ist nicht hier, sondern nach Cochin gefahren.« Da fiel mir ein, daß der Mann gar kein Christ war, und ich sagte zu ihm: »Mein Freund, komm hierher; dieser Ritter, den du gesehen hast, ist kein Portugiese, sondern der Gott der Portugiesen und der ganzen Welt.« Er erwiderte: »Bei Gott, du sprichst die Wahrheit, denn alle Naër erklärten, daß jener kein Portugiese, sondern deren Gott sei, und daß der Gott der Christen stärker sei als der ihre, und sie kannten ihn nicht, so daß es allen wie ein Wunder Gottes schien.« Nun seht, was für Leute sie sind [und wieviel Verstand sie besitzen]: Manchmal standen zehn oder zwölf Männer zusammen, um unsere Glocke läuten zu hören, und sahen sie an wie ein Wunder, und als die Glocke nicht mehr tönte, sagten sie: »Diese Leute berühren die Glocke, und sie spricht; sobald sie sie nicht berühren, spricht sie nicht mehr. Der Gott von Portugal ist sehr gut.« Einige von diesen Mauren waren auch bei unserer Messe zugegen, und als der Leib Christi

---

ff.; BOUCHON, Mamale, S. 93 ff., 109 ff. u. ö.). Die Verteidigung des Forts gegen eine Übermacht wurde durch Luis de Camões (Lusiaden 1571) als Heldentat gepriesen (Kommentar MUSACCHIO 1991, S. 205 Anm. 420).

149 Das folgende Gespräch in der Ausgabe von 1510 auch in Malayalam.

gezeigt wurde, erklärte ich ihnen: »Dies ist der Gott Portugals und der Heiden und der ganzen Welt«; und sie sagten: »Ihr sprecht die Wahrheit, aber wir kennen sie nicht«; daraus kann man ersehen, daß sie arglos sündigen. Man findet jedoch auch Leute unter ihnen, die die größten Zauberkünstler sind; wir haben gesehen, wie sie Schlangen zähmten, bei deren Biß man sofort tot umfallen würde. Auch erkläre ich euch, daß sie die größten und geschicktesten Gaukler sind, die man – so meine ich – in der ganzen Welt findet.

Von den Überfällen, die die Portugiesen gegen Pannani unternahmen

Schließlich kam die Zeit, nach Hause zurückzukehren: Der Kommandant der Flotte begann, die Schiffe für die Heimfahrt nach Portugal beladen zu lassen, und ich selbst war schon sieben Jahre in der Fremde unterwegs; aber auch aus Liebe zur Heimat und um dort einen großen Teil der Welt bekanntzumachen, sah ich mich veranlaßt, bei dem Herrn Vizekönig die Erlaubnis dazu einzuholen; dieser erteilte sie mir in seiner Güte und sagte, ich solle vorher mit ihm an einen Ort gehen, von dem ihr hören werdet. Und so legten er und die ganze Truppe ihre Waffen an, so daß nur wenige Leute in Cochin zurückblieben, und am 24. November desselben Jahres unternahmen wir einen Angriff auf den Hafen von Pannani[150]; noch am selben Tag tauchten wir vor der Stadt auf. Am folgenden Morgen, zwei Stunden vor Tagesanbruch, ließ der Vizekönig alle Boote von den Schiffen mit allem Kriegsvolk herbeikommen und erklärte, daß dieses Land jenes sei, das uns mehr kriegerische Verwicklungen bereite als jedes andere in Indien, und er bat daher alle, mit gutem Willen aufzubrechen, um diesen Ort zu erobern, der allerdings der am besten befestigte an jener Küste war. Nachdem der Vizekönig gesprochen

---

150 Ponnani, ca. 60 km südlich von Calicut.

hatte, hielt der geistliche Vater eine Predigt, daß es jedermann die Tränen in die Augen trieb und viele erklärten, sie wollten aus Liebe zu Gott an diesem Ort in den Tod gehen.

Ein wenig später am Tag begannen wir bis aufs Messer gegen diese Hunde zu kämpfen, von denen achttausend antraten, und wir waren etwa sechshundert; die beiden Galeen richteten nur wenig aus, da sie nicht so nahe an die Küste heranfahren konnten wie die Boote. Der erste Ritter, der an Land sprang, war der tapfere Herr Don Lorenzo, der Sohn des Vizekönigs; das zweite Boot war das des Vizekönigs, in dem ich mich befand. Und schon aus dem ersten Angriff entspann sich eine grausame Schlacht, weil die Flußmündung hier sehr eng war und am Ufer bei der Stadt eine große Menge von Bombarden postiert war, von denen wir vierzig Geschützrohre einnehmen konnten. Bei diesem Angriff wurden 64[151] Mauren gefangengenommen, die geschworen hatten, entweder an diesem Ort sterben zu wollen oder den Sieg davonzutragen, weil ein jeder von ihnen ein Schiff besaß [und viele Waren hatte, die sie verloren glaubten, wenn wir obsiegen würden]. Und daher schossen sie beim ersten Angriff viele Bombarden auf uns ab; aber Gott half uns, so daß dabei niemand von uns zu Tode kam; aber von ihnen starben 160[152]. Don Lorenzo tötete sechs in meiner Gegenwart, und zwei hatte er verwundet; und viele andere von ihnen trugen Verletzungen davon. Für eine kurze Zeit war der Kampf erbittert, aber als unsere Galeen landeten, begannen die Hunde sich zurückzuziehen. Und weil das Wasser zu sinken begann, wollten wir sie nicht weiter verfolgen, und jene Hunde fingen an, wieder Mut zu schöpfen; deshalb legten wir Feuer an ihre Schiffe, von denen dreizehn herunterbrannten, und zum größten Teil waren sie neu und mächtig. Danach ließ der Vizekönig alle Leute sich auf die Landspitze zurückziehen, wo man sicher war, und hier schlug er einige zu Rittern, darunter auch mich, und der tapfere Kommandant, Herr Tristan da Cugna, war mein Pate.

---

151 In der Ausgabe von 1510: 44.
152 In der Ausgabe von 1510: 140.

Abbildung 59: Ritterschlag

Danach hieß der Vizekönig die Leute sich wieder einschif-
fen, aber ohne Unterlaß ließ er zahlreiche Häuser am Ort ein-
äschern, so daß wir mit Gottes Hilfe, ohne daß einer von uns
zu Tode gekommen wäre, den Weg nach Canonor einschlagen
konnten, und dort angekommen, ließ unser Kommandant
sofort die Schiffe mit Lebensmitteln beladen [um in die Heimat zurückzukehren, die wir so sehr vermißten].

Buch von Äthiopien[1]

Denjenigen, die – um des allgemeinen Nutzens willen oder um ihren Namen unsterblich zu machen – Geschichten erzählen oder von der Lage der Gegenden und Länder auf der Erde berichten, ist nichts nötiger, als sich jene Dinge vor Augen zu halten und immer in der Erinnerung zu bewahren, die sie in den vorangehenden Kapiteln (weil dort keine Gelegenheit dazu war) zu erwähnen übergingen, damit sie nicht, indem sie etwas übersehen, ihren neugierigen Lesern Gelegenheit geben, sie der Achtlosigkeit und Vergeßlichkeit zu zeihen.

Weil am Anfang dieses Buches, wo von Äthiopien die Rede war, nach meinem Dafürhalten noch nicht genügend davon gesprochen wurde, jetzt aber, am Ende meiner mühseligen Wanderschaft, der rechte Zeitpunkt dazu gekommen ist, wird von vielen Orten und Inseln zu erzählen sein, die ich auf dem Rückweg sah [ohne dabei die Gefahren und Stürme zu verschweigen, die ich überstand].

Von verschiedenen Inseln im Ozean südlich von Äthiopien

Am 6. Dezember machten wir uns auf den Weg nach Äthiopien, überfuhren den Golf[2], was etwa 3000 Meilen Fahrtweg bedeutet, und langten bei der Insel Monzambich an, die dem König von Portugal gehört[3]. Und bevor wir diese Insel erreichten, sahen wir viele Orte, die dem erlauchten König von Por-

1 Hier: Afrika.
2 Das Arabische Meer als Teil des Indischen Ozeans.
3 Die Insel Moçambique an der afrikanischen Ostküste, auf der 1507/08 eine portugiesische Festung errichtet wurde.

tugal unterstehen und an denen der König starke Festungen unterhält, ganz besonders in Melinde, was ein Königreich ist[4], und in Mombasa, das der Vizekönig in Schutt und Asche legte[5]; in Chiloa besitzt er ein Kastell[6], und eines ließ er in Monzambich errichten; in Ceffalla[7] steht ein weiteres. Ich will nicht davon schreiben, was der tapfere Kapitän Tristan da Cugna vollbrachte, der auf dem Weg nach Indien die Städte Goa und Pate eroberte, dazu die befestigte Insel Brava und das edle Zacotara, wo derselbe König gute Festungen besitzt[8]; den Krieg, der sich daraus entspann, will ich euch nicht beschreiben, weil ich nicht dabeigewesen bin. Schweigen will ich auch von den vielen schönen Eilanden, die wir unterwegs sahen, darunter die Insel Cumere[9], die von sechs anderen umgeben ist, wo viel Ingwer und Zucker wächst; außerdem gibt es dort zahlreiche eigenartige Früchte und Fleisch jedweder Art im Überfluß. Außerdem sage ich euch nichts von einer anderen Insel namens Penda[10], die mit dem König von Portugal verbündet und fruchtbar ist in allen Dingen.

Von der Insel Monzambich und den Einwohnern auf dem Festland von Äthiopien

Kehren wir zu Monzambich zurück, von wo der König von Portugal (wie ja auch von der Insel Ceffalla) größte Mengen an

---

4 Melinde (Malindi, Kenia), dessen König mit Portugal fast freundschaftliche Beziehungen unterhielt (SCHURHAMMER 2, 1, S. 106 ff.).
5 Mombasa (Kenia), 1505 von Francisco de Almeida zerstört.
6 Kilwa (Tansania), 1505 erobert und durch eine Festung gesichert (die aber 1512 wieder aufgegeben wurde).
7 Sofala, südlich der Hafenstadt Beira in Moçambique.
8 Angosha (Insel nahe Sofala, Moçambique), Paté (bei Lamu, Kenia), Baraawe (Somalia) und die Insel Soḳoṭrā (Jemen) vor der Einfahrt in den Golf von Aden, 1506 von Tristão da Cunha erobert.
9 Die Komoren (mit der Hauptinsel Ngazidja) zwischen der Nordspitze Madagaskars und dem afrikanischen Festland.
10 Pemba nördlich von Sansibar (Tansania).

Gold und Öl bezieht, welches beides vom Festland hergebracht wird. Wir hielten uns auf dieser Insel ungefähr fünfzehn Tage lang auf und fanden sie recht klein. Ihre Einwohner
sind schwarz, armselig und haben wenig zu essen, aber alles
wird vom Festland herbeigeschafft, das sehr nahe liegt; jeden-
falls gibt es einen ausgezeichneten Hafen hier.

Einige Male fuhren wir zu unserem Vergnügen zum Festland, um die Gegend kennenzulernen; wir fanden einige
Stämme, ganz schwarz und ganz nackt, ausgenommen nur,
daß die Männer ihr Glied in einem Stück Baumrinde verber-
gen und die Frauen vorne und hinten jeweils ein Blatt tragen.
Die Leute dort haben kurze gekräuselte Haare, Lippen, die
zwei Finger dick sind, ein breites Gesicht und große Zähne,
weiß wie der Schnee. Sie sind sehr scheu, ganz besonders,
wenn Männer in Waffen zu ihnen kommen. Als wir sahen, daß
diese Tiere nur wenige und noch dazu feige waren, schlossen
wir uns zu einer Gruppe von fünf oder sechs Kameraden
zusammen, gut ausgerüstet mit Schußwaffen, nahmen uns auf
der Insel einen Führer, der uns durch das Land führte, und
gingen einen guten Tag lang über das Festland. Unterwegs
stießen wir auf zahlreiche Elefanten in Herden, und unser
Führer ließ uns – wegen der Elefanten – bestimmte trockene
Hölzer tragen, die entzündet waren und dauernd eine Flamme
erzeugten; wenn die Elefanten das Feuer sahen, liefen sie
davon; nur einmal, als wir auf drei Elefantenweibchen stießen, die ihre Jungen hinter sich führten, hetzten sie uns bis zu
einem Gebirge, wo wir uns in Sicherheit bringen konnten.
Durch dieses Gebirge wanderten wir gut zehn Meilen weit,
stiegen dann auf der anderen Seite hinab und fanden einige
Höhlen, in die sich jene Schwarzen zurückzogen. Diese sprechen in einer Weise, wie ich sie euch nur mit großer Mühe
werde verständlich machen können; dennoch will ich versuchen, es euch mit einem Beispiel besser zu erklären, als ich es
sonst vermöchte: Wenn die Maultiertreiber in Sizilien hinter
ihren Mauleseln herlaufen und sie antreiben wollen, erzeugen sie mit der Zunge unter dem Gaumen ein seltsames
Geräusch, mit dem sie den Maultieren Beine machen; gerade

Abbildung 60: Äthiopier und Moçambiquaner

so ist die Sprache dieser Leute, und dazu gebrauchen sie
reichlich Gesten, bis sie einander verstehen. Unser Führer
fragte, ob wir einige Kühe und Ochsen erwerben wollten;
denn er könne sie uns billig besorgen; wir antworteten, daß
wir kein Geld besäßen, und fürchteten, er habe sich mit jenen
Tieren heimlich verständigt und wolle uns ausrauben lassen.
Er aber sagte: »Ihr braucht kein Geld dazu, denn sie besitzen
mehr Gold und Silber als ihr, weil sie hier in der Nähe einen
Ort wissen, wo es zu finden ist. »Wir fragten den Führer: »Was
könnten sie dann wollen?« Er sagte: »Sie sind ganz versessen
etwa auf eine kleine Schere oder ein Stück Tuch, um es sich
umzubinden; auch ein kleines Glöckchen für die Kinder oder
ein Rasiermesser wird hier sehr geschätzt.« Wir antworteten:
»Wir werden ihnen etwas von diesen Dingen geben, wenn sie
uns die Kühe zu dem Gebirge bringen.« Der Führer sagte: »Ich
will dafür sorgen, daß sie sie zum Gipfel des Gebirges bringen,
aber nicht weiter; denn niemals gehen sie einen Schritt dar-

über hinaus. Nun sagt mir aber, was ihr ihnen geben wollt.« Einer aus unserer Gruppe, ein Geschützmeister, sagte: »Ich gebe ihnen ein gutes Rasiermesser und eine kleine Schelle«, und ich – um an Fleisch zu kommen – zog mein Hemd aus und sagte, daß ich es ihnen geben wolle. Als der Führer das sah, was wir hergeben wollten, meinte er: »Und wer von euch wird so viel Vieh zum Strand bringen?« Wir erwiderten ihm, daß wir so viel Vieh wegbringen wollten, wie er uns geben werde. Der Führer nahm die beschriebenen Dinge, gab sie an fünf oder sechs von jenen Leuten und verlangte dreißig Kühe dafür. [Da sie wie] die Tiere [sind] gaben [sie] Zeichen, daß sie fünfzehn Kühe zu geben bereit seien; wir sagten, daß er sie nehmen solle, denn vorausgesetzt, sie wollten uns nicht betrügen, seien fünfzehn genug. Sofort brachten die Schwarzen fünf-zehn Kühe zum Gipfel des Gebirges; aber als wir ein kleines Stück von ihnen entfernt waren, fingen die, die in den Höhlen geblieben waren, an zu rumoren; wir fürchteten, daß sie uns nachfolgen könnten, ließen die Kühe los und zogen alle die Waffen. Die beiden Schwarzen, die die Kühe herbeigeschafft hatten, gaben uns mit einigen Zeichen zu verstehen, daß wir keine Furcht haben sollten, und unser Führer sagte, sie müß-ten miteinander streiten; denn jeder hätte gern jene Schelle gehabt. Wir fingen die Kühe wieder ein und stiegen bis zum Gipfel des Berges hinauf, die beiden Schwarzen gingen wieder ihres Weges. Bei unserem Abstieg zum Meer kamen wir durch ein Kubebe-Wäldchen[11] von ungefähr fünf Meilen Ausdeh-nung und begegneten einem Teil jener Elefanten, die wir auf dem Hinweg gesehen hatten; sie versetzten uns in solche Angst, daß wir einen Teil der Kühe loslassen mußten; sie flo-hen zu den Negern, und wir kehrten auf unsere Insel zurück.

Als unsere Flotte mit allem Nötigen ausgerüstet war, nah-men wir Kurs auf das Kap der Guten Hoffnung und kamen bei

---

11 Kubeben- oder Stielpfeffer (*Piper cubeba*) mit roten Früchten, die dem Echten Pfeffer in der Schärfe ähneln, aber einen bitteren Beige-schmack haben.

der Insel San Lorenzo[12] vorbei, die vom Festland achtzig Meilen entfernt ist; ich glaube, daß der König von Portugal sie bald beherrschen wird; denn zwei Orte wurden bereits eingenommen und in Schutt und Asche gelegt. Nach dem, was ich in Indien und Äthiopien gesehen habe, scheint es mir, daß der König von Portugal (wenn es Gott gefällt und er weiterhin so siegreich sein wird wie in der Vergangenheit) der reichste König der Welt sein wird. Und tatsächlich verdient er alles Gute; denn in Indien und ganz besonders in Cochin werden an jedem Feiertag zehn oder zwölf Heiden und Mauren zum christlichen Glauben bekehrt, der eben durch diesen König jeden Tag weiter verbreitet wird; und deshalb – darf man glauben – hat Gott ihm den Sieg zuerkannt und wird ihn auch in Zukunft und dauerhaft begünstigen.

Das Kap der Guten Hoffnung

Kehren wir zu unserer Reise zurück. Wir fuhren am Kap der Guten Hoffnung vorbei, und ungefähr zweihundert Meilen entfernt von ihm erhob sich ein gewaltiges Unwetter, weil nämlich zur Linken die Insel San Lorenzo und zahlreiche andere Eilande liegen, von denen üblicherweise heftige Stürme ausgehen; und dieses Unwetter hielt sechs Tage an, nur durch Gottes Gnade konnten wir ihm entrinnen. Zweihundert Meilen weiter erlebten wir für weitere sechs Tage ein gewaltiges Unwetter, in dem alle Schiffe der Flotte einander aus den Augen verloren und das eine hierhin fuhr, das andere dorthin. Als der Sturm vorüber war, nahmen wir unsere Fahrt wieder auf und sahen uns bis nach Portugal nicht mehr.

Ich fuhr mit dem Schiff Bartolomeo Marchionis, eines Florentiners, der in Lissabon lebt[13]; dieses Schiff war San Vicenzo

---

12 Madagaskar.
13 Das Florentiner Bankhaus Marchion(n)i war an der Finanzierung der portugiesischen Entdeckungsfahrten beteiligt (Dokumente 2, S. 132).

Abbildung 61: Am Kap der Guten Hoffnung

geheißen und führte 7 000 Zentner Gewürze jedweder Sorte
mit sich. Bei einer anderen Insel namens Sankt Helena fuhren
wir vorbei, wo wir zwei Fische erblickten, von denen jeder so
groß war wie ein großes Haus und die jedes Mal, wenn sie [mit
offenem Maul] über die Wasseroberfläche kamen, aussahen
[wie wenn sie das Gesicht enthüllten und die Augenbrauen an
der Stirn hochzögen] gerade wie ein Bewaffneter, wenn er das
Visier anhebt; danach ließen sie es wieder herab, wenn sie
unter Wasser schwimmen wollten; das Gesicht aber war beinahe drei Schritte breit. Von dem Ungestüm, mit dem sie unter
Wasser schwammen, waren wir alle so erschreckt, daß wir
alle Geschütze abfeuerten [um sie von diesem Ort zu vertrei-
ben]. Danach stießen wir auf eine weitere Insel namens
Ascension[14], auf der wir bestimmte Vögel so dick wie Enten[15]

---

14 Sankt Helena und Ascension im südlichen Atlantik.
15 Tölpel (*Sula*).

fanden; sie ließen sich auf dem Schiff nieder und waren so arglos und zutraulich, daß sie sich mit den Händen anfassen ließen; aber wenn man sie ergriff, zeigten sie sich sehr mutig und wild; bevor sie gefangen wurden, schauten sie uns wie ein Wunderding an; dies hatte seine Ursache darin, daß sie noch niemals einen Menschen gesehen hatten; denn auf dieser Insel gibt es nichts als Fische und Wasser und eben diese Vögel.

Nachdem wir diese Insel hinter uns gelassen hatten und noch einige Tage gesegelt waren, konnten wir wieder den Polarstern sehen. Viele behaupten zwar, daß man nur noch mit dem Südpol navigieren kann, wenn der Polarstern nicht mehr zu sehen ist; doch laßt sie reden, wir fuhren immer mit dem Polarstern, und auch wenn man ihn nicht sieht, tut der Magnetstein doch immer seinen Dienst und zeigt zum Nordpol. Einige Tage später gelangten wir zu einem schönen Land, nämlich zu den Azoren, die dem erlauchten König von Portugal gehören; und zuerst sahen wir die Inseln Pico und São Jorge, Flores, Corvo, Graciosa, Faial, und danach erreichten wir die Insel Terceira, auf der wir zwei Tage verbrachten; diese Inseln sind sehr fruchtbar.

Von da brachen wir wieder auf und machten uns auf den Weg nach Portugal; nach sieben Tagen gelangten wir zu der edlen Stadt Lissabon, die eine von den vornehmen und guten Städten ist, die ich gesehen habe. Freude und Behagen, die ich empfand, als ich an Land ging, mögt ihr euch ausmalen, meine geneigten Leser. Da der König gerade nicht in Lissabon war, machte ich mich sofort auf den Weg, um ihn an einem Ort namens Almada[16] aufzusuchen, der Lissabon gegenüber liegt. Dort angekommen, durfte ich seiner Majestät die Hand küssen; er ließ mir viel Schmeichelhaftes zuteil werden und behielt mich mehrere Tage an seinem Hof, um von Indien zu erfahren. Einige Tage später zeigte ich seiner Majestät die Urkunde über die Ritterschaft, die mir der Vizekönig in Indien

---

16 Almeirim, die königliche Winterresidenz, 80 km nordöstlich von Lissabon.

hatte ausstellen lassen, und bat ihn (sofern es ihm gefalle), sie für mich zu bestätigen, sie eigenhändig zu beglaubigen und sein Siegel darauf anzubringen. Als er die Urkunde eingesehen hatte, sagte er, daß er einverstanden sei, und ließ ein Privileg aus Pergament für mich ausstellen, von ihm eigenhändig mit seinem Siegel beglaubigt und registriert. Und als ich von seiner Majestät die Erlaubnis dazu erhalten hatte, machte ich mich auf den Weg nach Rom, der Stadt.

Karten

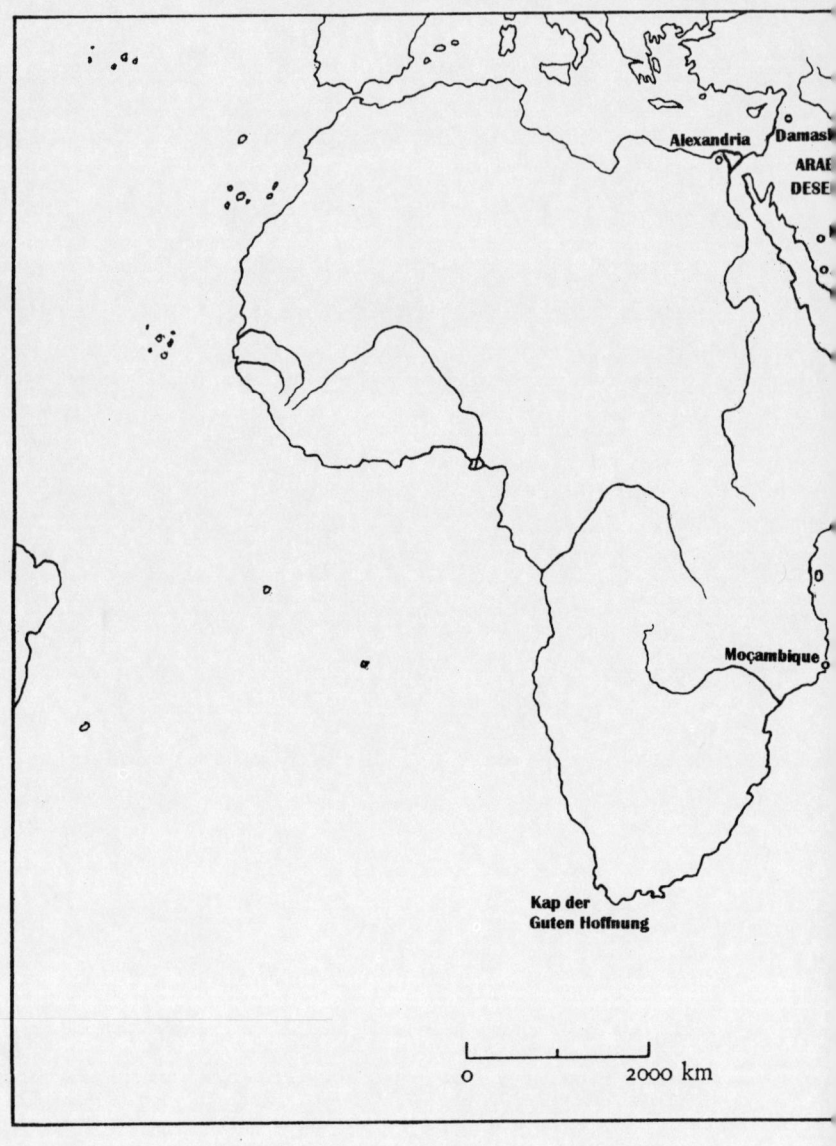

ARAE

DESE

Moçambique

Kap der
Guten Hoffnung

Damasl

0   2000 km

Der Indische Ozean und die Schauplätze von Varthemas »Reisen«

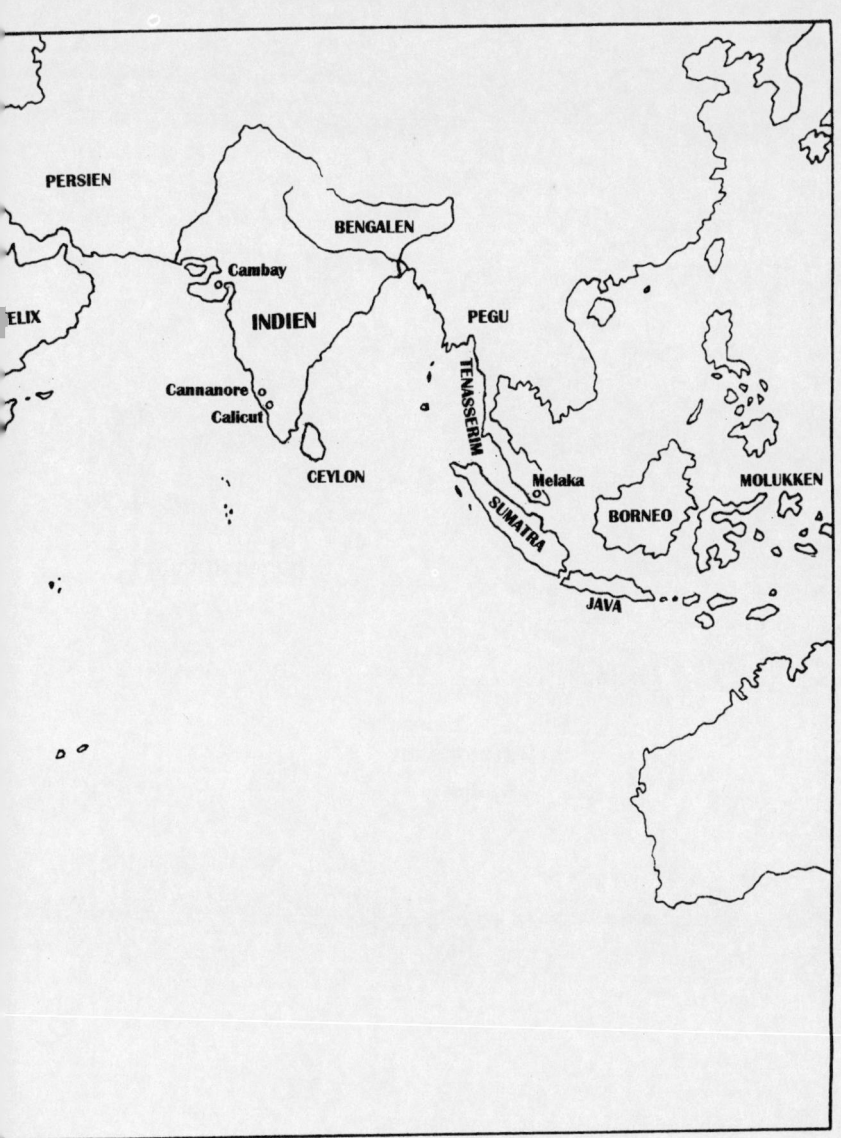

PERSIEN

BENGALEN

Cambay

FELIX

INDIEN

PEGU

Cannanore

Calicut

TENASSERIM

CEYLON

Melaka

MOLUKKEN

SUMATRA

BORNEO

JAVA

283

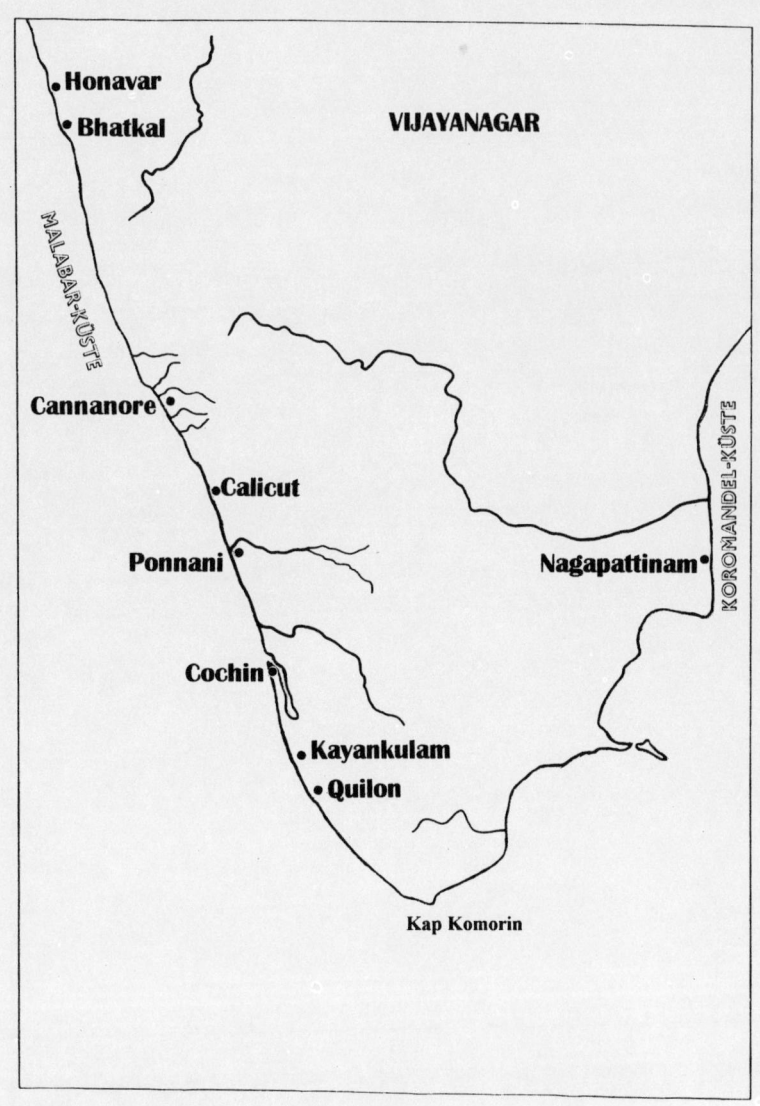

Südindien zu Beginn des 16. Jahrhunderts

Quellen- und Literaturverzeichnis

1. Ausgaben und Kommentare

Itinerario de Ludovico de Varthema Bolognese nello Egypto, nella Suria, nella Arabia deserta et felice, nella Persia, nella India et nella Ethiopia. La fede, el vivere et costumi de tutte le prefate provincie, Rom 1510 [Facsimile in: Ausgabe MUSACCHIO 1991, S. 17-218].

The Travels of Ludovico di Varthema in Egypt, Syria, Arabia Deserta and Arabia Felix, in Persia, India, and Ethiopia, A.D. 1503 to 1508. Translated from the original italian edition of 1510, with a preface, by John Winter JONES and ed., with notes and an introduction by George Percy BADGER (Works Issued by the Hakluyt Society I 32), London 1863.

Itinerario di Ludovico di Varthema. Nuovamente posto in luce da Alberto BACCHI DELLA LEGA (Scelta di curiosità letterarie inedite o rare del secolo XIII al XVII 207), Bologna 1885.

Les Voyages de Ludovico di Varthema ou Le viateur en la plus grande partie d'Orient, traduits de l'italien en français par J. Balarin de Raconis. Publiés et annotés par Ch. SCHEFER (Recueil de voyages et de documents pour servir à l'histoire de la géographie 9), Paris 1888.

The Itinerary of Ludovico di Varthema of Bologna from 1502 to 1508, as Translated from the Original Italian Edition of 1510, by John Winter JONES in 1863 for the Hakluyt Society. With a Discourse on Varthema and his Travels in Southern Asia by Richard Carnac TEMPLE, London 1928.

Itinerario di Ludovico de Varthema Bolognese nello Egypto, nella Suria, nella Arabia Deserta et Felice, nella Persia, nella India et nella Etiopia. La fede, el vivere et costumi de

285

tutte le prefate provincie, a cura di Paolo GIUDICI (Viaggi e scoperte di navigatori ed esploratori italiani 2), Mailand 1928.

Travelers in Disguise. Narratives of Eastern Travel by Poggio Bracciolini and Ludovico de Varthema. English Translations by John Winter JONES. Revised, with an Introduction, by Lincoln Davis HAMMOND, Cambridge/Mass. 1963.

RAMUSIO, Giovanni Battista: Navigazioni e viaggi. A cura di Marica MILANESI, Bd. 1, Mailand 1978, S. 753-892.

Ludovico Varthema, Itinerario dallo Egypto alla India, a cura di Enrico MUSACCHIO, Bologna 1991.

2. Ergänzende Quellen

Adorno, Anselme: Itinéraire d'Anselme Adorno en Terre Sainte (1470-1471). Text édité, traduit et annoté par Jacques HEERS et Georgette DE GROER, Paris 1978.

Barbosa, Duarte: Libro, in: Giovanni Battista RAMUSIO, Navigazioni e vaggi, a cura di Marica MILANESI, Bd. 2, Mailand 1979, S. 537-709.

Benjamin von Tudela: Buch der Reisen (Sefär ha-Massa'ot). Ins Deutsche übertragen von Rolf P. SCHMITZ (Judentum und Umwelt 22), Frankfurt a. M. 1988.

Burckhardt, Johann Ludwig: Mekka und Medina. An den heiligen Stätten des Islam. Hg. und eingeleitet von Uwe PFULLMANN, Berlin 1994.

Burton, Richard F.: Personal Narrative of a Pilgrimage to Mecca and Medina, Bd. 1-3, Leipzig 1874.

Conti, Niccolò de': Poggio Bracciolini: De varietate fortunae. Edizione critica con introduzione e commento a cura di Outi MERISALO (Annales Academiae scientiarum Fennicae B 265), Helsinki 1993.

Dokumente zur Geschichte der europäischen Expansion, hg. von Eberhard SCHMITT, Bd. 2-4, München 1984-1988.

Frescobaldi, Lionardo di Niccolò: BARTOLINI, Gabriella/CARDINI, Franco: Nel nome di Dio facemmo vela. Viaggio in Oriente di un pellegrino medievale, Rom/Bari 1991.

Harff, Arnold von: Die Pilgerfahrt des Ritters Arnold von Harff, hg. von Ewald von GROOTE, Cöln 1860.

Ibn Battuta: Reisen ans Ende der Welt 1325-1353, hg. von Hans D. LEICHT, Tübingen 1974.

Johann von Mandeville: The Travels of Sir John Mandeville. Translated with an introduction by C. W. R. D. MOSELEY, Harmondsworth 1983.

Nasr-e-Khosrou: Safarname. Ein Reisebericht aus dem Orient des 11. Jahrhunderts, hg., bearb. und aus dem Persischen übersetzt von Seyfeddin NAJMABADI und Siegfried WEBER, München 1993.

Niebuhr, Carsten: Beschreibung von Arabien, Kopenhagen 1772.

-- Reisebeschreibung nach Arabien und anderen umliegenden Ländern. Mit einem Vorwort von Stig RASMUSSEN, Zürich 1992.

Nikitin, Afanassij: Die Fahrt des Afanassij Nikitin über drei Meere 1466-1472, München 1966

Odorico da Pordenone: Memoriale toscano. Viaggio in India e Cina (1318-1330), a cura di Lucio MONACO, Alessandria 1990.

-- Die Reise des seligen Odorich von Pordenone nach Indien und China (1314/18-1330). Übersetzt, eingeleitet und erläutert von Folker REICHERT, Heidelberg 1987.

Pegolotti, Francesco Balducci: La pratica della mercatura, ed. by Allan EVANS, Cambridge/Mass. 1936.

Pires, Tomé: The Suma oriental of Tomé Pires. An Account of the East, from the Red Sea to Japan, Written in Malacca and India in 1512-1515. Translated from the Portuguese MS in the Bibliothèque de la Chambre des Députés, Paris, and edited by Armando CORTESÃO, 2 Bde. (Works Issued by the Hakluyt Society 89. 90), London 1944.

Poggibonsi, Niccolò da: Libro d'Oltramare, pubblicato da Alberto BACCHI DELLA LEGA, 2 Bde. (Scelta di curiosità letterarie inedite o rare dal secolo XIII al XVII 182/183), Bologna 1881.

Polo, Marco: Il Milione. Die Wunder der Welt. Übersetzung von Elise GUIGNARD, Zürich 1983.

Sanuto, Marino: I diarii, Bd. 7, pubbl. per cura di R. FULIN, Venedig 1882.

3. Sekundärliteratur

ADAMS, Percy G.: Travelers and Travel Liars, 1660-1800, New York [2]1980.

AMAT DI SAN FILIPPO, Pietro: Della vita e dei viaggi del Bolognese Lodovico de Varthema, in: Giornale ligustico 5 (1878), S. 3-73.

ANCONA, Alessandro d': La leggenda di Maometto, in: Giornale storico della letteratura italiana 13 (1888), S. 199-281.

AUBIN, Jean: L'apprentissage de l'Inde: Cochin 1503-1504, in: Moyen Orient et Océan Indien 4 (1987), S. 1-96.

-- Deux Chrétiens au Yémen Tahiride, in: Journal of the Royal Asiatic Society III 3 (1993), S. 33-52.

BARTHOLD, Wilhelm: Herat unter Husein Baiqara, dem Timuriden (Abhandlungen für die Kunde des Morgenlandes 22,8), Leipzig 1937.

BECKINGHAM, C. F.: Some Early Travels in Arabia, in: Journal of the Royal Asiatic Society 1949, S. 155-176.

BÖHME, Max: Die großen Reisesammlungen des 16. Jahrhunderts und ihre Bedeutung, Straßburg 1904.

BOUCHON, Geneviève: Mamale de Cananor. Un adversaire de l'Inde portugaise (1507-1528), Genf/Paris 1975.

-- Les musulmans du Kerala à l'époque de la découverte portugaise, in: Mare Luso-Indicum 2 (1972, ersch. 1973), S. 3-59.

BOXER, C. R.: The Portuguese Seaborne Empire 1415-1825, London 1969.

BUHL, Frants: Das Leben Muhammeds, Darmstadt [3]1961.

CASAMASSIMA, Emanuele: Ludovico degli Arrighi detto Vicentino copista dell'Itinerario del Varthema (Cod. Landau Finaly 9, Biblioteca nazionale di Firenze), in: La Bibliofilia 64 (1962), S. 117-162.

CIPOLLA, Carlo M.: Guns, Sails and Empires: Technological Innovation and the Early Phases of European Expansion 1400-1700, New York 1965.

CORDIER, Henri: Deux voyageurs dans l'Extrême-Orient au XVe et au XVIe siècles. Essai bibliographique: Nicolò de' Conti – Lodovico de Varthema, in: T'oung Pao I 1 (1899), S. 380-404.

DANVERS, Charles: The Portuguese in India. Being a History of the Rise and Decline of their Eastern Empire, 2 Bde., London 1894.

DAUS, Ronald: Die Erfindung des Kolonialismus, Wuppertal 1983.

DENFFER, Ahmad von: Wallfahrt nach Mekka. Das Wichtigste über umra und hadsch, München 1987.

DHARAMPAL-FRICK, Gita: Indien im Spiegel deutscher Quellen der Frühen Neuzeit (1500-1750). Studien zu einer interkulturellen Konstellation (Frühe Neuzeit 18), Tübingen 1994.

DIFFIE, Bailey D./WINIUS, George D.: Foundations of the Portuguese Empire, 1415-1580, Minneapolis 1977.

DOMRÖS, Manfred: Sri Lanka. Die Tropeninsel Ceylon (Wissenschaftliche Länderkunden 12), Darmstadt 1976.

DUNN, Malcolm: Pfeffer, Profit und Property Rights. Zur Entwicklungslogik des Estado da Índia im südostasiatischen Raum, in: Portuguese Asia: Aspects in History and Economic History, ed. by Roderich PTAK (Beiträge zur Südasienforschung 117), Stuttgart 1987, S. 1-36.

Enzyklopädie des Islam. Geographisches, ethnographisches und biographisches Wörterbuch der muhammedanischen Völker, hg. von M. Th. HOUTSMA, A. J. WENSINCK u. a., Bd. 1-4, Erg.bd., Leiden/Leipzig 1913-1938; The Encyclopedia of Islam. New Edition, ed. by H. A. R. GIBB, J. H. KRAMERS [u. a.], Bd. 1 ff., Suppl., Leiden/London 1960 ff. (EI, EI^2).

FAROQHI, Suraiya: Herrscher über Mekka. Die Geschichte der Pilgerfahrt, München 1990.

FRÉDÉRIC, Louis: Encyclopaedia of Asian Civilizations, Bd. 1-10, Villecresnes/Paris 1977-1984.

GABRIEL, Alfons: Die Erforschung Persiens. Die Entwicklung der abendländischen Kenntnis der Geographie Persiens, Wien 1952.

GEISBERG, Max (Hg.): Die deutsche Buchillustration in der ersten Hälfte des XVI. Jahrhunderts 1, München 1930/31.

GENÉE, Rudolph: Hans Sachs und seine Zeit. Ein Lebens- und Kulturbild aus der Zeit der Reformation, Leipzig 1894.

GOETZ, Hermann: Geschichte Indiens, Stuttgart 1962.

GOUGH, E. Kathleen: The Nayars and the Definition of Marriage, in: Journal of the Royal Anthropological Institute 89 (1959), S. 23-34.

GRIFFITH, T. Gwynfor: Bandello's Fiction. An Examination of the Novelle, Oxford 1955.

GUEHLER, Ulrich: The Travels of Ludovico di Varthema and His Visit to Siam, Banghella and Pegu A. D. 1505, in: The Siam Society. Selected Articles 7: Relations with Portugal, Holland, and the Vatican, Bangkok 1959, S. 239-276.

HAARMANN, Ulrich (Hg.): Geschichte der arabischen Welt, München ²1991.

HAEGER, John W.: Marco Polo in China? Problems with Internal Evidence, in: The Bulletin of Sung and Yüan Studies 14 (1978), S. 22-30.

HALM, Heinz: Die Schia, Darmstadt 1988.

HART, Henry H.: Vasco da Gama und der Seeweg nach Indien, Berlin/Darmstadt/Wien 1965.

HAUSSIG, Hans Wilhelm (Hg.): Götter und Mythen des indischen Subkontinents (Wörterbuch der Mythologie 5), Stuttgart 1984.

HIESTAND, Rudolf: Der Sinai – Tor zur anderen Welt, in: Peter WUNDERLI (Hg.), Reisen in reale und mythische Ferne. Reiseliteratur in Mittelalter und Renaissance, Düsseldorf 1993, S. 76-102.

HÜMMERICH, Franz: Vasco da Gama und die Entdeckung des Seeweges nach Ostindien, München 1898.

KIRCHHOFF, Albrecht: Leipziger Sortimentshändler im 16. Jahrhundert und ihre Lagervorräthe, in: Archiv für Geschichte des Deutschen Buchhandels 11 (1888), S. 204-282.

KÜHNEL, Harry: Die Gewürze des Nahen und Fernen Ostens im Mittelalter. Ökonomische, soziale und medizinische Aspekte in: SANDGRUBER, Roman/KÜHNEL, Harry (Hg.): Genuß und Kunst. Kaffee, Tee, Schokolade, Tabak, Cola, Wien 1994, S. 10-27.

KÜSTER, Hansjörg: Wo der Pfeffer wächst. Ein Lexikon zur Kulturgeschichte der Gewürze, München 1987.

KULKE, Hermann/ROTHERMUND, Dietmar: Geschichte Indiens, Stuttgart 1982.

LACH, Donald F.: Asia in the Making of Europe, I-III, Chicago/ London 1965-1993.

LEVI DELLA VIDA, G.: A Portuguese Pilgrim at Mecca in the Sixteenth Century, in: The Moslem World 32 (1942), S. 283-297.

Lexikon des Mittelalters, Bd. 1 ff., München/Zürich 1980 ff. (LexMA).

LIMA CRUZ, Maria Augusta: Exiles and Renegades in Early Sixteenth Century Portuguese India, in: The Indian Economic and Social History Review 23 (1986), S. 249-262.

LUZIO, Leopoldina: La fortuna dell'»Itinerario« di Ludovico De Varthema bolognese nella letteratura e nella cartografia contemporanea, in: Atti del XIV Congresso geografico italiano tenuto a Bologna dall' 8 al 12 aprile 1947, Bologna 1949, S. 511-514.

MENNINGER, Annerose: Unter ›Menschenfressern‹? Das Indiobild der Südamerika-Reisenden Hans Staden und Ulrich Schmidl zwischen Dichtung und Wahrheit, in: Kolumbus' Erben. Europäische Expansion und überseeische Ethnien im Ersten Kolonialzeitalter, 1415-1815, hg. von Thomas BECK u. a., Darmstadt 1992, S. 63-98.

MINTZ, Sidney W.: Die süße Macht. Kulturgeschichte des Zukkers, Frankfurt a. M. 1987.

MITTER, Partha: Much Maligned Monsters. History of European Reactions to Indian Art, Oxford 1977.

MORTEL, Richard T.: The Mercantile Community of Mecca during the late Mamluk Period, in: Journal of the Royal Asiatic Society III 4 (1994), S. 15-35.

NEUBER, Wolfgang: Die frühen deutschen Reiseberichte aus der Neuen Welt. Fiktionalitätsverdacht und Beglaubigungsstrategien, in: Der europäische Beobachter außereuropäischer Kulturen, hg. von Wolfgang REINHARD u. a., Berlin 1989, S. 43-64.

PARKER, Geoffrey: Die militärische Revolution. Die Kriegskunst und der Aufstieg des Westens 1500-1800, Frankfurt/New York 1990.

PEARSON, M. N.: Brokers in Western Indian Port Cities. Their Role in Servicing Foreign Merchants, in: Modern Asian Studies 22 (1988), S. 455-472.

-- Merchants and Rulers in Gujarat. The Response to the Portuguese in the Sixteenth Century, Berkeley 1976.

PENROSE, Boies: Travel and Discovery in the Renaissance, 1420-1620, Cambridge/Mass. [3]1963.

PENZER, N. M.: Poison-Damsels and Other Essays in Folklore and Anthropology, London 1952.

PETERS, Francis E.: The Hajj. The Muslim Pilgrimage to Mecca and the Holy Places, Princeton 1994.

-- Mecca. A Literary History of the Muslim Holy Land, Princeton 1994.

QAISAR, Ahsan Jan: The Indian Response to European Technology and Culture (A. D. 1498-1707), Delhi 1982.

REINHARD, Wolfgang: Geschichte der europäischen Expansion, Bd. 1: Die Alte Welt bis 1818, Stuttgart 1983.

ROEMER, Hans Robert: Persien auf dem Weg in die Neuzeit. Iranische Geschichte von 1350-1750 (Beiruter Texte und Studien 40), Beirut 1989.

SALENTINY, Fernand: Die Gewürzroute. Die Entdeckung des Seewegs nach Asien. Portugals Aufstieg zur ersten europäischen See- und Handelsmacht, Köln 1991.

SCHIEWER, Hans-Jochen: Leben unter Heiden. Hans Schiltbergers türkische und tartarische Erfahrungen, in: Daphnis 21 (1992), S. 159-178.

SCHMIDT, Thomas M.: Die Entdeckung des Ostens und der Humanismus. Niccolò de' Conti und Poggio Bracciolini, in: Mitteilungen des Instituts für österreichische Geschichtsforschung 103 (1995), S. 392-418.

SCHURHAMMER, Georg: Franz Xaver. Sein Leben und seine Zeit, Bd. 2: Asien 1541-1552, 2 Halbbde., Freiburg 1963-1971.

SCHUSTER-WALSER, Sibylla: Das safawidische Persien im Spiegel europäischer Reiseberichte (1502-1722). Untersuchungen zur Wirtschafts- und Handelspolitik, Baden-Baden/ Hamburg 1970.

SMITH, Julian A.: Precursors to Peregrinus: The Early History of Magnetism and the Mariner's Compass in Europe, in: Journal of Medieval History 18 (1992), S. 21-74.

SOUTHERN, Richard W.: Das Islambild des Mittelalters, Stuttgart 1981.

SUBRAHMANYAM, Sanjay: The Kagemusha Effect. The Portuguese, Firearms and the State in Early Modern South India, in: Moyen Orient et Océan Indien 4 (1987), S. 97-123.

-- The Political Economy of Commerce: Southern India 1500-1650, Cambridge 1990.

-- The Portuguese Empire in Asia, 1500-1700: A Political and Economic History, New York 1993.

THORAU, Peter: Sultan Baibars I. von Ägypten. Ein Beitrag zur Geschichte des Vorderen Orients im 13. Jahrhundert (Beihefte zum Tübinger Atlas des Vorderen Orients B 63), Wiesbaden 1987.

THURSTON, Edgar/RANGACHARI, K.: Castes and Tribes of Southern India, Bd. 1-6, Madras 1909.

VILLIERS, John: Südostasien vor der Kolonialzeit, Frankfurt a. M. 1965.

WARBURG, O.: Wer ist der Entdecker der Gewürz-Inseln (Molukken)?, in: Verhandlungen der Gesellschaft für Erdkunde zu Berlin 23 (1896), S. 102-143.

WATT, W. Montgomery: Muhammad at Medina, Oxford 1956.

-- WELCH, Alford T. Der Islam I (Die Religionen der Menschheit 25, 1), Stuttgart 1980.

WHEATLEY, Paul: The Golden Khersonese. Studies in the Historical Geography of the Malay Peninsula before A. D. 1500, Kuala Lumpur 1961.

WHITEWAY, R. S.: The Rise of Portuguese Power in India 1497-1550, Patna ^{2}1979.

WYATT, David K.: Thailand. A Short History, London 1984.

YULE, Henry/BURNELL, A. C.: Hobson-Jobson. A Glossary of Colloquial Anglo-Indian Words and Phrases, and of Kindred Terms, Etymological, Historical, Geographical and Discursive. New Edition by William CROOKE, Nachdr. Delhi 1986.

Abbildungsnachweis

Acosta, Christoforo (Christovam da Costa): Trattato della historia, natura, et virtù delle droghe medicinali, et altri semplici rarissimi, che vengono portati dalle Indie Orientali in Europa, Venedig 1585: Abb. 49, 50

America. Das frühe Bild der Neuen Welt, München: Prestel 1992: Abb. 4

Arquivos Nacionais/Torre do Tombo, Lissabon: Abb. 1

Asien auf Karten, hg. von Egon KLEMP, Weinheim: VCH 1989: Abb. 5

Braun, Georg/Hogenberg, Franz: Civitates orbis terrarum, Bd. 1-6, Colonia Agrippinae 1575–1618: Farbtafeln I, V, VII, VIII

Cristoforo Colombo e l'apertura degli spazi. Mostra storico- cartografica. Direzione scientifica: Guglielmo CAVALLO, Bd. 2, Rom: Istituto Poligrafico e Zecca dello Stato 1992: Farbtafeln II, IX

GEISBERG, Max (Hg.): Die deutsche Buchillustration in der ersten Hälfte des XVI. Jahrhunderts 1, München 1930/31: Abb. 6–13, 15–20, 22, 24–31, 33, 35, 38, 40–48, 51, 53–59, 61

Hulsius, Levinus: Erste Schiffart inn die Orientalische Indien, Nürnberg/Frankfurt 1599: Abb. 52

Knox, Robert: Relation ou voyage de l'isle de Ceylan, dans les Indes Orientales, Amsterdam 1693: Abb. 34

LA RONCIÈRE, Monique de/MOLLAT DU JOURDAIN, Michel: Portulane. Seekarten vom 13. bis zum 17. Jahrhundert, München: Hirmer 1984: Farbtafeln X, XIII

Linschoten, Jan Huyghen van: Itinerarium ofte Schip-vaert naer Oost ofte Portugaels Indien, Amsterdam 1623: Abb. 36, 37, 39, 60

NEBENZAHL, KENNETH: Atlas of Columbus and the Great Discoveries, Chicago: Rand McNally 1990: Farbtafeln IV, VI

Niebuhr, Carsten: Beschreibung von Arabien, Kopenhagen 1772: Abb. 14
- Reisebeschreibung nach Arabien und andern umliegenden Ländern, Bd. 1, Kopenhagen 1774: Abb. 21, 23

Pigafetta, Antonio: La mia longa et pericolosa navigatione. La prima circumnavigazione del globo (1519–1522). Trascrizione dal codice della Biblioteca Ambrosiana, introduzione e note di Luigi GIOVANNINI, Milano: Edizioni Paoline 1989: Farbtafeln XI, XII

SANZ, Carlos: Bibliotheca Americana Vetustissima: Mapas antiguos del mundo (siglos XV–XVI), Madrid: Ediciones Iberoamericanas 1961: Abb. 2, 3

SCHULZE, Franz: Balthasar Springers Indienfahrt 1505/06 (Drucke und Holzschnitte des XV. und XVI. Jahrhunderts in getreuer Nachbildung 8), Straßburg 1902: Abb. 32

Universitätsbibliothek Heidelberg, Cod. Heid. Or. 488: Farbtafel III

Register

1. Personennamen

A

Abel 47

Abraham 67, 72[42], 74[43], 75 f., 76[51]

Abū Bakr (Kalif) 60, 122; Farbtafel III

Adam 47[16], 195, 225

Adorno, Anselm 41[3], 44[10], 46[13]

Aelianus, Claudius 224[89]

Aḥmad ibn al-Imām an-Nāsir (Sanaʿāʾ) 105[30]

ʿĀʾisha 60[17]

Ala-ud-din Husain (Bengalen) 208[53]

Albuquerque, Afonso de 15, 149[1], 216[67], 241[117]

Alexander der Große 127[13]

ʿAlī ben Abī Ṭālib (Kalif) 9, 60, 61[19], 61[20], 66[28], 101, 122

Almeida, Francisco de 12, 14, 15, 254, 258, 264 [145], 265 f., 268-270, 272, 278

Almeida, Lourenço de 15, 254, 258, 265, 269

Ambrosius 142[39]

ʿĀmir II. ben ʿAbd al-Wahhāb (Aden) 89[10], 102[26], 104 [29], 108

Apollo 37

Arrighi, Ludovico degli 19, 20

Artemisia von Halikarnassos 37

B

Bacci, Andrea 27

Balbi, Gasparo 114[10]

Bandello, Matteo 28

Barakāt II. (Mekka) 66[28]

Barbaro, Giosafat 42[6]

Barbosa, Duarte 24, 110[42], 111[47], 113[1], 114[8], 127[13], 156[14], 170[37], 197[31], 215[65], 220[77], 232[100], 236[107], 236[108]

Barros, João de 166[28], 220[77]

Baybars (Mamlukensultan) 43[10]

Binya Rân (Pegu) 211[58]

Brahma 151[2]

Breu, Jörg d. Ä. 23

Brito, Lourenço de 265

Buchanan, Francis 155[8]

Burckhardt, Johann Ludwig 8 f., 73[42], 77[52]

Burton, Richard Francis 63[22], 79[53]

Butler, Samuel 29

C

Caboto, Giovanni 9

Cabral, Pedro Álvares 13, 14, 138[34]

Camões, Luis de 267[148]

Cardano, Girolamo 27

Cesalpino, Andrea 27

Christus 46, 62, 190, 261, 262

Cicero, Marcus Tullius 36

Circe 19

Colonna, Agnesina 19, 35-38

–, Ascanio 37

–, Fabrizio 35[1], 37

–, Vittoria 18 f., 20, 37

Conti, Niccolò de' 22, 140[38], 149[1], 215[65]

Covilhã, Pero de 9, 97[19]

»Cozazionor« 10, 21, 121, 189

Cunha, Tristão da 266, 269, 272

D

Demosthenes 36

Diana 37

302

Os montes claros em affrica

Tropia...

Canber   Castello demina

Linha eqinoça

...flos line

...flo...

...cinus